内蒙古民族大学民族学人类学研究丛书　　阿拉腾嘎日嘎　主编

孔繁利／著

新时代民族地区经济发展实证研究

社会科学文献出版社
SOCIAL SCIENCES ACADEMIC PRESS (CHINA)

本书为国家社会科学基金西部项目

"金融业服务西部地区实体经济发展问题研究"（项目编号：18XJL008）的阶段性成果

总　序

中国是各民族"多元一体"的国家。内蒙古自治区是我国最早成立的少数民族自治区，也是我国多民族聚集的模范自治区。内蒙古民族大学位于内蒙古自治区东部，坐落在通辽市科尔沁区，是自治区唯一以"民族"冠名的综合性大学。建校 60 年来，我校各级领导和全体教职员工筚路蓝缕，为民族地区经济社会发展培养和输送了大批有用之才。学校初建便埋下马克思主义民族学教学的伏笔，贯穿于"政治理论""民族理论"课程教学中。改革开放以后，尤其是自从费孝通先生在北京大学设立"社会学人类学研究所"以来，我校的民族学学科在教学、研究的内容、形式、范围等方面与国内其他高校同步转入宏观意义上的民族学领域。

六十载栉风沐雨，弦歌不辍，老骥伏枥，少壮努力，马不停蹄。2018年，学校喜迎 60 年建校华诞，抚今追昔，面向未来，制定长期发展规划，描绘壮美蓝图。在学科建设方面，蒙药学、民族学、作物学成为重点建设学科，我们民族学团队扬鞭催马，不负众望，隆重推出"内蒙古民族大学民族学人类学研究丛书"。我校有关领导、有关职能部门和民族学团队成员，在习近平新时代中国特色社会主义思想关于民族工作相关论述指引下，全力投入中国特色民族学人类学学科建设和学术创新发展的大潮。这套丛书的出版发行是本校、本团队的盛事，是本校学科建设和学术发展的重要标志。

"内蒙古民族大学民族学人类学研究丛书"择优编入民族学一级学科所涵盖的民族历史、马克思主义民族理论与政策、民族经济、民族艺术、世界民族与民族问题等相关学科的优秀成果，同时也注意编入民族宗教、民族饮食、民族遗产、民族文学、民族教育等方面的代表性作品，重点涉及我国东北地区各民族游牧社会、蒙古族人口聚集的东部农牧社会以及东北亚跨界地区的各民族。

　　"内蒙古民族大学民族学人类学研究丛书"是学校民族学学科团队展示最新科研成果的学术窗口。需要说明的是，在国内，尤其在民族地区，学者接触民族学、人类学这类"舶来学"的时间相对滞后，仍然停留在传播和介绍国际民族学人类学的经典理论的阶段。民族学人类学最基本的方法和原则是深入田野，长期局内观察，同吃、同住、同乐、同劳动，发现民间智慧，浓描生存经验，研究本土知识，为社会开辟新视野，为民众打开新窗口，为人类直面各种挑战提供个案经验，为建设万象共生的可持续命运共同体提供学术支持。我们的学术事业任重道远。

　　诚挚期待与国内外同仁在交流互鉴中彼此提携，共同谱写民族学人类学崭新篇章。

"内蒙古民族大学民族学人类学研究丛书"编委会

2019 年 7 月

目录
CONTENTS

第三篇　民族地区经济社会发展趋势

绪　论

習近平总书记在党的十九大报告中明确指出："中国特色社会主义进入新时代，我国社会主要矛盾已经转化为人民日益增长的美好生活需要和不平衡不充分的发展之间的矛盾。"新时代下，民族地区经济发展相对缓慢，发展过程中存在不平衡不充分的发展问题，研究新时代民族地区经济发展可以帮助该区域的人民群众追求更美好的生活，符合习近平总书记的倡导要求。

少数民族经济是中国经济的重要组成部分，少数民族地区人民是中华民族的一部分，同时民族地区资源丰富，地域范围较广，也是我国发展潜力较大的地区。民族地区即民族自治地方，是指5个民族自治区、30个民族自治州和120个民族自治县（旗）的全部民族自治范围。全国民族自治地方地级区共77个、县级区共711个，后文依据各章节内容介绍民族地区相关概括和实证分析时，出于数据统计难易程度，以民族八省区作为民族地区的代表进行分析。民族八省区包括5个民族自治区——内蒙古自治区、新疆维吾尔自治区、西藏自治区、宁夏回族自治区、广西壮族自治区以及3个少数民族较多的省份，分别是青海省、贵州省和云南省。在中国经济发展进入新常态的情况下，促进民族地区经济发展一方面可以改善民族地区经济状况，另一方面为我国经济持续发展挖掘后劲潜力。民族地区因为其独特性增强了中国经济发展活力，在研究其经济发展过程中要尊重其发展的具体情况，与全国经济发展步伐协调一致，实现与全国发展的有机统一，在实现我国经济发展的同时实现民族地区经济的跨越式发展。

改革开放40多年，民族经济学的学科发展也历经40多年，全国经济和少数民族地区经济都取得了举世瞩目的发展，民族地区也跟随着国家政策不断地发展前进，经历了西部大开发、振兴东北老工业基地、中部崛起等国家有针对性的区域政策。在新时代情况下民族地区对过去发展历程应做出归纳总结，对未来发展应提出应对策略，所以在新时代背景下更应该针对民族地区的经济发展问题进行一定的实证分析，更好地对民族地区新时代发展变革发挥承上启下的作用。"创新、协调、绿色、开放、共享"五大发展理念是符合全国尤其是民族地区发展要求的，针对国家陆续推广的"农牧业现代化""新型城镇化建设""工业现代化""互联网+""精准扶贫""绿色发展"等系列政策，民族地区区别于其他区域的特性在这些方面有其独特的发展要求。新时代民族地区的经济发展既要根据各种对策进行区域发展，又要提出针对区域特殊性的对策才能在新时代实现民族经济的发展。

中国经济发展历经了几个阶段，民族地区作为我国经济的重要组成部分，在各阶段发展过程中所承载的任务和使命各不相同，研究新时代民族地区的经济发展就是要依据不同时期的政策背景以及国家倡导的发展方向，做出相应的发展调整，响应时代发展要求和国家规划。随着生产要素流动越来越快，民族地区能否在集聚效应和扩散效应的影响下实现自身区域的发展，而不会因为优质要素外流减缓自身发展速度，这都需要根据实际数据进行实证分析和研究，才能根据现状及问题提出解决对策。即使在一个民族区域内部也存在发展的差异，这时如果还以一样的标准去衡量、一样的对策去执行则会产生较大偏差。因此针对民族地区的状况去研究新时代这部分区域的经济发展具有较强的现实意义。

第一篇

民族地区国民经济发展现状

本书开篇部分按照国民经济三次产业划分标准，分析了民族地区经济发展现状，包括"民族地区农牧业现代化发展""民族地区新型工业化建设""民族地区民族医药发展""民族地区特色旅游业发展"四部分。内蒙古自治区是农牧业大区，农业和牧业所占经济发展比重较高，积极探索民族区域的农牧业现代化发展对内蒙古自治区经济发展意义重大，坚持农牧业和农牧区的优先发展和振兴发展，是实现民族地区经济发展的基础和准则。新型工业化建设、优势特色产业建设是新时代发展民族地区经济，实现经济高质量发展的必经之路；第三产业是民族地区实现经济飞跃发展的关键部分，在新时代民族地区产业结构升级上，要做到针对民族地区的特殊性实现第三产业的跨越式发展，依托民族地区独特的景观和文化特色发展旅游业，旅游业是生活性服务业的主要部门，探索民族地区的特色旅游业是发展民族地区第三产业的首要任务。

第一章

民族地区农牧业现代化发展

农牧业是人们利用太阳能、依靠生物的生长发育来获取产品的社会物质生产部门。其本质是人类利用有机体的生命力，把外界环境中的物质和能量转化为生物产品，以满足社会需求的一种生产经济活动。农牧业是提供人类生存必需品的生产部门，同时也是一个弱质产业。改革开放初期，我国在农村实施了家庭联产承包责任制，这项制度设计激发了农民的生产积极性，解放了劳动生产力，大大提升了农业的单位产出量。但由此而来的问题也在不断显现，随着计划经济时代被抑制的农村劳动力潜能的释放，家庭联产承包责任制下的农业产出逐步达到了它的极限，"统分结合"中过于偏重"分"的经营模式，越来越不适应现代农业的低成本、高效率、重生态的要求。实现农牧业现代化、提高农牧业的比较收益成为民族地区发展农牧业的必然选择。

第一节　农牧业现代化及产业经营

一　农牧业现代化

（一）概念

所谓农牧业现代化，是指由传统农牧业向现代农牧业转变的过程，是现代集约化农牧业和高度商品化农牧业相统一的发展过程。农牧业现代化有广义和狭义之分：狭义的农牧业现代化仅指农牧业生产技术上的变革，主要指农牧业科技和生产手段的变化；广义的农牧业现代化就是用现代科学技术和生产手段装备农牧业，以先进的科学方法组织和管理农业，提高农牧业生产者的文化、技术素质，把落后的传统农牧业逐步改造成为既具有高度生产力水平，又能保持和提高环境质量，提高农牧业生产经营者收益的可持续发展的现代农牧业的过程。

（二）主要内容

中国早在 20 世纪 70 年代开始提出农牧业现代化问题，随着时间的推移现代化的内容逐渐丰富。主要包括以下几个方面。

1. 生产条件现代化

用现代工业来武装农牧业，实现机械化、水利化、电气化、化学化。用机械动力取代人畜动力，用机械操作取代手工操作，这是实现农牧业现代化必不可少的物质条件。

2. 生产技术现代化

用现代科学技术武装农牧业，在农牧业生产上广泛采用现代生物技术、化学技术，分别作用于栽培技术以及饲养技术上。包括不断培育出性能更高的优良品种，建立并不断改进高产、优质、省工、节本的饲养技术体系，逐步实现生育进程模式化、诊断测试仪表化、农艺技术规范化。

3. 经营管理现代化

培养农牧业生产经营者形成现代化的农牧业生产经营管理理念，利用科学方法对农牧业生产的产前、产中、产后各个环节进行现代化的管理，提高农牧业的生产效率和市场化进程。

4. 集约、高效、持续

现代化的农牧业必然是劳动集约与资金、技术集约的统一，以此实现农牧业生产的高效率，实现土地产出率、劳动生产率和农牧业综合生产能力的最大化。农牧业现代化作为一个投入产出系统，投入的高效率和产出的高效率是维持其发展的基本条件，但是追求高效率并不是无限制的，它必须以环境的保护和资源的可持续利用为限度，即保持农牧业的可持续发展。

5. 社会化、专业化、商品化

现代农牧业是以现代商品经济为纽带，社会分工和社会协作相结合的社会化大生产，而产品的商品化则是农牧业社会化、专业化的体现，是农牧业生产力向更高层次发展的必然结果。

（三）农牧业现代化的目标

建设发达的有市场竞争力的农牧业。随着人口的增长和人们生活水平的提高，社会对农牧产品需求的数量将不断增长，对质量的要求将越来越高，而农牧民增加农牧产品供给、提高农牧产品质量的目的是增加经济收益，因此三者必须结合起来，才能建成一个高产、优质、高效的农牧业。

建设富裕的农村，需要提高农牧民收入水平。农牧业现代化目的是让农牧民日益富裕起来，使农牧民的物质生活和文化生活不断改善，达到较富裕的水平。为此，农牧业现代化建设必须同建设富裕文明的新农村结合起来，全面地发展农村经济，增加农牧民收入。

建设良好的生态环境。随着农牧业现代化的推进，农牧业的集约水平也将逐步提高，必然会对环境造成更大的压力，而环境的好坏决定着农牧业能否可持续发展，因而农牧业现代化必须维持一个良好的生态环境。

二　农牧业产业化经营

（一）概念

中国的农牧业产业化经营，缘起于 20 世纪 90 年代初，是中国的一种独特叫法，它与 20 世纪 50 年代初发达国家开始的农牧业一体化经营过程中形成的农牧业综合经营本质上很相似，只是缘起的背景条件、历史作用、具体形式等存在差别。农牧业产业化经营是以市场为导向，以农牧户经营为基础，以龙头组织为依托，以经济效益为中心，以系列化服务为手段，通过实行种养加、产供销、农工商一体化经营，将农牧业再生产过程中的产前、产中、产后诸环节链接为一个完整的产业系统，是引导分散的农牧户小生产转变为社会化大生产的组织形式，是多方参与主体自愿结成的经济利益共同体，是市场化农牧业的基本经营方式。

（二）特征

1. 生产专业化

围绕主导产品或支柱产业进行专业化生产，把农牧业生产的产前、产中、产后作为一个系统来运行，做到每个环节的专业化与产业一体化的协同相结合。农牧业生产专业化是农牧业商品经济发展到一定阶段的产物，由农牧业生产专业化带动形成的区域经济、支柱产业群、农牧产品商品基地，为农牧业产业化奠定了稳固的基础。

2. 企业规模化

农牧业生产专业化的效率是通过大生产的优越性表现出来的，因为农牧业生产经营规模扩大、采用先进的农业科学技术，有利于降低农牧业生产成本，为农牧产品的批量生产、加工、销售创造条件。企业规模化虽然包含生产经营规模扩大的意思，但更重要的是指农牧产品生产、加工和运销的农牧户和企业生产要素的组成比例要匹配，要避免或减少某种生产要素不足或浪费，为农牧业产业化经营的高效运行奠定基础。

3. 经营一体化

通过多种形式的联合与合作，形成市场牵龙头、龙头带基地、基地连农户的贸工农一体化经营体制，使外部经济内部化，从而降低交易成本，提高农牧业的比较效益。在实践中有不同形式的经营一体化，例如产销一体化、产加销一体化和资产经营一体化。

4. 服务社会化

它一般表现为通过合同稳定内部一系列非市场安排，而且无论是公司还是合作社，都在使农牧业服务向规范化、综合化方向发展，即将产前、产中、产后各环节服务统一起来，形成综合生产经营服务体系。农牧业生产者一般只从事一项或几项农牧业生产作业，而其他工作均由综合体提供的服务来完成，使农牧业的微观效益和宏观效益都得到提高。

三 民族地区的农牧业经济类型

少数民族聚居地区占全国面积一半以上，主要是高原、山地和草场。这些地区无论在历史上还是现代，都以传统农牧业生产为主，远离经济文化中心，很难受到经济增长中心的辐射，因此，长期以来其经济形态以自给自足的自然经济为主，农牧业是基本的产业和生活来源。民族地区自然地理环境的差异、生产力发展的多层次性决定民族地区农村经济在生产方式、经济发展水平和产业结构等方面也具有多层次性。关于少数民族地区农村经济的类型，不同的学者从不同的角度有多种分类。

（一）林耀华等人的分类

林耀华等人较早对少数民族农村经济进行了研究，他们从少数民族的经济、文化特征出发，将少数民族农村经济分为采集渔猎经济文化型、畜牧经济文化型和农耕经济文化型。

采集渔猎型主要分布于我国东北部，包括讲阿尔泰语系通古斯-满语族诸语言的赫哲、鄂伦春和部分鄂温克族。其中又有以鄂伦春族为代表的山林狩猎和以赫哲族为代表的河谷渔捞两种类型。

畜牧型主要分布于我国东起大兴安岭西麓，西到准噶尔盆地西缘，南到横断山脉中段的干旱、半干旱和高寒地带。包括有以鄂温克族为代表的苔原畜牧、以蒙古族为代表的戈壁草原游牧、以哈萨克族为代表的盆地草原游牧和以藏族为代表的高山草场畜牧四种类型。

农耕型分布于除采集渔猎和畜牧型以外的我国广大地域及众多民族中。这一类型中，又有山地刀耕火种（门巴、珞巴、独龙、怒、佤、德昂、景颇、基诺及部分傈僳、苗、瑶等民族）、山地耕牧（羌、纳西、彝、白、普米、拉祜及部分藏、傈僳等民族）、山地耕猎（苗、瑶、畲等民族）、丘陵稻作（傣、壮、侗、水、仡佬等民族）、绿洲耕牧（维吾尔、乌孜别克、塔塔尔、东乡、保安、撒拉等民族）和平原集约农耕（满、回、维吾尔等民族）等类型。

（二）龙远蔚的分类

龙远蔚根据少数民族乡村的基本文化特征，将农村经济分为四类：山地文化或山区文化类型、干旱半干旱农村文化类型、高原文化类型和草原文化类型。

（三）刘小珉等人的分类

刘小珉根据民族地区农村经济发展的现状，将农牧业经济分为集约农耕或种养结合型、非集约的耕猎或耕牧结合型、畜牧经济或牧农结合型、农工商复合型四类。

集约农耕是一种比较成熟的农业，它强调在单位耕地面积上投入密集的劳动力和技术以增加产量，是最主要的乡村经济活动类型，主要分布于贵州、广西和云南等部分少数民族聚居区，西北干旱半干旱地区建立在人工灌溉基础上的农业（主要集中于河西走廊）以及内蒙古、新疆等地的绿洲农业。这一类型中往往还包含家庭养殖业，但具体养殖方式存在南北方差异。

非集约的耕猎或耕牧结合型的一个典型特征是难以对土地进行劳动和技术的集约化经营，粮食种植虽然是重要或主要的经济活动类型，但不能满足基本的生活或生存需要，因而需要结合家庭养殖、狩猎甚至采集等经济活动，商品性的生产经营活动不是没有，非常少见。如我国中南、西南、东南以及东北山区的少数民族农村经济大体上都属于这种类型，由于较为传统的观念、行为模式的影响以及较为封闭的自然条件的限制，农民生活普遍贫困，其经济活动类型的变化难以自发地发生，往往需要政府的组织领导、现代教育的传播等外力的推动。

畜牧经济或牧农结合型的乡村经济主要分布在内蒙古、青海、西藏等草原牧区，包括蒙古、哈萨克、裕固、塔吉克、藏及部分鄂温克和达斡尔族，草原放牧是其经济活动的基本内容。畜牧型乡村经济的一个重要特点是其产品单一且不耐储存，因而对农耕经济有强烈的贸易需求，其中一些与农耕民族（特别是汉族）交往较多的少数民族牧民学会了农耕生产，因此演变为牧农结合型。改革开放以来，这种类型或因退耕还林，或因草原保护，或因经济结构的调整，已由自给自足的传统农牧经济向市场导向的现代农牧经济发展。

农工商复合型是改革开放后少数民族聚居区出现的一种崭新的农村经济。根据历史的传承、社区的生态和人文条件，其具体形式可能表现为农牧业与工业的复合，或农牧业与餐饮服务业的复合，也可能是农工商的复合，具有明显的市场经济导向。如内蒙古乌兰察布市的农村产业结构调整，催生出一支24万人的流通队伍，光是贩卖土豆的就有5万多人，大小车辆5万多辆，加工点1万多个（户）。农工商复合型尽管目前不占主导地位，但将是农村经济其他各种类型的演变方向。

第二节　民族地区农牧业现代化发展概况

中国民族地区通常指民族八省（区），包括内蒙古自治区、宁夏回族自治区、新疆维吾尔自治区、西藏自治区和广西壮族自治区五大少数民族自治区和少数民族分布集中的贵州、云南和青海三省。这里主要以民族八省区为研究对象，通过横向比较和纵向比较分析方法，了解民族地区农牧业发展概况。

农业现代化的目标之一就是要提高农业生产经营者的收益，故而，从农村居民人均可支配收入出发，对民族地区农牧业现代化发展状况进行分析。如表1-1所示，从总体趋势来看，民族地区农村居民人均可支配收入逐年增加，但仍然明显低于全国平均水平。民族地区内部发展也不平衡：内蒙古自治区最高，贵州省最低。2017年，全国农村居民人均可支配收入为13432.4元，内蒙古自治区为12584.3元，略低于全国平均水平；接下来依次是广西壮族自治区、新疆维吾尔自治区、宁夏回族自治区、西藏自治区，这4个省区的农村居民人均可支配收入均超过10000元；在8个省区中，农村居民人居可支配收入最低的是贵州省，为8869.1元，仅为全国平均水平的65.97%。

表 1-1　2008～2017 年民族地区农村居民人均可支配收入

单位：元

地区	2008 年	2009 年	2010 年	2011 年	2012 年	2013 年	2014 年	2015 年	2016 年	2017 年
全国	4998.8	5435.1	6272.4	7393.9	8389.3	9429.6	10488.9	11421.7	12363.4	13432.4
内蒙古	4656.2	4937.8	5529.6	6641.6	7611.3	8984.9	9976.3	10775.9	11609.0	12584.3
广西	3690.3	3980.4	4543.4	5231.3	6007.5	7793.1	8683.2	9466.6	10359.5	11325.5
贵州	2796.9	3005.4	3471.9	4145.4	4753.0	5897.8	6671.2	7386.9	8090.3	8869.1
云南	3102.6	3369.3	3952.0	4722.0	5416.5	6723.6	7456.1	8242.1	9019.8	9862.2
西藏	3175.8	3531.7	4138.7	4904.3	5719.4	6553.4	7359.2	8243.7	9093.8	10330.2
青海	3061.2	3346.2	3962.7	4608.5	5364.4	6461.6	7282.7	7933.4	8664.4	9462.3
宁夏	3681.4	4048.3	4674.9	5410.0	6180.3	7598.7	8410.0	9118.7	9851.6	10737.9
新疆	3502.9	3883.1	4642.7	5442.2	6393.7	7846.6	8723.8	9425.1	10183.2	11045.3

资料来源：2009～2018 年《中国统计年鉴》。

　　为寻求造成农村居民人均可支配收入差异的原因，需对各地区农村居民可支配收入的来源进行分析。农村居民人均可支配收入由工资性收入、经营净收入、财产净收入、转移净收入 4 个部分组成。如表 1-2、表 1-3 所示，2017 年，全国农村居民人民可支配收入为 13432.4 元，其中工资性收入为 5498.4 元，占 40.93%；经营净收入 5027.8 元，占 37.43%；财产净收入 303 元，占 2.26%；转移净收入 2603.2 元，占 19.36%。在表 1-3 中，民族地区的情况与全国平均状况有着明显的不同：除贵州省外，经营净收入是民族地区农村居民可支配收入的最主要的来源，其所占比重明显高于全国平均水平。其中，西藏自治区、云南省、新疆维吾尔自治区、内蒙古自治区这 4 个民族地区农村居民经营净收入占可支配收入的百分比均超过了 50%；广西壮族自治区达到 45%；青海省、宁夏回族自治区也达到了近 40%。究其原因是民族地区均为偏远地区，经济发展落后，农民务工机会少，所以工资性收入较低，经营净收入成为主要收入来源。

表 1-2　2017 年民族地区农村居民人均可支配收入来源

单位：元

地区	可支配收入	工资性收入	经营净收入	财产净收入	转移净收入
全国	13432.4	5498.4	5027.8	303.0	2603.2

续表

地区	可支配收入	工资性收入	经营净收入	财产净收入	转移净收入
内蒙古	12584.3	2649.3	6384.6	514.8	3035.6
广西	11325.5	3242.4	5103.1	185.1	2794.9
贵州	8869.1	3635.7	3285.2	92.0	1856.2
云南	9862.2	2794.9	5412.5	176.5	1478.2
西藏	10330.2	2428.1	5735.4	175.0	1991.6
青海	9462.3	2704.1	3763.6	326.4	2668.2
宁夏	10737.9	4224.0	4252.0	323.8	1938.0
新疆	11045.3	2796.5	6037.0	232.9	1979.0

资料来源:《中国统计年鉴 2018》。

表 1-3　2017 年民族地区农村居民人均可支配收入来源

单位:%

地区	可支配收入	工资性收入	经营净收入	财产净收入	转移净收入
全国	100	40.93	37.43	2.26	19.38
内蒙古	100	21.05	50.73	4.09	24.12
广西	100	28.63	45.06	1.63	24.68
贵州	100	40.99	37.04	1.04	20.93
云南	100	28.34	54.88	1.79	14.99
西藏	100	23.50	55.52	1.69	19.28
青海	100	28.58	39.77	3.45	28.20
宁夏	100	39.34	39.60	3.02	18.05
新疆	100	25.32	54.66	2.11	17.92

资料来源:根据《中国统计年鉴 2018》整理、计算。

　　增加对农牧业的物资投入,实现集约、高效化的农牧业生产,既是农牧业现代化的重要内容,也是提高农牧业生产经营者经营净收入的主要途径。接来下主要从有效灌溉面积、农用化肥施用量、农用塑料薄膜使用量、农用柴油使用量、农药使用量等方面对民族地区的农业现代化状况进行分析。

　　有效灌溉面积是指地块比较平整,有一定水源、灌溉设施配套,在一般年景下当年能进行正常灌溉的农田面积,为"能进行正常灌溉的水田"和"旱地中水浇地面积"之和。有效灌溉面积的大小,是衡量农业生产单位和地区水利化程度和农业生产稳定程度的指标。如表 1-4 所示,除青海省外,

2017 年民族地区作物有效灌溉面积相比 2008 年均显著增加。增幅最明显的是新疆维吾尔自治区，十年间有效灌溉面积增加了 38.62%；贵州省、云南省、西藏自治区增幅在 20%（依次为 21%、20%、18%）左右；宁夏回族自治区增加了 13%；内蒙古自治区增加了 11%；广西壮族自治区增加了 10%。有效灌溉面积的增加，表明民族地区的农业水利化程度在稳步提高，农业生产稳定性更有保障。

表 1-4　2008~2017 年民族地区有效灌溉面积

单位：千公顷

地区	2008 年	2009 年	2010 年	2011 年	2012 年	2013 年	2014 年	2015 年	2016 年	2017 年
内蒙古	2871.26	2949.75	3027.5	3072.39	3125.24	2957.76	3011.88	3086.9	3131.53	3174.83
广西	1521.45	1522.14	1523.05	1529.24	1541.29	1586.37	1600.0	1618.79	1646.07	1669.87
贵州	917.43	1016.04	1131.72	1201.19	1214.57	926.90	981.83	1065.43	1088.07	1114.12
云南	1536.87	1562.07	1588.42	1634.24	1677.90	1660.27	1708.97	1757.71	1809.39	1851.42
西藏	220.66	235.15	237.03	245.31	251.04	239.27	244.03	247.80	251.53	261.23
青海	251.65	251.67	251.67	251.67	251.67	186.90	182.49	196.99	202.35	206.61
宁夏	451.94	453.55	464.60	477.59	491.35	498.56	498.91	506.53	515.15	511.45
新疆	3572.49	3675.68	3721.6	3884.57	4029.07	4769.89	4831.89	4944.92	4982.03	4952.29

资料来源：2009~2018 年《中国统计年鉴》。

农用薄膜是应用于农业生产的塑料薄膜的总称。地膜覆盖可以改善土壤和近地面的温度及水分状况，起到提高土壤温度、保持土壤水分、改善土壤性状、提高土壤养分供应状况和肥料利用率、改善光照条件、减轻杂草和病虫害等作用。如表 1-5 所示，2015 年民族地区各省区农用塑料薄膜的使用量相比 2008 年均显著增加。这一数据说明这些省区的农业生产集约化水平在稳步提升。

表 1-5　2008~2015 年民族地区农用塑料薄膜使用量

单位：吨

地区	2008 年	2009 年	2010 年	2011 年	2012 年	2013 年	2014 年	2015 年
内蒙古	49058.00	51136.00	60558.00	60659.76	69234.00	80822.00	89409.00	95021.00
广西	29708.00	33263.00	35119.00	37403.00	39699.00	41479.00	44087.00	46276.00
贵州	47765.00	46470.00	36174.00	40857.00	44062.00	47495.00	48949.00	49403.00

续表

地区	2008 年	2009 年	2010 年	2011 年	2012 年	2013 年	2014 年	2015 年
云南	74830.00	81354.00	85690.00	91229.00	101280.00	106606.00	110993.00	113104.00
西藏	527.00	440.57	852.00	1031.68	1152.31	1336.00	1724.00	1866.00
青海	1070.00	2113.79	3113.36	5405.86	5329.18	6472.00	7046.00	7377.00
宁夏	9364.56	12232.32	14052.51	15243.52	15281.74	16627.00	15281.00	15642.00
新疆	169034.00	15828.00	170713.00	182977.00	187756.00	206666.00	262921.00	268901.00

资料来源：2009~2016 年《中国统计年鉴》。

农牧业机械是指在作物种植业和畜牧业生产过程中，以及农、畜产品初加工和处理过程中所使用的各种机械。农牧业机械包括农用动力机械、农田建设机械、土壤耕作机械、种植和施肥机械、植物保护机械、农田排灌机械、作物收获机械、农产品加工机械、畜牧业机械和农业运输机械等。因为农牧业机械大多以柴油机为动力，所以农用柴油使用量这一指标能很好地反映农牧业机械的使用情况。如表 1-6 所示，2008 年以来，民族地区的农用柴油使用量呈现波动上升趋势（个别年份略有下降），说明农牧业机械化程度明显提高。但是民族地区内部差异非常明显：2015 年，新疆维吾尔自治区、云南省、内蒙古自治区的农用柴油使用量均高于 80 万吨，而西藏自治区只有 5.40 万吨，青海省也只有 6.50 万吨。故而西藏、青海等省区更应该努力提高农牧业机械化水平，促进农牧业现代化的发展。

表 1-6　2008~2015 年民族地区农用柴油使用量

单位：万吨

地区	2008 年	2009 年	2010 年	2011 年	2012 年	2013 年	2014 年	2015 年
内蒙古	55.08	61.90	65.30	65.51	64.96	66.80	74.40	80.40
广西	55.40	56.74	58.13	59.75	61.66	63.30	64.70	64.80
贵州	5.59	5.83	6.94	9.67	10.23	10.90	10.90	11.00
云南	50.00	57.52	65.33	72.57	77.88	82.30	84.80	86.30
西藏	1.67	2.04	3.12	4.15	4.78	5.80	5.10	5.40
青海	5.56	5.87	6.12	6.22	6.39	6.50	6.60	6.50
宁夏	17.10	19.17	20.24	20.76	22.06	22.10	22.20	22.20
新疆	57.29	59.60	62.30	67.63	72.06	77.40	80.10	86.30

资料来源：2009~2016 年《中国统计年鉴》。

　　化肥、农药的合理使用是提升农业生产效率的有效途径。如表 1-7 所示，相对 2008 年，2017 年民族地区农用化肥施用折纯量小幅度增加，并且表 1-8 显示，部分民族地区历年农药使用量无显著变化，2015 年内蒙古自治区、广西壮族自治区、云南省及新疆维吾尔自治区相对 2008 年虽有小幅增加，但增幅较小。这一数据说明民族地区在提升农业生产效率的同时，也开始注重保护生态环境，提升农产品品质，这正是农业现代化以及农业可持续发展的核心内容。

表 1-7　2008～2017 年民族地区农用化肥施用折纯量

单位：万吨

地区	2008 年	2009 年	2010 年	2011 年	2012 年	2013 年	2014 年	2015 年	2016 年	2017 年
内蒙古	154.10	171.42	177.24	176.94	189.04	202.42	222.67	229.35	234.64	235.04
广西	222.58	229.32	237.16	242.71	249.04	255.70	258.68	259.86	262.14	263.83
贵州	83.09	86.54	86.53	94.08	98.17	97.42	101.29	103.69	103.67	95.65
云南	167.67	171.39	184.58	200.47	210.21	219.02	226.86	231.87	235.58	231.94
西藏	4.60	4.69	4.74	4.79	4.99	5.70	5.34	6.03	5.91	5.53
青海	8.11	7.96	8.76	8.27	9.30	9.80	9.74	10.13	8.76	8.67
宁夏	34.75	35.54	37.93	38.24	39.44	40.44	39.67	40.09	40.72	40.80
新疆	148.89	154.98	167.56	183.68	192.70	203.22	236.98	248.09	250.21	250.74

　　资料来源：2009～2018 年《中国统计年鉴》。

表 1-8　2008～2015 年民族地区农药使用量

单位：万吨

地区	2008 年	2009 年	2010 年	2011 年	2012 年	2013 年	2014 年	2015 年
内蒙古	1.91	2.23	2.43	2.45	2.99	3.13	3.09	3.30
广西	6.20	6.22	6.45	6.62	6.78	6.90	7.20	7.49
贵州	1.29	1.25	1.29	1.45	1.45	1.35	1.34	1.37
云南	4.29	4.26	4.62	4.82	5.53	5.48	5.72	5.86
西藏	0.12	0.09	0.10	0.10	0.09	0.10	0.10	0.11
青海	0.20	0.20	0.21	0.20	0.18	0.20	0.19	0.20
宁夏	0.24	0.24	0.26	0.27	0.27	0.27	0.26	0.26
新疆	1.84	1.81	1.82	1.93	1.98	2.13	3.04	2.58

　　资料来源：2009～2016 年《中国统计年鉴》。

　　综上所述，从整体上看，民族地区的农牧业现代化水平在稳步提升，但部分指标与全国平均水平相比仍有差距，需要根据各地区的实际情况制定并实施相应政策，从而提高民族地区的农牧业现代化水平。

第三节　民族地区农牧业现代化案例分析

本节以内蒙古自治区为例，利用相关统计数据以及实际调研结果对内蒙古的农牧业现代化现状进行分析，进而发现民族地区在农牧业现代化发展过程中存在的问题。

一　内蒙古自治区农牧业产业化发展现状

内蒙古自治区是我国 13 个粮食主产区之一，每年为国家提供商品粮超过 100 亿公斤。农作物种类繁多，主要品种有：小麦、玉米、水稻、谷子、莜麦、高粱、大豆、马铃薯、甜菜、胡麻、向日葵等。内蒙古天然草场辽阔而宽广，总面积位居中国五大草原之首，是中国重要的畜牧业生产基地。草原总面积达 8666.7 万公顷，其中可利用草场面积达 6800 万公顷，占中国草场总面积的 1/4。

改革开放以来，内蒙古自治区大力发展现代农牧业，促进了农村、牧区生产力发展，农牧业综合生产能力显著提高，主要农畜产品产量平稳增长。如表 1-9 所示，2017 年农林牧渔业总产值达到 2813.54 亿元，比 2008 年增加 1312.8 亿元，增幅 87%。2017 年农业产值为 1434.73 亿元，比 2008 年增加了 718.12 亿元，增幅约 100%；2017 年牧业产值为 1200.56 亿元，比 2008 年增加了 500.93 亿元，增幅 72%。主要畜产品产量保持稳定，牛奶、羊肉、细羊毛、山羊绒等主要农畜产品产量均居全国第 1 位。

表 1-9　2008~2017 年内蒙古自治区农林牧渔业总产值

单位：亿元

指标	2008 年	2010 年	2011 年	2012 年	2013 年	2014 年	2015 年	2016 年	2017 年
农林牧渔业总产值	1500.74	1843.6	2204.51	2449.34	2661.74	2742.00	2751.55	2749.88	2813.54
农业产值	716.61	900.4	1057.85	1171.97	1328.07	1408.44	1418.31	1415.07	1434.73
林业产值	72.72	76.6	93.16	97.76	96.14	96.44	99.42	98.64	99.91
牧业产值	699.63	822.4	998.31	1118.86	1208.49	1205.65	1160.85	1202.9	1200.56
渔业产值	11.78	15.9	23.52	26.08	29.04	29.07	30.75	33.03	31.34

资料来源：2009~2018 年《内蒙古统计年鉴》。

　　如表 1-10 所示，2008~2017 年，全区农业机械总动力、大中型拖拉机数量及其大中型拖拉机配套农具的使用量都明显增加，说明农牧业机械化水平逐年提高。与此同时，如表 1-11 所示，农用化肥施用折纯量、农村用电量也在稳步增长，说明对农业的投入在逐年增加，高效、集约的现代化农牧业现正在缓慢发展中。值得注意的是，2008~2017 年，内蒙古自治区水土流失治理面积在逐年增加，说明内蒙古在发展农牧业的同时，也在加强对环境的保护与治理，实现农业的可持续发展。

表 1-10　2008~2017 年内蒙古自治区农业机械使用

指标	2008 年	2009 年	2010 年	2011 年	2012 年	2013 年	2014 年	2015 年	2016 年	2017 年
农业机械总动力（万千瓦）	2779.44	2891.64	3033.58	3172.7	3280.56	3430.57	3632.55	3805.11	3331.1	3483.55
大中型拖拉机数量（台）	451900	482600	514100	547661	579400	623400	671500	723800	767400	796800
小型拖拉机数量（台）	510800	500700	501300	479091	439300	428200	407800	382100	366700	356000
大中型拖拉机配套农具使用量（部）	639400	735800	808500	869986	939200	995300	1070800	1167400	1241600	1351100
小型拖拉机配套农具使用量（部）	806400	820300	871400	898523	895400	885600	848800	866400	846400	840300

资料来源：2009~2018 年《内蒙古统计年鉴》。

表 1-11　2008~2017 年内蒙古自治区农业发展概况

指标	2008 年	2009 年	2010 年	2011 年	2012 年	2013 年	2014 年	2015 年	2016 年	2017 年
农用化肥施用折纯量（万吨）	154.10	171.42	177.24	176.94	189.04	202.42	222.67	229.35	234.64	235.04
农村用电量（亿千瓦小时）	36.50	41.15	48.41	52.30	55.15	59.56	63.12	72.26	71.09	78.90

续表

指标	2008 年	2009 年	2010 年	2011 年	2012 年	2013 年	2014 年	2015 年	2016 年	2017 年
水土流失治理面积（千公顷）	10247.75	10567.42	10897.50	11219.28	11574.62	11876.26	12210.81	12597.24	13083.28	13551.05

资料来源：根据 2009~2018 年《内蒙古统计年鉴》整理。

随着农牧业现代化进程的加快，农牧民收入稳步增长，人均可支配收入先后跨越了 6000 元、7000 元、8000 元、9000 元、10000 元、12000 元大关，2017 年农牧民人均可支配收入达到 12584.3 元，农牧民生活质量不断提高。

二 乌兰察布市的调研结果

调研结果显示，内蒙古自治区在农牧业现代化发展的进程中，土地流转面积逐年增加，农牧业产业化经营水平不断提升。2015 年，全区家庭承包经营耕地流转面积达到 3100 万亩，占家庭承包经营耕地面积的 31.4%；草牧场流转面积 7200 万亩。具有代表性的是乌兰察布市的马铃薯产业化经营。

（一）组织模式

乌兰察布市是内蒙古的马铃薯主产地，马铃薯产业经过多年的实践，摸索出几种适合当地的马铃薯产业化组织模式。

1. 基地带动型

1999 年 10 月，乌兰察布市开始建设全市第一个马铃薯生产基地——四子王旗太平庄马铃薯标准化生产基地。由大户牵头、联户出资对土地资源进行了整合，由市政府出资 40%、旗政府出资 30%、农户出资 30%，购买大型指针式喷灌设施；市政府出资 10%、旗政府出资 20%、农户出资 70%，购买马铃薯种植、收获机械。到 2001 年春，该基地建设基本完成。基地面积已经达到 0.6 万亩，大型指针式喷灌设施 8 套。基地以克新 1 号为主栽品种，由市种子公司组织种薯货源，确保种植需求。同时，市政府从具有实践经验的科技人员队伍中选拔出一批技术骨干，专抓马铃薯基地建设，在该基地全面推广测土配方施肥、高垄栽培、病虫害防治、中耕浇水等技术。目前，该基地的马铃薯种植面积已经形成规模，连片种植达到 500 亩以上；农户的生产技术水平有了很大的提高，脱毒种薯的覆盖率达到 50%，基本实现了机械化作业，同时，田间管理也逐步科学化。基地马铃薯单产水平显著提高（16.5吨/公顷），农户收入明显增加。

在太平庄马铃薯基地示范效果的带动下，先后又在四子王旗兴建了巨巾号、大黑河两个生产基地，规模分别为32万亩、25万亩；在察右中旗兴建了布连河、米粮局两个生产基地，规模分别为18万亩、12万亩；在察右后旗兴建了红格尔图、乌兰哈达两个生产基地，规模分别为11万亩、5万亩。

乌兰察布市的马铃薯生产基地建设已经取得了极大的成效。全市食用马铃薯、加工专用薯的生产基地总面积已经达到195万亩（13万公顷），年均马铃薯产量达到210万吨左右；其中，绿色基地认证面积17万亩（四子王"太平庄"牌马铃薯12万亩，察右后旗"富奇"牌马铃薯5万亩）。各基地都实现了规模化种植，脱毒种薯的覆盖率达到40%左右，农户马铃薯的生产技术水平有了很大的提高，基地农户的收入大幅度增加。2014年，全市马铃薯生产基地的单产水平（16.2吨/公顷）明显高于全市平均水平（15.8吨/公顷）。

2. 龙头企业带动型

乌兰察布市马铃薯脱毒种薯的生产采用龙头企业带动型的组织形式。龙头公司自己生产脱毒瓶苗及微型薯，向种薯基地的农户提供微型薯，由农户负责生产原种及脱毒良种；公司在脱毒种薯生产期间为农户提供相关的技术指导，指导农户进行标准化的生产；农户生产出的原种及良种交由公司负责销售；公司与农户通过合同关系，确定保护价收购。由于马铃薯脱毒种薯的生产费用投入较高、对技术的要求也很高，并且销售的对象特定，农户自己无力生产而且无销售的渠道，所以农户的违约率低；同时，龙头企业虽有技术及销售渠道，但没有生产的土地及人力，所以也乐于和农户合作；加之种薯的生产企业及生产农户数量有限，使得一一签订合同具有可行性。

乌兰察布市共有两家大型的从事马铃薯脱毒种薯销售的企业。集宁福瑞特薯业有限公司是内蒙古地区唯一具有自营出口权的马铃薯专业公司。公司占地总面积3万平方米，主要设施有马铃薯种薯贮存窖3000平方米，现代化人工气候温室1050平方米（每年可生产脱毒苗200万株、微型薯180万粒）、恒温保鲜库8000平方米。主要经营项目是脱毒种薯苗、种薯生产与经营、马铃薯生理生化研究，马铃薯生产、加工技术咨询服务，马铃薯商品经营等。乌兰察布市种子公司是一家国有企业，拥有作物组织培养室 280 平方米，人工气候温室 1140 平方米，每年可以生产脱毒苗 250 万株、微型薯 200 万粒左右。

该市以集宁福瑞特薯业有限公司、乌兰察布市种子公司为龙头，在马铃薯脱毒种薯的生产中率先实现了产业化经营；实现产业化经营之后，该市马铃薯脱毒种薯的产量不断增加，农户收益也大幅度提高。2014 年，全市马铃薯脱毒种薯的总产量达到 50 万吨左右。

（二）不同经营主体的成本效益分析

在乌兰察布市，产业化经营（生产基地）的农户，亩均纯收益明显高于家庭经营的农户。为了更深入地研究这一现象，本书对不同组织形式下，农户的成本效益进行了分析。由于该市的马铃薯生产基地分为普通基地和标准化基地，标准化基地的基础设施比较完善，单产水平高于普通基地，所以本书对马铃薯生产中不同基地以及家庭经营的成本效益分别进行了分析。

从表 1-12 中可以看出，标准化基地的亩均纯收益最高，普通基地次之，而家庭经营的亩均纯收益最低。主要原因在于家庭经营中，农户的投入少。生产成本包括物质与服务费用和人工成本，其中物质与服务费用包括化肥费用、种薯费用及其他费用，人工成本包括家庭费用和雇工费用。进一步分析可以发现，标准化基地的亩均其他费用是家庭经营的 2.4 倍，是普通基地的 1.6 倍（其他费用是指扣除化肥费用及种薯费用之外的物质费用，主要包括固定资产折旧费、病虫害防治费用等）。因为标准化基地的灌溉设施、种植机械及收获机械的普及率较高，进而导致标准化基地的亩均产值水平较高。

标准化基地的化肥费用及种薯费用都略高于普通基地，而明显高于家庭经营。说明在该市，普通基地与标准化基地农户的脱毒种薯覆盖率及化肥投入相差很小，但是与家庭经营农户的差异较大。进而该市生产基地的单产水平明显高于家庭经营。

由于基地农户（包括普通基地及标准化基地）的机械化水平比较高，所以人工成本低于家庭经营农户；其中，家庭经营农户完全靠家庭劳动力，而基地农户在农忙季节（主要是在马铃薯的收获季节），会雇用部分工人。

表 1-12 乌兰察布市马铃薯生产每亩成本效益分析

		家庭经营	普通基地	标准化基地
亩产量（千克）		997.82	1067.00	1101.33
产值合计（元）		519.86	554.84	572.69
总成本（元）		228.62	247.77	260.55
生产成本（元）	物质与服务费用（元）	117.72	147.94	168.06
	化肥费用（元）	21.06	30.46	34.83
	种薯费用（元）	78.28	89.33	89.36
	其他费用（元）	18.38	28.15	43.87
	人工成本（元）	105.90	94.83	87.49
	家庭用工（元）	105.90	85.73	78.75
	雇工费用（元）	0.00	9.10	8.74
	生产成本总计（元）	223.62	242.77	255.55
土地成本（元）		5.00	5.00	5.00
亩均纯收益（元）		291.24	307.07	317.14

资料来源：乌兰察布市农调队。

（三）规模经营主体类型

随着马铃薯产业的发展，乌兰察布市的马铃薯规模经营主体也不断出现。

1. 家庭承包总面积大而成规模

乌兰察布市位于长城以北农牧过渡带上，历史上就是中原王朝与北方少数民族交汇交融的地区。地形自北向南由蒙古高原、乌兰察布丘陵、阴山山脉、黄土丘陵四部分组成。习惯上将大青山以南部分称为前山地区，以北部分称为后山地区。前山地区的旗县市区有：集宁区、卓资县、兴和县、丰镇市、察哈尔右翼前旗、凉城县。后山地区旗县有四子王旗、察哈尔右翼中旗、察哈尔右翼后旗、商都县、化德县。前山地区地形复杂、丘陵起伏、沟壑纵横、间有高山，有大小不等的平原，年均气温高于后山地区，雨水相对较多，比较适合种植业的发展，所以人口也相对较多，人均耕地面积相对较少。后山地区为丘陵地带，地势南高北低，南部区域底质多为岩石，是比较平坦的天然大草原。后山地区地广人稀，人均耕地面积多。

四子王旗、察哈尔右翼后旗的人均耕地面积达到 8 亩以上，四子王旗的部分村（嘎查），人均耕地面积达到 15 亩以上，甚至 20 亩以上。普通的 4 口、5 口之家，承包的耕地总面积就达到 50 亩以上，甚至 100 亩左右，形成规模。但由于同一村庄内部耕地按肥沃程度区分为不同的等级进行分块承包，所以这些农户承包的耕地并没有连成大块，给农业经营带来诸多不便。

由于家庭承包总面积大而形成的规模经营，是当地出现最早的农业规模经营模式。乌兰察布市开始重点发展马铃薯产业时，这些人均耕地面积大的地方也率先成为马铃薯产业发展最快的地方，率先成为马铃薯生产基地，率先享受到政府的各项扶持，所以人均收入、家庭总收入增长很快，农户率先富裕起来。如四子王旗的巨巾号乡、梁底乡，户均耕地面积达到 80 亩，成为乌兰察布市最早的马铃薯生产示范基地。在政府的扶持下，于 1997 年建成马铃薯标准化生产基地。政府提供大量的资金、技术支持，当地农户率先富裕起来，农户收入快速增长，2000 年户均纯收入达到 2 万元，2016 年户均纯收入达到 8 万元。

2. 通过土地流转而形成规模

现阶段我国土地流转有广义和狭义之分。狭义的土地流转指的是土地承包经营权的流转；广义的土地流转所包含的内容非常广，是指土地所有权在法律上流转，拆迁、征收都包括在内。现阶段，国内学者研究的大多是狭义的农村土地流转，即农民把自己的土地承包经营权通过转包、出租、让渡等方式进行流转。在乌兰察布市，土地主要以出租的形式进行流转。

最初，在人均耕地面积较少但又适合马铃薯生产的旗县，如察哈尔右翼中旗等地，当地的一些种田能手，通过和村民进行集体谈判，成片地集中租用村民的耕地，用来种植马铃薯。由于乌兰察布市大部分地区为雨养农业，为提高马铃薯产量，减少种植风险，这些种田大户在租来的成片的耕地上首先钻井，铺设管道，采用喷灌的方式保障马铃薯生长过程中的水分需求。所以当地农民把这些流转以后集中经营的耕地形象地称为"圈灌"。这些"圈灌"的承包者在短短几年内收入大增，引发模仿效应，在随后的几年内，乌兰察布市马铃薯"圈灌"数量不断增加，总面积也快速增长。

这些"圈灌"的面积大小不等，小的 100 亩左右，大的几百亩甚至上千亩。按照承包者的不同，这些"圈灌"可以分为：个人承包、合伙承包、企业承包。个人承包指的是承包者是单个个人（家庭），由于个人资金实力有限，所以一般规模较小；合伙承包是指由两人（家庭）以上合伙承包，由合伙人共同出资、共同经营、利益共享、风险共担，其规模中等；企业承包是指由一些农业产业化龙头企业承包经营，由于这些企业资金实力雄厚，故而其规模通常较大，那些上千亩的"圈灌"的经营者通常都是农业产业化龙头企业。

三 民族地区农牧业现代化进程中存在的问题

（一）供给侧结构性矛盾突出

当前，内蒙古自治区玉米种植面积和产量分别占全区粮食总播面积和产量的60%和80%，羊存栏占全区牲畜总头数的79%；玉米"一粮独大"、羊"一畜独大"的单一种养结构明显。受国内消费需求增长放缓以及进口冲击等因素影响，农畜产品供给数量、品种和质量未契合消费者需要，造成农畜产品供求结构性失衡。

（二）资源成本价格"三板"挤压

农牧业资源环境约束增强，面源污染日益严重，农牧业生产成本增加使得部分农畜产品国际国内价格倒挂，特别是在部分农畜产品行情持续低迷的背景下，导致"成本高地板、价格天花板和资源环境硬夹板"的"三板"影响加深，靠拼资源消耗、拼要素投入的粗放发展方式难以为继。

（三）质量安全面临严峻挑战

当前，农畜产品质量可追溯制度仍处于起步阶段，农畜产品生产、加工、流通、质量检验、标识管理等各个环节，尚未建立起一套严格完整的标准、市场准入监管体系和严格的农畜产品质量安全控制体系。

另外，近年来极端天气增多，自然灾害频发，农作物病虫害突发和暴发的频率增加，动物疫病防控压力大、风险高，进一步加大了农牧业生产的自然风险。

第四节 民族地区农牧业现代化发展路径

一 调整、优化农牧业产业结构

优化农牧业种养结构。改变农牧业玉米"一粮独大"、羊"一畜独大"的单一种养结构。在粮食主产区推动生猪和家禽规模养殖，不断优化调整种植业结构、畜群畜种结构、种养结构，增强发展的整体性和协调性，形成多元支撑的农牧业发展格局，构建农牧有机结合、种养循环、粮草兼顾的新型农牧业种养结构。

调整优化种植业结构。依托资源优势,顺应自然、顺应环境、顺应资源禀赋,大力发展强筋小麦、优质稻米、高蛋白大豆、绿豆、荞麦、莜麦、谷子等绿色特色产业,将资源优势转化为产业优势、产品优势和竞争优势。

优化调整畜牧业结构。围绕供给侧结构性改革,发挥科尔沁肉牛和锡林郭勒、呼伦贝尔、巴彦淖尔肉羊等地域品牌优势,加快种养业协调发展。牧区稳定养殖规模,提高个体单产,提升草原品牌核心竞争力;农区增加牲畜数量,提高繁殖率,提高品质效益。

二 加强农牧业资源保护和合理利用

大力发展资源节约型、环境友好型、生态保育型农牧业,促进农牧业资源利用方式由高强度利用向节约高效利用转变,以绿色带动节本增效、提质增效,实现农畜产品质量稳步提高,农牧业资源永续利用,生态环境优美宜居。坚持发展保护同步,以资源环境承载力为基准,充分利用耕地、草地等资源,发挥水源涵养、土壤保护、水质净化等功能,促进山水田林湖生态系统休养生息,维护自然生态平衡。

大力发展节水农牧业。实行最严格水资源管理制度,落实农牧业灌溉用水总量控制和定额管理制度。完善农田灌排设施,加快大中型灌区续建配套与节水改造、大中型灌排泵站更新改造,推进小型农田水利工程建设和规模化高效节水灌溉,依据水资源承载能力适度扩大农田有效灌溉面积。积极推进农牧业水价综合改革,合理调整农牧业水价,完善农牧业用水节约激励机制,建立精准补贴机制。

加强草原生态保护和建设。继续推行草畜平衡、禁牧休牧制度。落实好草原补奖机制,积极探索禁牧草原恢复后科学合理适度利用机制,出台具有前瞻性和指导性的实施意见。做好退牧还草、京津风沙源治理、已垦草原治理等重点生态建设工程的组织实施工作。以高产优质苜蓿示范工程、草牧业发展试点工程、草原补奖后续产业发展为抓手,大力发展人工草地建设。

推进可持续农牧业发展。切实划定农牧业空间和生态空间保护红线。依法加强耕地占补平衡管理,实行占优补优;建立完善耕地保护补偿机制。建立健全耕地轮作休耕财政补贴制度,确保在基本农田面积不减少、质量有提高、农民收入不降低、综合生产能力基本稳定的前提下,围绕生态严重退化地区、重金属污染区、地下水超采区耕地,开展耕地轮作休耕试点。在生态严重退化地区,积极推进粮草轮作,种植紫花苜蓿等多年生牧草植物,减少水土流失，改善土壤环境。重金属污染区，以农艺技术为主，进行多年轮作休耕，种植特殊植物，吸收、降解有害物质，净化土壤。在地下水超采区，积极改善农田基础设施建设条件，提高水资源利用率；地下水超采严重地区以休耕补水为主，其他地区积极调整种植结构，大力推广低耗水农作物，压减地下水超采量。创建可持续发展试验示范区，探索高产高效和资源生态永续利用协调兼顾发展模式和政策体系。

保护野生动植物及水产种质安全。建立一批野生动植物自然保护区，保护生物多样性，开展濒危动植物物种专项救护，严格防范外来物种入侵。开展渔业资源环境调查，建立一批水生生物自然保护区和水产种质资源保护区，严格实施休渔制度，控制捕捞强度，加强增殖放流，修复水产养殖生态系统，推进生态健康养殖。

三　强化农畜产品"舌尖上的安全"

严格落实责任和公共财政投入保障机制，落实部门监管责任追究机制，构建"从农田牧场到餐桌"的全程监管链条，建立健全信息通报、问题曝光和问题约谈制度。严格落实生产经营单位主体责任，全面推行质量安全责任制和承诺制，加快农畜产品质量安全信用体系建设。

推进绿色农畜产品强区建设。健全农畜产品商标品牌培育和保护机制，加大农畜产品地理标志登记保护力度，推进农畜产品品牌建设。加强产地环境保护和源头治理，实行严格的农牧业投入品使用管理制度，推进农牧业标准化示范区、园艺作物标准园、标准化规模养殖场（小区）、水产健康养殖场建设，推行减量化生产和清洁生产技术，规范生产行为，控制农兽药残留，净化产地环境，充分发挥示范引领作用。

强化重大动植物疫情疫病防控能力。强化动植物疫情疫病监测防控和边境、口岸及主要物流通道检验检疫能力建设，严防外来疫病和有害物种入侵。全面落实动物防疫和畜产品安全责任制，强化机构队伍建设，进一步健全和完善部门协作、经费投入、联防联控和病死畜禽无害化处理机制，加大口蹄疫、高致病性禽流感等重大动物疫病防控力度，不断提升应急能力。加强结核病、棘球蚴病等人畜共患病重点防治工作，实施种畜禽场疫病净化策略和小反刍兽疫消灭行动。

增强农畜产品质量安全执法监管。落实农畜产品生产经营主体责任，严惩各类农畜产品质量安全和食品安全违法犯罪行为。加快完善基层监管、检测和综合执法体系，加强乡镇监管服务专业化建设和嘎查村级协管员配备，确保各级"有人员、有经费、有设备、有制度"，开展农畜产品质量安全县创建活动，探索建立有效的监管机制和模式，加强农畜产品产地环境监测和农牧业面源污染监测，强化产地安全管理，落实属地管理责任。推进网格化移动监管，深化追溯体系建设，依法加强对农牧业投入品的监管，打击各类非法添加行为，全面推进优势农畜产品"明标上市、过程可查、质量可溯"。健全农畜产品质量安全监管体系，加强自治区农畜产品质量安全追溯信息平台建设，加强从养殖到屠宰全链条兽医卫生风险管理，推进牛羊肉、乳产品等优势畜产品食品安全全程可追溯。

第二章

民族地区新型工业化建设

工业化是一个区域现代化发展过程中必不可少的阶段，但基于我国少数民族地区生态环境脆弱、工业化进程缓慢、工业结构不合理和粗放型发展等现状和问题，需要重视民族地区的新型工业化建设，在民族地区第二产业发展中，工业尤其是制造业的发展研究是探索少数民族地区经济发展的重要组成部分。

第一节　新型工业化及中心—外围模型

一　工业化

工业化是在经济发展过程中，逐渐由农业主导经济发展转变为工业主导经济发展，表现为传统农业社会向现代工业社会转型，机械化生产的工业迅速发展。工业化是现代化的主要部分，是现代化生产在工业上的表现。农业剩余劳动力逐渐转入第二产业，尤其是从事制造业生产的工人逐渐增多。工业化开始于18世纪60年代的工业革命，西方资本主义国家由于资本原始积累的需要和科技水平的提高，现有的生产力水平以及产品不足以满足资本家和市场需求，蒸汽机改良后开始大规模投入生产过程中，机械化大生产取代了工厂手工业。随着工业化的发展，工业生产总值在国民生产总值中的比重逐渐上升。第二次世界大战以后，西方资本主义国家纷纷进入工业化进程，积累国家原始资本，工业化带动了西方资本主义的发展，也带来了各方面的进步。但是，在工业化过程中由于过分强调了发展速度，而忽视了环境保护，过度开采资源导致了生态环境的恶化，放弃了绿水青山而追求金山银山，这是传统工业化发展付出的代价。由于科技水平有限，工业化过程采取粗放型经济发展模式，资源严重浪费。在工业化过程中，城乡差距逐渐扩大，形成了二元经济体系，严重阻碍了经济社会的和谐发展，因此要开始倡导新型工业化建设。

二 新型工业化

新型工业化概念最早在党的十六大报告中提出，所谓新型工业化，就是坚持以信息化带动工业化，以工业化促进信息化，即科技含量高、经济效益好、资源消耗低、环境污染少、人力资源优势得到充分发挥的工业化。正是由于传统工业化过程中出现的上述问题，新型工业化的提出可以指导我国在经济发展过程中、在追赶发达国家的过程中避免出现以环境为代价，避免高消耗高浪费的现象。作为工业化起步较晚的国家，我们可以借助后发优势，利用信息化的发展成果，实现保护好资源生态前提下的经济发展和赶超，因此工业化和信息化是双向促进、共同发展的。工业化不能再重复以往的粗放型发展，需要利用好科学技术，提高生产力和生产效率，同时增加工业产品附加值，积极发展智能制造。经济效益在以往都是以高投资、高消耗、高污染作为代价的，但是新型工业化道路就要进行改变，既要经济效益好，也要投资少、消耗少、污染少。同时，在运用科技的同时，在发展智能制造的同时，还要把优秀的人力资源进行优化配置，各司其职，发挥每一个人才的最大价值，具有管理才能的企业家是推行新型工业化的主要领导者。除了技术密集型企业，在劳动密集型企业中还要充分吸收劳动力，两个类型企业相互配合，充分发挥经济社会中人力资本的作用。

三 工业区位理论

韦伯最早提出工业区位理论，他的观点主要是最小费用支出理论，即花费最小的地点就是工业企业的最佳区位选择点。通过运费、劳动者工资和集聚经济效益三个方面分析对工业区位布局的影响。首先在运费指向理论中，最重要的就是原料指数，原料可以分为普通原料和专有原料，普通原料即为随处可获得的原料，专有原料即为特定区域才可获得的原料，原料指数＝专有原料重量/产品重量，这是理论上决定工业区位选择的指标。同时，工厂区位选择与企业使用原料种类相关，如果企业使用普通原料，则会选择近消费市场的区位选择；如果企业使用专有原料，则会选择近原料产地；如果两种都选择使用，那么属于自由区位选择范围。其次是劳动者工资指向理论，韦伯所提的劳动者工资是指分摊到每单位产品中的工资份额，这样衡量的好处是既考虑了工资水平又考虑了劳动者的个人能力。在区位选择上只有通过廉价的劳动力所带来的节约额大于运输费用产生的增加额才会转向考虑劳动者工资指向，这里韦伯提出了劳动指数，即劳动者工资和产品重量的比值。劳动者工资与人口数量有很大关系，人口密集地区工业区位选择更偏向于运费指向理论，人口稀少地区则偏向于劳动者工资指向。最后在集聚经济效益指向中，包含集聚经济和集聚不经济。集聚经济一方面是由于各企业间距离缩小，带来交易成本和交流成本的下降；另一方面由于规模经济的存在，企业各组成部分集聚，实现大规模生产经营，实现规模效益。同时集聚带来的生产技术水平的提高，可以有效提高劳动生产效率，同样产量提高，在长期中分摊成本降低，实现规模效益。然而过度的集聚会由于资源匮乏、成本上升而产生集聚不经济，例如交通拥堵产生运输成本的上升、用水用电成本提高、地价上涨、环境水平下降带来生活质量降低等。为了衡量集聚对区位选择的影响，韦伯提出加工系数，即单位产品的加工价值，如果该系数高，即通过集聚效应带来的生产成本的降低值高于运输费用或劳动力工资，则集聚的可能性就较高，相反，则集聚的可能性较低。韦伯的工业区位理论在经济区位论中有很高的价值，为后来学者研究区位理论奠定了基础，同时韦伯的理论不仅仅局限于工业区位选择，对其他产业的布局也起到了指导意义。但是韦伯的理论也存在一定的局限性，主要是在现实生活中，对工业企业区位选择的影响因素不仅仅是公式模型中简单的几个变量，所以在指导实践的过程中，要注意同现实情况相结合。

四　中心—外围模型

克鲁格曼提出中心—外围模型，中心—外围模型即中心外围结构是否可持续，即制造业和农业分别集中在一个区域，这两个部分组成的区域结构是否能够保持均衡，取决的因素是哪些。假设只有两个地区，东部和西部，工人全部集中在东部地区，农民两个区域各一半，农民不可移动，工人随收入多少移动。假设工人人数为 α，则农民人数为 $1-\alpha$，收入与人数相当，则东部地区全部收入为 $S_W = \alpha + (1-\alpha)/2 = (1+\alpha)/2$，西部地区全部收入为 $S_E = (1-\alpha)/2$。假设运输一个单位的制造业产品，只有 τ 部分到目的地，因此，西部制造业产品的价格是东部的 $1/\tau$，为吸引东部工人到西部地区，西部支付的工资将是东部的 $\tau^{-\alpha}$ 倍。P_W 和 P_E 代表东西部地区价格，因此 $P_W/$

$P_E = \tau^{-\alpha}$。制造业企业生产产品的需求弹性是 σ，因此价格每上升 1 个百分点，其市场需求就降低 σ 个百分点。假设东部地区有 n 个企业，每个企业销售额是 α/n，每个企业的销售量则为：

$$\frac{1+\alpha}{2} \cdot \left(\frac{P_W}{P_E \cdot \tau}\right)^{-(\sigma-1)} + \frac{1-\alpha}{2} \cdot \left(\frac{P_W \cdot \tau}{P_E}\right)^{-(\sigma-1)}$$

P_W 和 P_E 代表东西部地区价格，因此 $P_W/P_E = \tau^{-\alpha}$。制造企业向西部搬迁只有当 $S_W/S_E > \tau^{-\alpha}$，即 $S_W/(S_E \cdot \tau^{-\alpha}) > 1$ 时，由东部转移到西部地区生产企业是有利可图的。所以模型是否稳定取决于三个参数：第一个是制造业产品在支出中的部分 α，α 越高结构越稳固，越容易形成中心外围模型；第二个是运输成本 $1/\tau$，只有 τ 很大时，运输成本才会很小，中心外围模型越稳固；第三个是 σ，与规模经济成反比，σ 较小，代表规模经济较大，模型越稳固，相反 σ 增加，代表规模经济下降，中心外围模型难以持续。

五　产业关联

赫希曼提出产业关联，以打破区域间低水平均衡情况。产业关联包括上下游企业的关联，即前向关联和后向关联，上游企业即为企业提供生产原材料和加工产品的企业，下游企业则为使用企业产品的企业或者消费者，上下游企业分别代表了供给与需求。邻近上游企业能够更好地沟通所需的产品，节约运输费用，这是后向关联；邻近下游企业能够更好地生产适合其要求的产品，这是前向关联，因此上下游企业集聚是产业关联最好的实现形式。产业关联有利于增强区域企业的竞争优势，增强区域的比较优势，实现循环累积发展。新型工业化建设，要建立在保护自然环境上，在工业企业发展过程中，如果上下游企业集聚，废水废料被需要的企业利用回收而不是排放污染，这对企业和区域环境来说都是双赢。同时，具有关联性的企业集聚，由于知识溢出效应的存在，科技水平会不断提高，各企业采用高新技术从而不断提高生产的智能性，加快信息化与工业化合作的进程，同时由于关联性较强，即使员工流动性较大，也节约了企业培训员工的费用，加快了企业整体生产效率。

六　比较优势和竞争优势

区域比较优势和企业竞争优势是相辅相成的两个要素，不同的区域和不同的企业相组合可以形成不同的经济发展格局。区域比较优势是基于区域自

身的自然条件，如资源禀赋、人口红利、交通优势等，但是这些都属于低级
要素，研究开发技能、高端人力资本、企业家和民族文化等高级要素是一个
区域真正具有比较优势的部分。企业的竞争优势在于企业的产品设计、生产
开发、营销渠道以及售后服务，在这些部分做到细致，同时拥有自身的企业
文化，才是企业具有竞争实力的关键。民族地区具有其他区域不同的民族传
统文化，在民族地区加快新型工业化建设就是利用民族地区的区位比较优
势，以及将民族企业做到与新兴技术和信息化相结合，与高端科技水平相结
合，实现企业的竞争优势。企业的竞争优势和区域的竞争优势是互相促进发
展的，最终实现区域产业竞争力的提高。

七　价值链

产业集聚目的是为了降低企业成本，但是在信息和交通高度发达的今
天，产业集聚带来的优势逐渐降低。世界各国在发展过程中具有不同的比较
优势，充分发挥各国优势并形成全球价值链是现代产业发展的关键。根据各
国或各地区的比较优势，把生产加工环节放在人口红利较多、劳动力成本较
低的地区，同时还需要选择地租廉价的地点，把总部设立在金融和信息汇集
的中心，开发与设计定位在创新机构集聚的地点，同时各市场销售部门设立
在临近市场的地点，同一个企业根据业务的不同可能存在于全球各个地方，
但是并不妨碍企业创造价值，实现全球范围内利益的获取，这就形成了全球
化的价值链。民族地区可以参考全球价值链的理论，在区域范围内考虑成本
因素后，选择集聚或分散的组织形式，最大限度地实现产业利润，这是工业
化同信息化相融合实现的选择多样化，形式多样但是宗旨只有一个，即依托
民族地区新型城镇化建设实现民族地区经济社会的持续发展。

第二节　民族地区新型工业化建设概况

我国民族地区的工业化开始于 1953 年的第一个五年计划，"一五"计
划指出，由于我国工业主要集中在东南沿海地区，所以要加强在中西部地区
发展工业。1953~1957 年，原有工业基地的地区加快工业建设，例如东北地
区的重工业，在华中和西北等地区加快包头钢铁工业的发展等，同时在西南
地区开始工业建设。在 1958~1962 年的第二个五年计划期间，继续加快以
内蒙古和华中地区为主的钢铁工业建设，加快西南西北地区钢铁工业的建

设，继续加强新疆等地石油工业和有色金属工业的发展，探索西藏地区的地质情况为工业发展做准备。1964 年，我国"三线建设"开始实施，三线建设把我国各地区划分为一线地区、二线地区和三线地区，其中三线地区包含绝大多数民族八省区，各省区还划分出了各自的一、二、三线城市，通过国家宏观调控，加快了西部地区工业化的进程，缩小了西部地区和东部沿海地区经济的差距，成为民族地区工业发展的摇篮。

经过改革开放 40 年的发展，民族地区工业化进程取得了显著的成效，但是还存在一些不足之处，通过分析下列民族八省区工业发展现状的数据，剖析存在的问题，为研究民族地区新型工业化建设做好铺垫。

第一，从三大产业生产总值观察民族八省区第二产业及工业发展情况，全国各地区平均生产总值为 26122.6 亿元，民族地区的生产总值均低于全国平均值，说明民族地区生产水平相对较低，八个省区相比，广西壮族自治区、云南省、内蒙古自治区和贵州省相对较高。通过对第二产业增加值的比较，可以发现排序发生变化，由高到低前四名为广西壮族自治区、内蒙古自治区、云南省和贵州省，内蒙古自治区的第二产业产值绝对值较高。分行业观察可以看出，工业生产总值在各地区的比重，占比最高的是宁夏回族自治区，达 31.84%，除西藏自治区和云南省外，其他省区均在 30% 左右，全国工业生产总值占全部比重的 36%，虽然民族地区低于全国水平，但是工业已经接近 1/3 的产值贡献，说明民族地区的工业化水平已经得到了显著的提高（见表 2-1）。

表 2-1　2017 年民族八省区生产总值及其构成

单位：亿元

地区	地区生产总值	产业增加值			分行业	
		第一产业	第二产业	第三产业	工业	工业占比（%）
内蒙古	16096.21	1649.77	6399.68	8046.76	5109.00	31.74
广西	18523.26	2878.30	7450.85	8194.11	5822.93	31.44
贵州	13540.83	2032.27	5428.14	6080.42	4260.48	31.46
云南	16376.34	2338.37	6204.97	7833.00	4089.37	24.98
西藏	1310.92	122.72	513.65	674.55	102.16	7.79
青海	2624.83	238.41	1162.41	1224.01	777.56	29.62
宁夏	3443.56	250.62	1580.57	1612.37	1096.30	31.84
新疆	10881.96	1551.84	4330.89	4999.23	3254.18	29.91

资料来源：《中国统计年鉴 2018》。

　　第二，我们通过民族八省区工业产品的种类和产量分析各地区工业发展水平，通过表 2-2 可以看出，内蒙古原煤产量最高，新疆和青海盛产天然气和原盐，广西和云南成品糖产量较高，云南卷烟产量最多、其次是贵州，广西机制纸及纸板高于其他民族省区，内蒙古和新疆焦炭产量最高，云南、贵州和广西硫酸产量较多，内蒙古和新疆烧碱产量高于全国均值，青海纯碱产量最高，农用化肥生产中贵州、内蒙古、青海、新疆、云南产量均高于全国水平，新疆和内蒙古塑料产量最高，广西、云南和贵州水泥生产水平较高。在生铁、粗钢和钢材生产上，民族地区水平均低于全国均值，但相对而言广西、内蒙古、云南和新疆产量较高。在汽车生产上广西高于全国均值，但轿车产量低于全国均值。新疆发电机组数量最高，在发电量上，内蒙古、新疆和云南均高于全国均值，且云南、贵州、广西的水电产量最高。综上所述，民族地区可根据具有相对优势的工业产品发展龙头企业，但民族地区工业产品多为原材料和初级产品，而空调、电冰箱等家用电器以及手机、微型计算机、集成电路等数码电子产品则较少，说明民族地区工业发展空间很大，应积极调整工业产品结构，增加产品附加值，推动技术对工业发展的带动作用。

表 2-2　2017 年民族八省区各工业产品产量

地区	原煤（亿吨）	天然气（亿立方米）	原盐（万吨）	成品糖（万吨）	啤酒（亿升）	卷烟（亿支）	布（亿米）	机制纸及纸板（万吨）	焦炭（万吨）
内蒙古	9.06	0.19	125.34	36.87	7.04	314.50	—	12.86	3046.37
广西	0.04	0.21	3.84	936.20	15.89	721.28	0.65	300.89	703.66
贵州	1.63	4.15	—	6.30	9.24	1076.05	0.25	35.50	510.21
云南	0.47	0.04	148.49	225.59	9.80	3589.36	0.01	89.55	963.80
西藏	—	—	—	—	1.79	—	—	2.54	—
青海	0.08	64.01	201.42	—	0.30	—	—	—	151.36
宁夏	0.76	—	83.94	—	2.34	80.00	0.37	24.69	754.74
新疆	1.78	307.04	459.38	53.13	4.56	175.50	2.76	25.26	1590.57
全国均值	1.41	54.83	289.31	77.48	14.19	808.56	31.51	418.07	1540.81

续表

地区	硫酸 （万吨）	烧碱 （万吨）	纯碱 （万吨）	农用氮、磷、钾化肥 （万吨）	化学农药 （万吨）	初级形态的塑料 （万吨）	化学纤维 （万吨）	水泥 （万吨）	平板玻璃 （万重量箱）
内蒙古	257.61	326.58	55.08	473.67	2.68	532.34	1.53	3073.86	988.37
广西	385.32	62.40	4.84	61.90	0.92	28.45	0.51	12218.75	280.75
贵州	829.56	—	—	556.32	0.34	8.82	2.41	11363.33	1521.26
云南	1373.13	23.61	10.20	291.77	0.01	23.43	6.15	11515.21	323.46
西藏	—	—	—	—	—	—	—	756.74	—
青海	7.87	14.49	375.50	463.02		42.25		1462.63	304.41
宁夏	48.60	64.21	13.67	46.11	2.72	226.34	0.15	2188.18	282.88
新疆	81.08	250.82	—	296.24		621.72	71.33	4658.57	741.19
全国均值	329.03	123.30	131.77	203.16	10.03	281.94	187.58	7518.84	2991.64

地区	生铁 （万吨）	粗钢 （万吨）	钢材 （万吨）	金属切削机床 （万台）	汽车 （万辆）	其中：轿车 （万辆）	发电机组 （万千瓦）	彩色电视机 （万台）	发电量 （亿千瓦小时）	其中：水电 （亿千瓦小时）
内蒙古	1550.43	1983.51	2002.67	—	3.06	1.71	8.07	78.99	4435.94	19.99
广西	1310.58	2265.26	3270.73	0.20	245.18	24.78	56.66	103.42	1401.11	629.34
贵州	343.71	439.90	495.72	0.15	0.27	—	—	205.45	1899.10	699.91
云南	1322.12	1517.50	1607.38	1.86	14.29	0.01	60.17	33.59	2955.06	2493.43
西藏	—	—	0.11	—	—	—	—	—	55.66	48.29
青海	102.43	119.56	127.09	0.03	—	—	58.52	—	626.59	334.22
宁夏	191.98	229.46	221.76	0.21	—	—	49.15	—	1380.94	15.45
新疆	1061.90	1110.10	1299.64	—	2.05	1.93	493.86	—	3010.78	243.50
全国均值	2548.64	2866.83	3375.55	2.34	103.64	45.94	454.73	758.70	2095.21	396.61

资料来源：《中国统计年鉴 2018》。

　　第三，民族地区工业发展过程中可以依托自身的文化优势发展文化产业，但是从表 2-3 中数据所示，民族八省区文化产业企业普遍较少，从业人员也低于全国均值，在文化企业单位数上，广西壮族自治区数量较多，为 240 个，从业人员达 84899 人。8 个省区中只有 3 个地区拥有超过 100 家文化产业，最少的是西藏自治区，只有 6 家。在资产总额和营业收入上民族地区远低于全国均值，因此民族地区新型工业化建设过程中应重视文化产业的培育和发展。

表 2-3 2017 年民族八省区文化产业企业基本情况

地区	企业单位数（个）	年末从业人员（人）	资产总计（万元）	营业收入（万元）
全国	19803	4876696	340144414	466237751
全国均值	639	157313	10972400	15039927
内蒙古	13	2104	278019	229017
广西	240	84899	2816094	5833716
贵州	156	19445	1097068	1956214
云南	150	24515	2174973	2867502
西藏	6	794	78637	34218
青海	15	5726	344634	313155
宁夏	25	4494	534304	296703
新疆	28	2865	250464	150990

资料来源：《中国统计年鉴 2018》。

第四，新型工业化就是建设科技含量高的工业企业，因此通过衡量一个地区工业企业的研发情况以及新产品开发情况可以分析新型工业化的发展情况及存在的问题。表 2-4 中的规模以上工业企业研发人员、经费以及项目数量，均低于全国均值，在 8 个民族省区内部做比较，内蒙古自治区和云南省研发人员较多，内蒙古自治区和广西壮族自治区的研发经费投入较多，但是从专利申请数量来看，广西壮族自治区、贵州省和云南省数量最多，而且贵州省专利申请中发明专利的数量和有效发明专利数量最多，所以贵州省的工业企业研发水平是较高的。因此民族地区新兴工业化建设过程中，虽然投入的人力资本和研发经费与科研成果呈现一定程度的正相关，但是其他条件的辅助也是必不可少的，提高科研水平是关键。

表 2-4 2017 年民族地区规模以上工业企业研究与试验发展（R&D）活动及专利情况

地区	R&D 人员（人）	R&D 经费（万元）	R&D 项目数（项）	专利申请数（件）	专利申请中发明专利部分（件）	有效发明专利数（件）
全国	2736244	120129589	445029	817037	320626	933990
全国均值	88266	3875148	14356	26356	10343	30129

续表

地区	R&D 人员（人）	R&D 经费（万元）	R&D 项目数（项）	专利申请数（件）	专利申请中发明专利部分（件）	有效发明专利数（件）
内蒙古	23243	1082640	2353	3796	1733	3837
广西	16163	935996	2795	5428	2502	6557
贵州	18786	648576	2758	5344	2542	6805
云南	21393	885588	4122	5389	1891	6510
西藏	202	3186	32	20	12	96
青海	1799	83276	310	729	271	399
宁夏	6392	291101	1404	1978	937	1633
新疆	6191	400468	1161	3022	961	2565

资料来源：《中国统计年鉴 2018》。

第五，新型工业化建设就是建设资源消耗低和环境污染少的企业。民族地区生态环境脆弱、资源消耗严重的现状更需要加快新型工业化建设步伐，由上文数据我们可知民族地区经济发展近1/3依靠工业，从表2-5中所示我国工业企业能源消费量可知，工业在煤炭、焦炭和原油方面的消费量高达90%以上，其次是电力、燃料油和天然气，因此不论是民族地区还是其他区域，从总体消费情况可以看出，我国工业企业仍处于绿色能源使用率较低的状态，因此民族地区更应该提高对新能源的使用，既保护民族地区的环境又能加快实现新型工业化建设。

表2-5　2016年全国工业企业能源消费量

能源分类	消费总量	工业	工业占比（%）
能源消费总量（万吨标准煤）	435818.63	290255.00	66.60
煤炭消费量（万吨）	384560.34	363175.14	94.44
焦炭消费量（万吨）	45462.41	45324.73	99.70
原油消费量（万吨）	56025.93	56003.59	99.96
汽油消费量（万吨）	11866.04	436.32	3.68
煤油消费量（万吨）	2970.71	19.96	0.67
柴油消费量（万吨）	16839.03	1412.91	8.39
燃料油消费量（万吨）	4631.04	3035.41	65.54
天然气消费量（亿立方米）	2078.06	1338.59	64.42
电力消费量（亿千瓦小时）	61297.09	43088.89	70.30

资料来源：《中国统计年鉴 2017》。

第六，在工业企业对环境的影响方面，我们通过民族八省区废水排放量和固体废物处理情况考察，如表 2-6 和表 2-7 数据所示，工业废水排放是其主要来源，因此通过各地区的数据可以衡量新型工业化过程中对环境污染的情况。广西壮族自治区废水排放量最多，达 198144 万吨，高于全国均值；云南省废水排放量达 185112 万吨，贵州省废水排放量达 118017 万吨。西藏自治区废水排放量最少，一方面与当地水资源有限有关，另一方面与当地工业企业较少有关。工业企业除了废水排放影响环境，固体废物对环境的影响也不能忽视。从一般工业固体废物产生量来看，内蒙古自治区数量最多，是全国均值的两倍多，其次高于全国均值的是云南省和青海省。在对一般工业固体废物综合利用的绝对值上看，内蒙古自治区利用数量最多，其次是青海省和云南省。但是从一般工业固体废物利用率的角度看内蒙古自治区利用率较低，在民族八省区中仅次于西藏自治区，这是该地区发展过程中应关注的问题，相反，广西壮族自治区、贵州省和青海省的一般工业固体废物利用率较高，均高于全国均值。从一般工业固体废物倾倒丢弃量上看，新疆维吾尔自治区数量十分惊人，高达 13.95 万吨，一方面说明新疆对一般工业固体废物回收利用的效率较低，另一方面表明对环境的污染程度较大，这也是该区域新型城镇化过程中应注意的问题。

表 2-6　2017 年民族八省区废水排放量

单位：万吨

地区	废水排放量
全国	6996610
全国均值	192702
内蒙古	104251
广西	198144
贵州	118017
云南	185112
西藏	7176
青海	27115
宁夏	30735
新疆	101291

资料来源：《中国统计年鉴 2018》。

表 2-7 2017 年民族八省区工业固体废物处理利用情况

单位：万吨，%

地区	一般工业固体废物产生量	一般工业固体废物综合利用量	一般工业固体废物利用率	一般工业固体废物倾倒丢弃量
全国	331592	181187	54.64	73.04
全国均值	10696	5844	54.64	2.71
内蒙古	27953	10422	37.28	3.33
广西	6503	3693	56.79	0.45
贵州	9353	5201	55.60	2.69
云南	13725	5364	39.08	4.29
西藏	382	7	1.83	—
青海	12996	7152	55.03	0.01
宁夏	4877	1905	39.06	—
新疆	9223	4207	45.61	13.95

资料来源：《中国统计年鉴 2018》。

第三节　民族地区新型工业化实证分析

通过上文数据分析，在民族八省区中，内蒙古自治区的工业化发展相对较好，在本节我们首先根据库兹涅茨、配第-克拉克和钱纳里等一系列的工业化进程指标衡量内蒙古自治区工业化发展情况，再通过内蒙古自治区工业相关数据分析新型工业化过程中存在的问题。

首先，根据库兹涅茨三次产业结构与经济发展阶段的关系来看，内蒙古自治区 2000~2017 年处于由工业化中期到成熟期的转变，2000~2007 年逐渐过渡到工业化中期，但是第二产业和第三产业结构有待进一步完善；在 2008~2014 年达到了工业化成熟期，除 2011 年和 2012 年第三产业略有浮动外，三次产业结构实现了第一产业小于 14%，第二产业大于 50.9%，第三产业大于 35.1% 的比例；在 2015~2017 年，第二产业比重下降，第三产业比重上升，开始步入工业化后期，即经济稳定增长阶段。同时我们可以看到，内蒙古自治区工业生产总值比重呈倒 U 形发展趋势，这也与工业化发展阶段第二产业的趋势相同（见表 2-8、表 2-9）。

表 2-8 库兹涅茨三次产业结构与经济发展阶段关系

单位:%

第一产业占 GDP 比重	第二产业占 GDP 比重	第三产业占 GDP 比重	工业化时期	经济发展阶段
大于 33.7	小于 28.6	小于 37.7	工业化准备期	初级产品生产阶段
小于 33.7	大于 28.6	大于 37.7	工业化初期	
小于 15.1	大于 39.4	大于 45.5	工业化中期	工业化阶段
小于 14.0	大于 50.9	大于 35.1	工业化成熟期	
小于 10.0	小于 50.0	大于 40.0	工业化后期	经济稳定增长阶段

表 2-9 2000~2017 年内蒙古自治区三次产业及工业占地区生产总值比重

单位:%

年份	第一产业	第二产业	第三产业	工业
2000	22.8	37.9	39.3	31.5
2001	20.9	38.3	40.8	31.6
2002	19.3	38.9	41.8	31.7
2003	17.6	40.5	41.9	32.4
2004	17.2	41.0	41.8	33.4
2005	15.1	45.4	39.5	37.8
2006	12.8	48.1	39.1	41.0
2007	11.9	49.7	38.4	43.3
2008	10.7	51.5	37.8	45.7
2009	9.5	52.5	38.0	46.2
2010	9.4	54.5	36.1	48.1
2011	9.1	56.0	34.9	49.5
2012	9.1	55.4	35.5	48.7
2013	9.3	53.8	36.9	47.0
2014	9.2	51.3	39.5	44.5
2015	9.1	50.5	40.4	43.4
2016	8.8	48.7	42.5	41.6
2017	10.2	39.8	50.0	31.7

资料来源:2001~2018 年《内蒙古统计年鉴》。

从配第-克拉克的就业结构与经济发展阶段关系来看,内蒙古自治区的就业结构如表 2-10、表 2-11 所示,第一产业就业人数在 2008 年以前一直占全区就业总人数的一半以上，虽然在之后有所改善，但仍旧是第三产业和第一产业占绝大部分，第二产业仅占 15%～19%，因此根据配第-克拉克定理，内蒙古自治区工业化发展中就业结构并不合理。

表 2-10　配第-克拉克就业结构与经济发展阶段关系

第一产业占就业比重（%）	第二产业占就业比重（%）	第三产业占就业比重（%）	工业化时期	经济发展阶段
大于 63.3	小于 17.0	小于 19.7	工业化准备期	初级产品生产阶段
小于 46.1	大于 26.8	大于 27.1	工业化初期	
小于 31.4	大于 36.0	大于 32.6	工业化中期	工业化阶段
小于 24.2	大于 40.8	大于 35.0	工业化成熟期	
小于 17.0	大于 45.6	大于 37.4	工业化后期	经济稳定增长阶段

表 2-11　2000～2017 年内蒙古自治区三次产业就业占全区就业比重

单位：%

年份	第一产业	第二产业	第三产业
2000	52.20	17.10	30.70
2001	51.60	16.80	31.60
2002	50.90	16.00	33.10
2003	54.59	15.17	30.24
2004	54.51	14.91	30.58
2005	53.83	15.64	30.53
2006	53.78	15.98	30.23
2007	52.64	16.98	30.38
2008	50.45	16.88	32.67
2009	48.84	16.92	34.24
2010	48.20	17.41	34.39
2011	45.87	17.73	36.40
2012	44.70	18.10	37.20
2013	41.25	18.79	39.96
2014	39.18	18.27	42.55
2015	39.10	17.06	43.84
2016	40.06	15.85	44.09
2017	41.40	15.80	42.80

资料来源：2001～2018 年《内蒙古统计年鉴》。

工业化发展与城市化是相辅相成的，因此根据表 2-12 中钱纳里城市化率与经济发展阶段关系可知，如表 2-14 所示，内蒙古自治区 2000～2006 年处于工业化初期向工业化中期发展阶段，城市化率处于 36.4%～49.9%，而 2007～2017 年处于工业化中期向工业化成熟期发展，城市化率处于 49.9%～65.2%，这与库兹涅茨产业结构对应工业化阶段的结论相似。在人均 GDP 中，我们根据 1970 年的数据用当年美元对人民币汇率和 2000～2017 年平均汇率之比换算成当今的指标，如表 2-13 所示，通过指标数值显示与内蒙古自治区实际情况对比，2001～2004 年内蒙古自治区处于工业化发展初级阶段，2005～2007 年处于工业化中级阶段，2008～2010 年处于工业化高级阶段，2011 年至今处于发达经济初级阶段。

表 2-12　钱纳里城市化率与经济发展阶段关系

城市化率（%）	工业化时期	经济发展阶段
小于 32.0	工业化准备期	初级产品生产阶段
小于 36.4	工业化初期	
小于 49.9	工业化中期	工业化阶段
小于 65.2	工业化成熟期	
大于 65.2	工业化后期	经济稳定增长阶段

表 2-13　钱纳里的人均 GDP 与经济发展阶段划分

单位：元

收入水平	时期	阶段
3442～6884	初级产品生产阶段	
6885～13767	工业化阶段	初级阶段
13768～27535		中级阶段
27536～51628		高级阶段
51629～82605	发达经济	初级阶段
82606～123907		高级阶段

表 2-14　2000～2017 年内蒙古自治区城市化率和人均 GDP

单位:%，元

年份	城市化率	人均 GDP
2000	42.20	6500
2001	43.54	7210

年份	城市化率	人均 GDP
2002	44.05	8146
2003	44.74	10015
2004	45.86	12728
2005	47.20	16285
2006	48.64	20523
2007	50.15	26521
2008	51.72	34869
2009	53.40	39735
2010	55.53	47347
2011	56.62	57974
2012	57.74	63886
2013	58.71	67836
2014	59.51	71046
2015	60.30	71101
2016	61.19	72064
2017	62.02	63764

资料来源：2001~2018 年《内蒙古统计年鉴》。

上述各项指标只能从一个侧面反映出工业化水平，为了更全面综合分析内蒙古自治区工业化发展程度，我们参考甄江红文章中的工业化水平综合评价体系，其中包含评级指标、权重、标准值和分值衡量标准。在该评级体系中，通过人均 GDP 衡量经济发展水平，通过第二、三产业生产总值占 GDP 比重衡量产业结构，通过工业增加值占 GDP 比重衡量工业效益，通过第二、三产业就业人口占总人口比重衡量就业结构，通过劳动生产率衡量生产效率，通过单位 GDP 能耗衡量能源消耗强度，通过万人拥有科技人员数衡量科技人力资本投入水平，通过科教文卫支出占财政支出比重衡量科教经费投入水平，通过恩格尔系数衡量消费结构，通过进出口总额占 GDP 比重衡量外贸结构，通过人均邮电业务量衡量信息化水平。为了减少数据误差，我们通过下列公式计算标准化数值：

$$Y_i = X_i / x \text{ 或 } Y_i = x / X_i$$

Y_i 表示计算后的各指标的标准化数值，X_i 表示原始数值，x 表示评价体系中的标准值，只有单位 GDP 能耗和恩格尔系数两个指标用右侧公式，其余使用左侧公式计算。之后通过下列公式计算工业化综合指数：

$$I = \sum_{i=n}^{n} w \cdot Y_i$$

I 表示工业化综合指数，w 为各指标对应的权重，将第一个公式得出的各标准化数值与各权重相乘，并与表 2-15 中的指标对比，得出表 2-17 结果。

表 2-15　内蒙古自治区工业化水平综合评价体系

评价指标	权重	工业化初期阶段			工业化中期阶段			工业化后期阶段		
		标准值		分值	标准值		分值	标准值		分值
人均 GDP（万元）	0.1739	0.5	1.5	0.0109 0.0326	1.5	4	0.0326 0.0870	4	8	0.0870 0.1739
第二、三产业生产总值占 GDP 比重（%）	0.1367	60	75	0.0863 0.1079	75	90	0.1079 0.1295	90	95	0.1295 0.1367
工业增加值占 GDP 比重（%）	0.1367	20	40	0.0456 0.0911	40	50	0.0911 0.1139	50	60	0.1139 0.1367
第二、三产业就业人口占总人口比重（%）	0.1074	40	55	0.0477 0.0656	55	70	0.0656 0.0835	70	90	0.0835 0.1074
城市化率（%）	0.0865	30	40	0.0346 0.0461	40	60	0.0461 0.0692	60	75	0.0692 0.0865
劳动生产率（万元/人）	0.0703	1	8	0.0035 0.0281	8	15	0.0281 0.0527	15	20	0.0527 0.0730
单位 GDP 能耗（吨标准煤/万元）	0.0703	4	2.5	0.0088 0.0141	2.5	1	0.0141 0.0352	1	0.5	0.0352 0.0730
万人拥有科技人员数（人）	0.0552	5	15	0.0092 0.0276	15	25	0.0276 0.0460	25	30	0.0460 0.0552
科教文卫支出占财政支出比重（%）	0.0492	15	20	0.0185 0.0246	20	30	0.0246 0.0369	30	40	0.0369 0.0492
恩格尔系数（%）	0.0424	50	40	0.0254 0.0318	40	35	0.0318 0.0363	35	30	0.0363 0.0424
进出口总额占 GDP 比重（%）	0.0378	10	20	0.0095 0.0189	20	30	0.0189 0.0284	30	40	0.0284 0.0378
人均邮电业务量（万元）	0.0336	0.02	0.1	0.0027 0.0134	0.1	0.2	0.0134 0.0269	0.2	0.025	0.0269 0.0336
总计	1	—		0.3026 0.5020	—		0.5020 0.7455	—		0.7455 1

表 2-16 内蒙古自治区工业化水平综合评价体系原始数据

年份	人均 GDP（万元）	第二、三产业生产总值占 GDP 比重（%）	工业增加值占 GDP 比重（%）	第二、三产业就业人口占总人口比重（%）	城市化率（%）	劳动生产率（万元/人）
2000	0.6500	77.20	31.50	47.80	42.20	3.19
2001	0.7210	79.10	31.60	48.40	43.54	3.66
2002	0.8146	80.70	31.70	49.10	44.05	4.35
2003	1.0015	82.40	32.40	45.41	44.74	6.34
2004	1.2728	82.80	33.40	45.49	45.86	8.16
2005	1.6285	84.90	37.80	46.17	47.20	10.90
2006	2.0523	87.22	41.00	46.21	48.64	14.13
2007	2.6521	88.14	43.30	47.36	50.15	17.39
2008	3.4869	89.31	45.70	49.55	51.72	23.51
2009	3.9735	90.46	46.20	51.16	53.40	26.46
2010	4.7347	90.60	48.10	51.80	55.53	30.88
2011	5.7974	90.90	49.50	54.13	56.62	36.29
2012	6.3886	90.90	48.70	55.30	57.74	37.28
2013	6.7836	90.69	47.00	58.75	58.71	34.41
2014	7.1046	90.84	44.50	60.82	59.51	33.60
2015	7.1101	90.90	43.40	60.90	60.30	36.05
2016	7.2064	91.26	41.60	59.94	61.19	38.85

年份	单位 GDP 能耗（吨标准煤/万元）	万人拥有科技人员数（人）	科教文卫支出占财政支出比重（%）	恩格尔系数（%）	进出口总额占 GDP 比重（%）	人均邮电业务量（万元）
2000	2.56	15.53	17.88	38.7	10.97	0.02
2001	2.60	14.03	18.66	38.0	12.31	0.02
2002	2.67	14.38	17.36	37.2	12.81	0.04
2003	2.77	14.40	17.76	36.4	10.79	0.05
2004	2.83	14.31	16.30	37.3	11.02	0.07
2005	2.76	16.46	15.84	36.9	10.67	0.08
2006	2.60	20.27	21.01	34.0	9.39	0.11

年份	单位 GDP 能耗（吨标准煤/万元）	万人拥有科技人员数（人）	科教文卫支出占财政支出比重（%）	恩格尔系数（%）	进出口总额占 GDP 比重（%）	人均邮电业务量（万元）
2007	2.29	21.10	21.65	34.6	8.81	0.15
2008	1.93	23.98	21.53	36.6	7.19	0.19
2009	1.79	24.91	21.37	34.7	4.74	0.23
2010	1.62	27.93	22.75	33.6	4.95	0.08
2011	1.47	28.02	21.82	36.0	5.24	0.10
2012	1.39	30.90	21.39	33.4	4.46	0.11
2013	1.05	31.13	20.86	33.0	4.32	0.12
2014	1.03	31.42	21.40	29.7	5.03	0.13
2015	1.06	34.01	21.75	29.1	4.44	0.16
2016	1.04	38.59	21.30	29.0	4.15	0.11

资料来源：2001~2017 年《内蒙古统计年鉴》。

表 2-17　内蒙古自治区工业化水平综合评价结果

年份	2000	2001	2002	2003	2004	2005	2006	2007	2008
指标数值	0.4533	0.4624	0.4889	0.5096	0.5501	0.6104	0.6890	0.7859	0.8917

年份	2009	2010	2011	2012	2013	2014	2015	2016	
指标数值	0.9731	0.8301	0.9002	0.9408	0.9704	0.9929	0.9926	0.9878	

资料来源：笔者计算整理。

　　通过表 2-15 的综合指标体系与表 2-17 的结果对比，发现内蒙古自治区在 2000~2002 年处于工业化初期阶段，2003~2006 年处于工业化中期阶段，2008 年至今处于工业化后期阶段，与上文我们从侧面检验的内蒙古自治区工业化水平结果相似。因此在内蒙古自治区工业化后期存在什么样的问题，以及如何在工业化后期稳定且实现绿色发展，是民族地区新型工业化建设过程中值得研究的问题。

　　从内蒙古自治区轻工业和重工业生产总值占工业总产值比重来分析，轻工业在 2000~2016 年呈波动式下降趋势，而重工业整体呈波动式上升趋势，重工业在工业生产总值中一直占绝对比重，所以内蒙古自治区工业化发展较快得益于重工业的发展，如包头市就是内蒙古最大的工业城市也是我国西北地区最重要的工业基地。但是重工业对环境的污染也不可忽视，在民族地区新型工业化过程中应加强重工业对环境污染方面的监管力度（见表 2-18）。

表 2-18 2000~2016 年内蒙古自治区轻工业和重工业生产总值及比重

单位：亿元，%

年份	工业总产值	轻工业	重工业	轻工业占比	重工业占比
2000	1202.85	464.26	738.59	38.60	61.40
2001	1347.19	536.76	810.43	39.84	60.16
2002	1535.80	614.38	921.42	40.00	60.00
2003	1935.11	754.71	1180.40	39.00	61.00
2004	2805.21	893.21	1912.00	31.84	68.16
2005	3861.58	1171.70	2689.88	30.34	69.66
2006	5201.12	1506.72	3694.40	28.97	71.03
2007	7143.37	2069.37	5074.00	28.97	71.03
2008	9894.76	2869.48	7025.28	29.00	71.00
2009	12707.52	3685.18	9022.34	29.00	71.00
2010	16020.00	4645.80	11374.20	29.00	71.00
2011	20472.95	6141.89	14331.06	30.00	70.00
2012	21933.29	6579.99	15353.30	30.00	70.00
2013	24137.53	6951.61	17185.92	28.80	71.20
2014	23820.79	6908.03	16912.76	29.00	71.00
2015	23424.87	6793.21	16631.66	29.00	71.00
2016	23482.50	6809.92	16672.58	29.00	71.00

资料来源：2001~2017 年《内蒙古统计年鉴》。

在按行业分的工业组成部分中，包括制造业、采矿业以及电力、燃气及水的生产和供应业。从企业单位个数来看，2016 年内蒙古制造业 2943 家，采矿业 757 家，电力、燃气及水的生产和供应业 593 家；从各行业总产值贡献来看，如图 2-1 所示，制造业的贡献最大，达 61%。因此民族地区新型工业化建设过程中，要坚持《中国制造 2025》中的规划要求，坚持把民族制造变成民族智造。

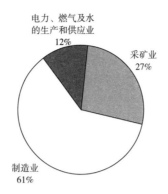

图 2-1　2016 年内蒙古自治区分行业生产总值贡献率

资料来源:《内蒙古统计年鉴 2017》。

通过表 2-19 按企业规模分类的数据显示,小型企业是内蒙古自治区工业发展的主要形式,企业单位个数最多,达 3165 个,其次是中型企业,单位数是 625 个,工业总产值也与企业多少成正相关,但是通过计算平均生产率,我们可以看到大型企业平均生产率最高,其次是中型企业和小型企业。因此,内蒙古自治区在新型工业化过程中应加强对中小企业的监管,同时加快企业间的兼并与合作,加大企业生产规模,实现工业企业的规模效益。

表 2-19　2016 年内蒙古自治区按企业规模分企业单位数和总产值

按企业规模分	企业单位数（个）	工业总产值（万元）	平均生产率（万元/人）
大型企业	135	56783712	420620
中型企业	625	66085850	105737
小型企业	3165	81064911	25612
微型企业	368	3258793	8855

资料来源:《内蒙古统计年鉴 2017》。

第四节　民族地区新型工业化发展路径

一　加快民族地区新产业空间建设

民族地区工业化过程中,一方面是老工业基地较多,另一方面是新型高技术产业较少，因此在新型工业化建设过程中应加快新产业空间的建立，主要通过两种途径，一方面在老工业基地周边增加高新技术产业，即高技术渗透进传统工业地区；另一方面在城市周边建设高新技术产业，即高新技术创造新工业化地区。建设高新技术产业的主要目的是改造民族地区老工业基地或民族地区产业结构不合理的状况，新兴战略性产业是民族地区亟须重视的部分。新型工业化建设要强化信息化与工业化的相互带动作用，还要形成科技含量高的工业化发展模式。

首先，民族地区要根据自身的特点及资源禀赋发展新型工业企业，例如内蒙古自治区的鄂尔多斯和呼伦贝尔，产煤较多，可以加快发展当地的化工产业。同时少数民族地区多矿产资源和有色金属，邻近资源产地有利于节省运输成本，工业企业的建立也会吸引相关产业和资源，形成新产业空间，各产业之间相互合作能够加快沟通和学习，提高企业的创新水平，增强新企业对环境的适应能力。

其次，新产业空间建设有利于传统企业建立上下游企业，根据上文数据我们可知，民族地区生产或开采原材料的工业企业较多，增加上下游企业集聚有利于深加工原材料，在增加附加值的同时减少废料的回收利用率。例如，云南省和内蒙古自治区的固体废物倾倒丢弃量较大，既浪费了资源、降低了生产率，也造成了环境的污染，在新产业空间中增加上下游辅助产业是新型工业化过程中的关键。

最后，根据对内蒙古自治区数据的分析，重工业占比较多，作为牧业较发达的民族地区，轻工业的发展也十分关键，既能吸收大量劳动力，增加贫困地区农民的收入，又能保护民族地区脆弱的生态环境。同时也要根据民族省区内部的具体情况进行合理布局，新产业空间可以利用邻近城市或地区的优势条件，形成新城市群，在产业空间内部企业对区位的选择具有主动性，区位对企业的合作也具有网络连接性，形成区域与企业良性互动的促进作用。新型工业化过程中要通过新产业空间的建立，改善民族地区工业企业发展落后的情形，实现老工业与新兴产业的结合，以渐进渗透的方式改造传统工业，这样既可以减少快速的改革带来的阵痛，也可以让民族地区较好地适应新形势和新科技。既然部分民族地区已经发展到工业化后期，很多传统的制度和模式已经深层次渗透到企业当中，所以相关政府机构和部门要加强对新产业空间的扶持和带动作用，完善相关制度建设，减少战略性新兴产业发展的摩擦力和困难。

二 加快实现从民族制造到民族智造的转变

内蒙古自治区数据调查显示，制造业在工业中的生产总值贡献率最高，说明民族地区制造业占了很大的比重。在《中国制造2025》的指导下，发展民族地区的制造业，实现民族制造到民族智造的转变，是民族地区新型工业化建设的重要部分。

第一，生产制造过程智能化，信息化与工业化深度融合。民族地区在制造业企业的生产过程中多为传统模式，即劳动密集型产业，但是如果要实现新型工业化就要加强信息化的利用，生产过程引入数控设备、信息通信设备，先进的操作系统和软件，大力提高制造业的生产效率以降低企业的成本，同时提高资源利用率，这都是制造业智能化的优势。同时，新型工业化还要求人力资本得到最优配置，通过提高智能化程度，可以更好地培训员工操作技能，配合信息化水平的提高，对于学习能力不足的员工，安排适宜的岗位，更好地利用现有的人力资本，实现企业利益的最大化。

第二，增加创新实力，提高产品技术含量。民族地区工业产品多为原材料，例如高科技电子产品生产加工较少，制造业也多是初级产品，这既导致民族地区工业产值提高缓慢，又降低了民族地区产品的竞争力，因此提高制造业产品的技术含量也是实现民族智造的必要部分。首先，要增强创新实力，这一方面取决于科技创新人才的储备，另一方面取决于制造业企业革新的决心。因此要增强对高新技术人才的引进，同时也要提高对现有工作人员的培训，这是提高创新实力的根本，同时要增加预算支出在科研创新方面的投资，提高对创新研发的奖励水平。其次，民族地区要把科研成果转换为产品，实现经济效益，才能够最终促进民族地区经济发展，这需要对市场走向的了解以及对技术灵活的应用。最后，要充分发挥企业家对民族制造业技术改革的引导作用，民族地区新型工业化建设过程中，大中小型企业的指挥棒都在企业家手中，企业家对新形势的把控，对企业的改革起到很大作用，因此要加强对企业家创新思维上的培养。

第三，提高产品质量，形成民族品牌。民族地区在现有生产产品和技术实力上，在技术提高速度不够迅速的现状下，如何提升其经济发展水平？就是要加强其产品质量，通过质量获得市场认可，再进一步形成民族品牌。这需要部分领军企业和龙头企业的示范作用。民族制造业在生产过程中必须重视质量，不能一味追求数量，质量是企业在市场中形成竞争力的关键。科技含量高固然是绝对优势，但是产品层次是不同的，在市场环境波动较大的现今，质量是决定企业经济效益的关键。在产能严重过剩的市场中，实现经济效益好的新型工业化发展，提高产品质量、形成民族品牌效应是民族企业发展的重要依靠。

第四，完善制造业企业结构，加强各类型企业的合作发展。通过上文数据显示，内蒙古自治区中小型企业偏多，尤其是小型企业，但是各类企业有各自的优缺点，小型企业较灵活，更能够适应市场环境，也更易学习并运用新技术。但是小企业难以实现规模效益，同时资金周转有限，有学习的心态但是没有学习的资本；大企业虽然资金雄厚，市场竞争力强，但企业改革较困难，高新技术推广较为缓慢，因此应加强各类企业的合作，大企业外包部分工作给中小企业，尤其是需要改革创新的部分，小企业在学习高新技术上可以依托大企业进行补充，实现共同发展。

三　坚持民族工业绿色发展

首先是生产过程坚持绿色发展。根据上文数据可知，民族地区废水排放量和固体废物排放量较多，基于民族地区脆弱的生态环境，从根源处减少污染，实行绿色化生产，减少污染物的排放。同时民族地区多重工业，有毒有害重金属等对环境和少数民族居民的影响较大，所以要从以下三个方面实现绿色发展。第一，运用先进技术，推广余热余压回收、水循环利用、废渣资源化等方式降低污染物产生。第二，加大相关部门对企业生产污染物排放监管力度，完善相关管理制度，各部门各企业互相监督，同时对环境保护有贡献的企业给予奖励。第三，能源消耗上增加对清洁能源的使用，众所周知，煤炭、石油等能源对环境污染较大，而风能、电能和天然气等能源比较环保，民族地区清洁能源产量高，可以增加对清洁能源的使用，从而实现绿色生产。

其次是生产产品绿色化。发展民族地区制造业中的轻工业，民族地区尤其是内蒙古自治区奶制品产业得天独厚，羊绒产业、农畜产品加工业都是民族特色的绿色产业。加大对民族药业的研发水平，尤其是内蒙古自治区的蒙医药、云南省的苗药、西藏自治区的藏药等，加快生物产业的发展也是民族地区新型工业化重点发展的领域。

再次是建设绿色产业园区。基于内蒙古自治区污染废物排放较多，通过园区整合企业之间的废料的回收利用，各上下游企业、共同使用工业生产基础设施的企业汇集在园区中，既提高了绿色发展效率，又降低了运输成本、生产成本，能够快速高效地实现绿色化生产，同时园区综合管理有利于新兴企业的进入，加快园区内企业结构的完善。

最后是构建绿色产业体系。在上述绿色生产、绿色产品、绿色产业园区的基础上，绿色产业体系还要完善绿色产业链条，包括绿色供给来源、绿色销售渠道、绿色产业供销平台、绿色金融支持、绿色监管等。绿色供给来源，要保证源头无污染，尤其针对民族农畜产品加工业十分重要，这是保证民族加工业产品优质的关键。绿色产业供销平台为民族工业产品的产业链提供信息服务，加快民族地区与外界的共同交流，使得民族地区绿色产品更符合市场要求以及推广到更广阔的市场中去。绿色金融是民族绿色工业发展的支撑，完善融资渠道，探索更符合民族地区的融资模式，增加政府对绿色产业的预算支出，鼓励社会资本对绿色产业的参与都是在绿色融资过程中应关注的部分。绿色监管就要做到对民族绿色工业发展的监管透明，让全民参与到监管的过程中，实现民族新型工业化的全方位绿色化发展。

第三章

民族地区民族药业发展

第一节 民族药概念及文化特征

一 民族药概念

我国各民族在长期繁衍的过程中发展了各区域的民族药业，在社会发展早期，各区域人民应用当地具有代表性的药材治疗了区域内居民的疾病，缓解了居民的病痛，在长期积累中形成了民族药的发展，因此各区域的民族药也带有各地区的特色，融合着各民族地区的文化、宗教和资源。

二 民族药文化特征

中国是人口众多的多民族国家，除汉族以外，有 55 个少数民族，人口约 11196.63 万，人口在 100 万以上的少数民族共 18 个；除回族和满族通用汉语文外，其他 53 个少数民族都有本民族语言，有 22 个民族共使用 28 种文字，民族文化之丰富可见一斑。各民族在其生存和发展进程中的医药实践，扎根于民族文化的土壤并逐渐成长为民族文化的一部分。在此过程中，由于历史条件等多种因素的影响，各民族药的药物知识和用药经验的积累、发展和传承水平参差不齐。尽管如此，各民族药都是该民族的传统药物，其产生、发展与该民族的历史背景和现实生产生活息息相关，是该民族传统文化的重要组成部分，渗透着浓郁的民族文化特征，主要表现为传统性、地域性和口承性。

（一）传统性

民族药传统性包含两层含义，一是指传统文化背景，二是指历史延续性。一方面，民族药是基于各民族传统文化和反复实践所产生的智力成果，传统文化中的生命哲学、健康观和疾病观，持续影响着民族药的发展演变。可以说，各民族特有的深厚文化背景是民族药扎根的土壤和成长的养料。另一方面，民族药自萌芽以来，经过一代又一代少数民族群众的实践检验，既有历史传承，又有现实应用和不断发展，体现出历史延续性。

（二）地域性

地域性是指民族药的用药特色（选材、应用方式等）与该民族居住地的气候、自然资源、生活习俗等密切相关。如藏药以丸散剂为主，汤剂很少，这和高原沸点低、丸药便于携带有关，而且游牧生活导致求医不便，故藏药方剂具有处方使用范围大，一方治多病的特点；苗族群众大多居住在广阔山区，有得天独厚的广阔药场，往往就地取材，用药十分方便，这是苗药"药用生鲜"的成因之一；彝族多居住在金沙江源头支流及金沙江南北两岸，该地区山谷纵横、气候多样，有"一山分四季，十里不同天"的特点，具有不同于其他地区的植被分布，故用药选材独具特色。同样，彝族同胞好客饮酒，用酒或以酒佐治多种疾病也是彝药一大特色。

（三）口承性

口承性是指部分尚未形成用药理论，用药实践也未以文字记载的民族药，尤其是无民族文字的民族药，基本靠口传身授世代流传。近年来，学界逐渐意识到"口承与书本在本质上都负载着相似功能"，联合国也非常重视口头和口述的、非物质和无形的文化遗产的继承问题，而中国在民族药的发掘整理方面对口承经验也开始予以重视。

三　民族药产业

民族药产业有大中小之分。小产业限于对民族药药品的开发与经营；中产业包括对以民族药为原料的一切有形产品的开发与经营；大产业则涵盖以民族药为资源的一切有形产品和无形知识的开发与经营。民族药大产业包括民族药采集（种植）业或者捕猎（养殖）业、制造业、流通业和知识经济产业四大环节，是一个以民族药农业为基础、民族药工业为主体、民族药商业为枢纽和民族药知识产业为动力的较完整的产业体系。

其中，民族药农业涉及民族药采集、捕猎、种植、养殖，包括对野生药材的引种、驯化和抚育管理，部分药材产地的初加工等。民族药工业涉及民族药饮片和民族成药生产，包括民族药饮片加工、民族药提取、民族成药制造等，还包括民族药制药设备、辅料、包装材料等相关产业。民族药商业涉及药材、饮片、提取物、民族成药等市场供应，包括与市场供应相关的储藏、运输、服务业、出口贸易等。民族药知识产业涉及科研、教育、信息、技术服务、技术转让等，是实现民族药新产品、新技术、新工艺、新设备研发开发及生产、销售的重要组成部分。

第二节　民族药业发展概况

我国民族药的起源、发展、理论体系的形成以及用药种类等各有其特色，这里仅以藏、蒙、苗、维吾尔4个民族药为代表，做简要介绍。

一　藏医药

（一）藏医药历史

藏医药学是民族优秀文化的瑰宝之一，也是我国传统医药的重要组成部分，它是仅次于中医中药而有系统理论的民族医药，几千年来为我国藏区人民的健康和繁衍昌盛做出了重要贡献。早在公元前3世纪，高原人就有了"有毒必有药"的医理。

（二）理论体系

藏医认为宇宙是由小五行（金、木、水、火、土）和大五行（气、火、土、水、空间）组成，小五行在人体则指心、肝、脾、肺、肾；大五行则包括整个宇宙，整个宇宙都依赖大五行的运行。

（三）药用概况

目前，20多种藏药已正式列入《中华人民共和国药典》（1995年版），336种药品已列入中华人民共和国藏药部颁标准。其中藏药材136种、成药200种，开发前景非常可观。

二　蒙医药

（一）蒙医药历史

蒙医药学是蒙古民族的文化遗产之一，也是祖国传统医学的重要组成部分，它是蒙古族人民在长期的医疗实践中逐渐形成与发展起来的，它吸收藏医、汉医及印度医学理论的精华，逐步形成具有鲜明的民族特色、地域特点和独特的理论体系、临床特点的民族传统医学。

（二）理论体系

以阴阳五行学说为指导的整体观和对六基症的辩证施治。六基症理论为"赫依、希拉、巴达干、血液、黄水、黏虫"。把疾病的本质归纳为寒、热两种，把发病部位归纳为脏腑、黑脉、白脉、五官等。

（三）药用概况

在药物学方面，蒙医药家们创造了适合于本地区实际情况的独特的配制法和用药法等。同时还吸收了印度等地和兄弟民族的药物学理论知识。

三　苗药

（一）苗药历史

苗药是指在苗族聚居的苗岭山脉、乌蒙山脉、武陵山脉、鄂西山地、大苗山脉及海南山地等地区种植、生长的中草药材。同时也指苗族医药文化。

（二）理论体系

苗医认为，毒、亏、伤、积、菌、虫是导致人体生病的6种因素，简称六因。而六因归根结底都要用产生毒害力的方式才能导致人体生病，所以苗医素有"无毒不生病"之说。

（三）药用概况

近年来，在我国苗族聚居的广大地区建立了不少的药材种植生产基地，大力开发常用的药材如：天麻、杜仲、厚朴、黄檗、茯苓、栀子、木瓜、乌梅、桔梗、石斛、天冬等的人工栽培。

四　维吾尔医药

（一）维吾尔医药历史

维吾尔医药成为独特的理论体系已有上千年历史，在祖国传统医学宝库中占有很大的比重。

（二）理论体系

维吾尔医药学主要是由气质学说、体液学说、器官学说组成，它认为，人体的病灶主要是由气质失调、异常黑胆质所致。要治病，首先要清除病体内的异常黑胆质。维吾尔医药对预防肿瘤、心血管病、皮肤病、糖尿病有独特效果。

（三）药用概况

目前已收入国家级药典的药品有 202 种，其中药材 115 种，成方制剂 87 种。已研制出复方麝香口服液、香妃强心剂、依木萨克片及治疗白癜风、糖尿病等世界疑难病的 13 个剂型、147 个民族医药品种。其中，依木萨克片和香妃强心剂 1997 年打入美国、日本、新加坡市场。

第三节　民族地区药业发展实证分析

蒙药是蒙古族人民几百年来生产生活经验的积累，是蒙古民族优秀文化的结晶，是中华民族医药的重要组成部分。蒙药通过多年的发展，具有成熟的生产技术，稳定的生产工艺。但现阶段遇到了发展瓶颈，存在宣传力度不足，市场推广缓慢，对蒙医理论及疗术推广不足，蒙药产品不被临床用药及患者认可、市场竞争力不高等诸多问题。本节以蒙药产业发展为例，通过对内蒙古蒙药产业竞争力的分析，希望能对其他民族药业提供借鉴和参考。

一　蒙药产业发展现状

蒙药材品种多达 2200 余种，蒙医药学在实践中积累了近万种疗效显著的蒙药方剂，具有"生、猛、简、廉、绿色"的特点，在常见病、多发病和疑难病的治疗上具有独特经验和显著疗效。近年来，由于人们健康需求的增加和对医药产品消费理念的变化，蒙药产品的消费市场逐年扩大。

蒙药企业的设立时间最早可追溯到 20 世纪 50 年代，主要分布在内蒙古、东北等地，内蒙古是蒙药产业发展最好的地区。目前自治区内主要生产蒙药的企业有 7 家，有 11 家兼产蒙药品种，可生产片剂、胶囊剂、散剂、颗粒剂、丸剂等 12 个剂型 200 余个品种，14 个品种进入《国家基本医疗保险药品目录》，1 个品种进入《国家基本药物目录》。内蒙古奥特奇蒙药股份有限公司、内蒙古蒙药股份有限公司、内蒙古库伦蒙药厂等企业规模相对较大，产品品种数在百种左右。国内市场开拓较好的品种有珍宝丸、扎冲十三味丸、冠心七味片、暖宫七味散、宝利尔胶囊等。以内蒙古蒙药技术研究工程中心为代表，已经形成了一定数量的企业技术创新中心，成为蒙药新技术、新产品开发的主力军。此外，全区现有登记在册的药品研究机构 30 余家，在国家备案的临床前药品研究单位约 30 家，主要从事药品生产技术、工艺和质量控制研究，个别研究机构可进行安全性试验。

二　内蒙古蒙医药发展指导思想

认真落实党的十九大精神，深入贯彻习近平总书记系列重要讲话和考察内蒙古重要讲话精神，紧紧围绕党和国家促进中医药和民族医药事业发展的方针，牢固树立创新、协调、绿色、开放、共享的发展理念，遵循蒙医药中医药发展规律，坚持蒙中西医并重，从思想认识、法律地位、学术发展与实践运用上落实蒙医药中医药与西医药的平等地位，以推进蒙医药中医药继承创新为主题，以提高蒙医药中医药发展水平为中心，以完善符合蒙医药中医药特点的管理体制和政策机制为重点，以增进和维护人民群众健康为目标，不断拓展蒙医药中医药服务领域，发挥蒙医药中医药特色优势，统筹推进蒙医药中医药事业振兴发展，为深化医药卫生体制改革，推进"健康中国""健康内蒙古"建设和实现"两个一百年"奋斗目标做出积极贡献。

三　内蒙古蒙医药发展基本原则

坚持以人为本、服务惠民。以满足人民群众蒙医药中医药健康需求为出发点和落脚点，坚持蒙医药中医药发展为了人民、蒙医药中医药成果惠及人民，保证人民享有安全、有效、方便的蒙医药中医药服务。

坚持统筹协调、全面发展。完善蒙医药中医药发展机制，优化政策环境，发挥政府主导、市场调节作用，动员多方力量，统筹城乡、区域蒙医药中医药事业全面协调发展，不断增进人民健康福祉。

坚持继承创新、健康发展。保持蒙医药中医药特色优势，在挖掘整理继承的基础上，吸收借鉴现代科学技术和方法手段，创新蒙医药中医药理论体系。倡导绿色健康理念，加强资源保护利用，形成蒙医药中医药发展新动力。

坚持深化改革、持续发展。解放思想，更新观念，在医药卫生体制改革中发挥蒙医药中医药积极作用，在管理体制、投入补偿机制、服务模式、医疗保健、人才培养、文化传播、对外服务等方面彰显蒙医药中医药特色优势，适应经济社会发展需求。

四 基于钻石模型的内蒙古蒙药产业竞争力分析

(一)"钻石模型"简介

"钻石模型"是由美国哈佛商学院的著名战略管理学家迈克尔·波特于1990 年提出的。波特的"钻石模型"用于分析一个国家某种产业为什么有较强的竞争力。他认为,决定一个国家产业的竞争力有 4 个因素:(1)生产要素,包括人力资源、自然资源、知识资源、资本资源、基础设施等;(2)需求条件,主要是本国市场的需求;(3)相关产业和支持产业的表现;(4)企业的战略、结构、竞争对手的表现。波特认为这 4 个要素具有双向作用,形成钻石体系(如图 3-1 所示)。

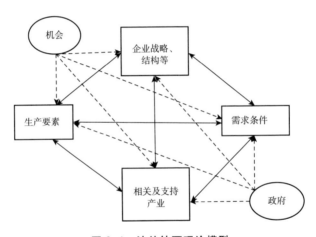

图 3-1 波特钻石理论模型

在四大要素之外还存在两大变数:政府与机会。波特认为,机会是无法控制的,政府的政策影响是不可忽视的。

(二)影响因素分析

运用"钻石模型"分析内蒙古蒙药产业,主要包括生产要素、需求条件、同业竞争、相关产业和支持产业、政府政策和机遇 6 个方面的产业竞争力因素。

1. 生产要素

蒙药产业生产要素主要从三个方面进行分析:蒙药材资源、科研和人才资源、市场资源。

（1）蒙药材资源

根据《内蒙古草药》记载，内蒙古自治区目前有 2000 多种蒙药资源，其中包括草药 1400 多种、动物药 400 多种、矿物药 100 多种、其他药 100 余种。此外，内蒙古自治区还开展了蒙药材种植基地的建设，现在内蒙古药材种植面积有 700 余万亩，较大规模的蒙药种植基地共有 6 处，分别为：阿拉善盟梭梭肉苁蓉繁殖基地、鄂尔多斯 GAP 甘草种植基地、包头市黄芪种植基地、大兴安岭鹿茸生产加工基地、呼和浩特沙棘种植基地、通辽市蒙药材种植基地。

但蒙药的药材种植基地零散，没有形成规模，制药企业药材大部分从外地购买，原料采购成本高。由于没有专门的蒙药药材加工企业，目前内蒙古丰富的药材资源大部分被卖到安国和亳州的饮片加工企业制成中药饮片，再由蒙药制药企业采购，原材料采购成本高。

（2）科研和人才资源

内蒙古生产蒙药初具规模的企业目前有 6 家，都顺利通过国家的药品生产质量管理规范认证 GMP 标准。这些企业主要集中在通辽市和呼和浩特市，生产的蒙药品类繁多，几乎涵盖所有的类型，如丸剂、散剂、汤散剂、膏剂、颗粒剂、片剂、口服液等，在这些剂型中，丸剂、散剂、汤散剂三者占有的比重最大，达到 90% 以上。但整体来说，蒙医药企业规模小、品牌弱、竞争力弱，没有出现全国排名前列的医药企业和全国市场知名的民族医药产品。

虽然蒙药产业整体并未表现出强大的规模经济性，但由于政府重视蒙医药教育事业，蒙医药科研机构发展和人才培养具有一定的优势。位于通辽市的内蒙古民族大学蒙医药学院蒙药学获批服务国家特殊需求人才博士点培养项目，拥有 3 个省部级重点实验室、4 个重点学科，有内蒙古民族大学附属蒙医医院、内蒙古蒙医药工程技术研究院等 10 家科研机构，医药工程研究中心、工程实验室和企业技术中心等 7 个，获得新药批准证书 16 个。2014 年，依托内蒙古民族大学蒙医药学院成立了内蒙古蒙医药工程技术研究院，与北京中医药大学、内蒙古医科大学、吉林中医药大学深入开展蒙药研发工作，为蒙医药产业发展提供了强有力的技术支撑。作为"中国蒙医药之都"的通辽市有蒙医药专业技术人才 1357 人，其中具有博士学位 23 人、硕士学位 110 人。拥有培养蒙医药专业人才的高校资源，每年培养本科以上蒙医药专业毕业生 200 余人。随着名老蒙中医专家经验继承工作持续展开，累计有

23 名老蒙医中医被认定为自治区级指导老师，45 名蒙中医骨干被选拔为继承人。内蒙古蒙医药学院近年为我国输送近 4000 名蒙医药方面高级人才。

除了通辽市以外，内蒙古蒙药的科研和人才培养机构主要集中在呼和浩特市，特别是内蒙古医科大学的"蒙药重点实验室"以该校蒙药研究所（2001 年成立）和 GLP 实验中心为核心实体，整合该校蒙药炮制实验中心、蒙医药博物馆、蒙医药学院等，是"内蒙古自治区中蒙药重点实验室"，是内蒙古自治区蒙药现代化研究与蒙药高层次人才培养基地，是蒙药学创新平台。特别是 2015 年内蒙古医科大学的那生桑教授、鞠爱华教授牵头完成的《蒙药炮制规范化研究》《蒙药材质量标准化研究》项目成果顺利通过内蒙古自治区药监局评审，成为内蒙古地方标准，为内蒙古自治区蒙药标准化研究的持续发展"打通了最后一公里"。截至 2015 年 12 月，内蒙古医科大学的"蒙药重点实验室"有博士 19 人，硕士 21 人。培养了蒙医药、药学、药理学等专业研究生 120 余名；在读博士研究生 2 名，硕士研究生 80 余名。

（3）市场资源

目前，蒙药品牌"蒙王""安友"等在蒙古族人民群众中有较高的认知度，一般药品消费者对蒙药认知程度低，购买意愿有限；同时，大多数内蒙古蒙药企业市场开拓能力较弱，市场营销和品牌建设意识不强，缺乏市场调研和渠道建设，这些因素极大地制约了蒙药品牌化的发展。

2. 需求条件

一方面，表现为国际医药市场广阔，特别是近年来国际市场对天然药物的需求不断增加，据统计，全球天然药物市场份额已达到约 8000 亿美元，并且以 10%～20% 的年增长率递增。

另一方面，随着国内人民生活质量的提高，越来越多的人开始追求绿色而又健康的医疗方式，同时伴随着城镇化、老龄化以及医疗体制改革的不断深入，国内医药市场消费也保持高速增长。2017 年上半年，我国医药工业累计实现主营业务收入 15231.7 亿元，同比增长 12.4%，蒙医药的发展迎来了新的春天。蒙药在治疗消化不良、心脑血管疾病、高血压、半身不遂和免疫力调节等方面具有广阔市场需求，形成了未来发展的重大优势。

3. 同业竞争

首先从蒙药行业来看，蒙药企业主要集中在内蒙古地区，除此之外，辽宁省阜新市也积极发展蒙医药产业，尤其重视蒙医药和养老、旅游等产业融合，发展有一定的新思路。但整体来看，辽宁省蒙药产业同内蒙古蒙药产业同处于产业发展的培育期和成长期。

其次从大医药行业来看，蒙药作为民族医药的一部分，主要的竞争对手是西药、中药和其他民族医药。中西医药企业在规模、技术、人才、原材料等方面具有绝对的优势，其他民族医药如藏药、维吾尔药、苗药等力量也不可小觑，是蒙药的重要替代品。为此，作为民族医药一部分的蒙药，应正视目前所处的行业背景，加大企业核心竞争力的培养，培育优质品牌。如表3-1所示，2016年全国医药制造业销售产值25738.22亿元，内蒙古医药制造业销售产值316.53亿元，占山东省医药制造业销售产值的7.6%，仅占全国医药制造业销售产值的1.23%。因此，国内众多的西药、中药和其他民族医药为蒙药产业发展造成较大的竞争压力。

表 3-1 2016 年医药制造业全国及部分省份主要经济指标统计

单位：亿元

	全国	内蒙古	山东	江苏	吉林
医药制造业销售产值	25738.22	316.53	4179.30	3449.67	1769.95
资产总计	25071.09	321.61	3243.32	2458.47	1286.07

资料来源：《中国工业统计年鉴2016》，中国统计出版社，2016，第456～461页。

4. 相关产业和支持产业

从蒙药产业纵向链条来看，包括蒙药药材种植基地、蒙药药材加工企业、蒙药生产企业、蒙药产品包装企业、蒙药药品销售企业、医院药店等销售渠道、消费者。

（1）从蒙药生产企业的上游企业来看，如前所述蒙药的药材种植基地零散，没有专门的蒙药药材加工企业，对蒙药生产企业来讲，生产受到原材料的制约。

（2）从蒙药生产企业的下游企业来看，蒙药产业的发展离不开完善的分销渠道和营销网络。目前，蒙药主要的销售途径是医院，少量在药店。制约蒙药销售的短板是蒙药没有强大的零售网络、没有建立庞大的零售终端。

（3）此外蒙药生产企业的配套企业，如蒙药产品包装企业表现出企业社会协作能力不强，高档彩色印刷能力不足等，影响了蒙药企业产品附加值和品牌形象的提升。

5. 政府政策

为了实现蒙医药事业的快速发展，各级政府出台了一系列发展蒙医药产业的文件，特别是内蒙古自治区政府和作为"蒙医药之都"的通辽市政府在 2016 年后为推动蒙医药产业发展出台文件，迎来了蒙医药产业发展的春天。表 3-2 是对各级政府支持蒙药产业发展的政策梳理。

表 3-2　近年来支持蒙药产业发展的主要相关政策

国家级	1	《国务院关于进一步促进内蒙古经济社会又好又快发展的若干意见》（2011 年）
	2	《中医药发展战略规划纲要（2016—2030 年）》（国发〔2016〕15 号）
	3	《中医药"一带一路"发展规划（2016—2020 年）》（2016 年 12 月）
	4	《"健康中国 2030"规划纲要》
内蒙古自治区	1	《内蒙古自治区蒙医药中医药发展战略规划纲要（2016—2030 年）》
	2	《内蒙古自治区蒙医药中医药健康服务发展规划（2016—2020 年）》
通辽市	1	《关于进一步扶持和促进蒙医药事业发展的实施意见》
	2	《蒙医药事业 2013—2017 年五年发展规划》
	3	《蒙医药事业发展行动计划》
	4	《通辽市蒙中医药事业"十三五"发展规划》

6. 机遇

内蒙古蒙药产业面临的机遇主要体现在三个方面。

（1）受到消费者对天然、健康、养生理念重视的影响，随着人们生活质量的提高，越来越多的人开始追求绿色而又健康的医疗与用药方式，在这方面也逐步向国际化靠拢。当前物流行业迅猛发展，市场信息化不断完善，蒙医药的发展迎来了新的春天。

（2）旅游、养老、养生等产业迅速发展也加速了产业融合。随着人民消费水平升级、更加重视生活品质，内蒙古旅游产业、养老产业、养生产业等产业蓬勃发展，蒙医药产业和这些产业有机结合将迸发更大活力，如蒙医药养生保健机构融入旅游文化产业、建立蒙医药养生保健的精品旅游线路、名贵蒙药+田园生态休闲旅游等。

（3）国际交流与学术研讨促进蒙药品牌知名度扩大。2015 年起，通辽市作为"蒙医药之都"连续三年召开国际蒙医药产业博览会，2017 年 7 月，通辽市举办世界中医药学会联合会蒙药专业委员会成立大会暨首届学术论坛。无论是国际交流，还是国内学术会议、国内外展览会，都是不断地将蒙药品牌推出去的过程，让更多的人认识蒙药、了解蒙药、信任蒙药、购买蒙药。

（三）内蒙古蒙药产业竞争力分析评价

1. 生产要素

内蒙古蒙药药材资源丰富，但蒙药的药材种植基地零散，没有形成规模，没有专门的蒙药药材加工企业，影响了蒙药生产企业的生产成本；蒙药产业整体弱小，标准化、产业化生产任重道远，企业品牌管理和市场营销相对滞后。

2. 需求条件

国内外医药市场广阔有利于蒙药产业的发展，国内外市场对蒙药需求不断增加，蒙药产业具有广阔的市场前景和发展潜力。

3. 同业竞争

首先，其他地区蒙药产业发展尚未对内蒙古蒙药产业构成直接威胁；其次，西药、中药和其他民族医药对蒙药具有替代作用，蒙药虽在蒙古族人群及内蒙古具有良好的认知和购买意愿，但在全国范围内一般消费者对蒙药认知有限，其他药品的替代作用明显。

4. 相关产业和支持产业

从蒙药产业链分析，上游蒙药药材企业分散，规模小，没有药材加工企业等制约了蒙药生产发展，下游零售企业发展潜力巨大，相关配套企业包装设计等对产业发展也有一定限制。

5. 政府政策

生物医药产业是我国的战略性新兴产业之一，内蒙古自治区政府努力打造蒙药产业为自治区新的区域增长极，特别是通辽市政府为改善和优化投资环境，进一步加大扶持力度，为推动产业快速发展提供了良好的政策环境。

6. 机遇

消费者对天然、健康的重视，旅游、养老等产业的蓬勃发展和日益紧密的国内外交流合作等都为蒙医药产业的发展提供了难得的机遇。

第四节　民族地区药业发展路径

本节以蒙药产业发展的路径分析为例，概括出民族地区医药发展的路径。总体来看，消费者对蒙药的认知程度低，尤其是非蒙古族地区消费者对蒙药认知程度有限。消费者对蒙药认知程度低是制约蒙药品牌化发展的重要因素。为此在现阶段让更多的消费者了解蒙药是蒙药品牌化发展的前提。结合对重点蒙药企业进行实地调研和关于消费者对蒙药的认知、信任度、购买意愿的大规模网络调研，我们认为，政府、蒙药行业和企业三个层次可以做以下工作。

（一）政府方面

目前阶段，提高消费者对蒙药的认知是关键。而提高认知绝不应该只是企业的工作。政府要建立有利于蒙药产业发展的制度环境，建立健全良好的投资融资环境；同时政府营造有利于产业竞争力提高的地区创新环境。政府要完善地方公共服务体系，建立专门的中介服务机构，着力于协调和解决蒙药产业发展中的问题。加强蒙药品牌建设，塑造区域品牌形象，将蒙药品牌的建设提升到战略发展的高度。区域品牌能够吸引大量的外地客户进行采购，从而有助于提高顾客对产品的信任，提高企业市场竞争力。积极申请获取国家扶持蒙药评审和标准体系建设。积极向国家有关部门争取政策，成立蒙药审评机构。现在蒙药品种使用《中药注册管理办法》来审批，审评机构也是中药的审评机构，专家们研制新蒙药品种的时候为了能够审批顺利会往政策上靠，这样审批下来的品种也很大程度上失去了蒙药的意义（比如中药的炮制和蒙药的炮制有很大的区别）。成立蒙药审评机构后可使蒙药注册审评更贴近蒙药理论和实际。

在民族医药中藏药的发展规模和速度都要优于蒙药。通过文献分析，藏药在西藏、青海等地的发展都离不开政府把民族医药品牌化建设提到相当的高度。如在"十五"期间，青海省医药工业规划提出，"实现医药工业产业化、现代化、品牌化战略"，"以优势产品、专利产品支撑全行业的发展，形成以品牌产品带动骨干企业发展、以骨干企业带动医药产业发展的局面"。随后的"十一五""十二五"规划中，都提出中藏药企业要树立品牌意识，大力发展中藏药特色产业的强省战略。针对西宁市生物园区实施"扶大育小"工程，"引导企业增强质量意识和品牌意识，采取各种扶持政策和措施，帮助企业凭借品牌优势系列产品，帮助有条件的企业产品成为名牌，发挥重点企业和品牌产品的带动效应"。

目前，内蒙古自治区出台的文件，关于《内蒙古自治区蒙医药中医药发展战略规划纲要（2016—2030 年）》和《内蒙古自治区蒙医药中医药健康服务发展规划（2016—2020 年）》中，更多是关于蒙医事业的发展，而对于蒙药事业的发展着墨甚少，特别是对于蒙药品牌化发展方面的政策有限。希望政府早日把蒙药品牌化建设提到日程上来。

除了以上政策外，政府可以在以下方面考虑推动蒙药品牌化发展。

1. 媒体推动

不仅要利用传统的电视、广播、报刊、户外媒体等，更好通过新媒体如互联网、行业微博微信等加大宣传和推广。

2. 重视交流合作

利用高校科研院所的国内外科研交流和合作，开展"学术会议+营销"，通过国内外各种商业会展加强交流，积极通过各种途径把蒙药推广出去，把握"一带一路"建设的机遇，把蒙古族医药介绍到更多地区和国家。

3. 培育蒙药文化

文化是产品生命力的根源。加强消费者对蒙药的认知源头应从消费者对蒙古族文化的认同开展。文化事业的推广重点可以从蒙医药文化馆、蒙医药文化交流、蒙医药舞蹈、蒙医药历史剧、蒙医药电视、蒙医药电影、蒙医药新媒体等方面展开。

4. 培养蒙医药复合型人才

蒙医药的发展离不开一大批具有蒙医药背景的高层次人才，但懂蒙医药技术同时又懂营销、财务、英文等复合型人才少之又少。在高等院校专业设置上可以考虑校企合作、鼓励进修等方式培养复合型人才。

5. 蒙医+蒙药

目前，内蒙古的蒙医医院、诊所相对较少，出售蒙药的蒙药药店更是凤毛麟角。而消费者对蒙医药的认知了解是建立在大环境大背景对蒙医药认可之上的。因此，让更多的蒙医医院、蒙医诊所、蒙药药店落地生根是发展的当务之急。

6. 规范医院药剂室的管理

根据实地调研，内蒙古的一些医院的药剂室由于没有得到国家相关生产蒙药的批文，只能通过药剂室生产相关的药物，通过本院医生出售给患者，这种方式也是目前医院收入来源之一。可以试想，如果所有的医院都通过药剂室出售蒙药，大批量的小规模生产形成本医院的内部垄断，整个行业的小规模生产不能形成规模效应，不利于蒙药行业的发展。

7. 规范药企并购，保护民族药品牌

我们都有这样的共识，一个民族药品牌的建立并在消费者心目中占有一席之地需要很长的时间。在对重点蒙药企业调研的过程中发现，原本市场占有率较好的一些蒙药品牌由于企业规模小、生存艰难，被国内知名大药企业并购。并购后，原有蒙药品牌消失，而被大药企业品牌取代。药企间的并购是企业间的行为，但保护原有民族医药品牌是我们传承文化的一部分，建议政府在蒙药企业并购时，有效地引导企业在谈判中保护自有品牌，保护自有品牌也是保护民族品牌，把多年建立的良好品牌留住。

（二）产业方面

1. 加强行业联盟组织的作用

加强现阶段蒙药产业的发展，绝不能仅靠政府扶持，政府应牵头成立蒙药行业联盟，通过产业联盟把政府和整个产业链联系在一起以协调地方政府和企业之间的关系，组织企业、供应商、销售商等机构的交流，广泛建立各功能群体的协作网、信息网及服务网系统，准确及时地提供经济和市场信息，促进产业整体创新能力和竞争力的提高。

2. 培育完整的产业链条

对生产蒙药的上游、下游企业进行梳理，做好产业分工，一方面着力培育龙头企业，发挥龙头企业的带动效应，带动中小企业为之配套协作；另一方面培育和扶持一些中小企业形成专业化分工，达到产业链优化的目的。

3. 政府主导扩大现有蒙药药材种植基地

目前蒙药的药材基地分散且没有形成种植规模，内蒙古的优质药材黄芪、红花等应扩大种植规模。通过打造蒙药药材和旅游、养老等产业的结合，建立多位一体的基地。借鉴退耕还林工作的成功经验，出台鼓励中蒙药材种植的优惠政策、补贴措施，鼓励企业和农牧民因地制宜大力发展中蒙药材规模化种植，提高药材人工培育和半野生抚育的技术，保证持续稳定、优质足量的药材供应，确保蒙医蒙药产业化可持续发展。

4. 金融机构转变观念，加大对蒙医药产业的支持力度

围绕蒙医药产业各个环节提供全产业链的金融服务，与蒙医药产业共同成长发展。如草药种植方面，通过向草药种植专业合作社的农民发放贷款的方式，农民的种植品种和技术由企业负责给予技术指导，待草药收割后，由企业负责收购，农户用出售草药的资金偿还银行贷款。蒙药生产、销售阶段，对信誉度高的企业授信，及时向其提供流动资金借款。同时，积极向上级行汇报沟通，对蒙医药产业贷款减少审批环节，降低利率，减少企业融资成本。加强对蒙药发展专项资金的使用管理，为蒙药的专项发展提供后勤保障。对专项资金进行细分，设立包括蒙药材种植专项资金、蒙药材繁育专项资金、蒙药研发专项资金、蒙药生产技术改造专项资金等。扶持资金应逐年发放保障产业发展的持续性，用借款方式或基金的方式（5年后逐年还款、8年还齐），在新药研发的临床研究工作中给予资金支持以鼓励新蒙药的研发工作。

（三）企业方面

通过调查问卷分析，现阶段消费者对于蒙药认知有限，没有强势品牌、强势药品在消费者心目中留下深刻印象。为此，蒙药企业现阶段营销的主要工作是进一步扩大市场份额，占领更多药品市场，在发展的同时也重视品牌的建设。

1. 提高消费者认知

一是对于内蒙古本地市场，针对蒙古族潜在消费者有通过私人渠道进行传播的意愿，应从蒙古族入手，通过口碑营销等手段，加强蒙药在内蒙古市场的占有率。同时进一步通过扩散效应，通过口口相传将蒙药传播到非蒙古族地区。二是针对非蒙古族地区，主要着力点应放在传播蒙药的天然、安全、疗效好等特点上，打造强势品牌和强势单品药，通过单品药营销，加强区外消费者对蒙药的认知。

2. 打造强势品牌和强势单品药

强势品牌的推出应从目前现有的6家蒙药企业中选择发展条件好的企业开始，如"蒙王"品牌是国家知名商标，在内蒙古地区现有消费者中有一定知名度。通过调查问卷，消费者认为消化系统和心脑血管方面的蒙药更具有独特疗效，这也符合蒙药企业销售情况，因此进行单品药营销应从这两方面入手。

3. 提高企业药品研发工艺的投入

通过到蒙药企业实地调研，蒙药企业的研发主要是通过科研院所合作开展，且投入经费有限，目前进行研发主要从提高工艺水平入手，打造更易为消费者接受的单品，如口服液、冲剂、胶囊等。

4. 重视药店终端建设

从目前来看，医院渠道是企业营销主要阵地，占到90%以上，这和大多数蒙药企业生产多为处方药有关。但随着药品政策的松动，处方药也有望在药店医师的指导下销售，药店终端将是消费者自行购药的主要方式。但蒙药企业药店终端渠道没有打开，市场份额很小，企业营销活动在原有医院布局的情况下应重视药店终端建设，这也是消费者加深对蒙药认知的一个方面。同时，企业在非处方药和保健品上，应加强投入，通过非处方药和保健品的研发、销售，扩大消费者对蒙药的认知。

5. 重视产品包装、说明书等工作

在蒙药企业品牌、产品品牌的推广中，有明确的 CIS（企业形象识别系统）非常重要，而目前企业理念、企业行为和企业视觉传达方面都存在欠缺。同时，消费者对蒙药说明书中出现的一些词语，如消"黏"，除"协日乌素"，调节"黏"热，用于"赫依"等，这些蒙文音译等对于非蒙古族人具有极大的认知障碍。

第四章

民族地区特色旅游业发展

第一节 旅游经济及旅游乘数理论

一 旅游业

旅游业在广义上是指为旅游者顺利完成旅游活动而创造各种便利条件，并提供相关服务和商品的综合性产业。旅游业由旅行社、旅游饭店和旅游交通三大部门构成，此外，还包括为旅游者提供相关服务的零售业、文化娱乐行业、金融行业等。尽管各个行业的产品不同，但是它们共同的目标都是为旅游者提供满意的服务，帮助旅游者顺利完成旅游活动。狭义的旅游业是指专门为旅游者提供服务的旅行社、旅游饭店和旅游商业等行业。旅游业的主要产品是服务，它借助一定的物质基础为满足旅游者的需求而进行生产，向社会提供无形效用，满足旅游者的消费需要。旅游业与传统的产业不同，它不是传统意义上的商品流通部门，而是利用旅游吸引物，凭借旅游设施和其他公共设施，为旅游者提供吃、住、行、游、购、娱等劳务服务，因此也被称为无形贸易。

二 旅游经济

旅游经济是旅游者在旅游活动过程中与旅游经营者之间进行交换时所表现出来的各种经济活动现象和经济关系的总和。旅游企业为了满足旅游者的需要，也要同相关企业购买产品和服务，这样旅游企业与其他企业间就形成了经济联系。旅游者为了满足旅游过程中吃、住、行、游、购、娱等的需求而向旅游企业购买相关服务和产品，并为此支付一定的费用，旅游者便与旅游企业之间建立起经济联系。旅游业的发展带动了相关企业的发展，在一定程度上也促进了社会的发展。改革开放 40 年，我国旅游业从无到有、从弱到强，发展到今天我国已经成为世界上最大的旅游目的地国和最大的国内旅游市场，旅游业也已经成为国民支柱产业。发展旅游经济的作用如下。

（一）增加外汇

随着经济全球化的发展，各国在政治、经济、文化等方面交流不断深入。旅游业是一项国际性产业，它承担着经济、文化、政治交流的重任，通过国际旅游业务，吸引大量国际旅游者入境，这样就能增加非贸易收入。旅游业在创汇能力方面较强，且换汇成本相对较低，受各国税制影响较小，因此现在很多国家和地区很重视发展旅游业，也是看中了旅游业的创汇能力。

（二）回笼货币

旅游收入在国家、地区回笼货币和积累资金中起着非常重要的作用。货币回笼途径有：一是商品销售收入，也就是商品回笼，商品回笼是货币回笼的最重要途径；二是服务收入，比如餐饮、交通、金融等其他服务收入；三是税金收入，包括个人所得税和车船税等；四是信用回笼，包括吸收存款、贷款回收。其中旅游业收入属于服务收入，服务收入回笼货币最为有效。发展旅游经济，促进旅游消费，吸引人们购买旅游产品，对加速货币回笼都有重要的作用。

（三）发展地区经济

旅游业是集吃、住、行、游、购、娱等为一体的综合性服务产业。旅游者通过乘坐各种交通工具抵达旅游目的地，在目的地进行观光、游览、体验、住宿、购物和品尝地方风味等活动，必然要与目的地的相关企业产生联系，目的地的企业为旅游者提供各种服务和产品并从中获得利润，同时相关企业为了满足旅游者的需求也要从其他企业购置原材料，这样便增加了目的地经济的活力，促进了目的地的经济发展。

（四）增加就业机会

旅游业是涉及交通、住宿、餐饮、零售等多个行业、产业的综合性服务产业。一是旅游业作为劳动密集型产业创造了大量的劳动岗位，其中包括为旅游住宿、旅行社、景区、旅游车船公司等旅游核心企业提供的就业岗位；二是包括直接为游客服务、与旅游密切相关的餐饮、娱乐、铁路、航空、公路、水运、公共设施服务等旅游特征企业提供的就业岗位；三是包括与旅游业直接相关的行业为社会提供的就业机会。据国家旅游数据中心测算，2017年我国就业人数77723.74万人，直接或间接在旅游业中就业的人数是7990万人，占总就业人口的10.28%，相当于每10个就业人口中就有1个人从事与旅游业相关的职业，旅游业已成为就业大户。

（五）旅游扶贫

旅游扶贫是指针对贫困地区旅游资源特色进行有针对性的开发，通过发展旅游业促进贫困地区地方财政和居民脱贫。大多数贫困地区第一、二产业基础相对薄弱，没办法快速发展起来，但是这些地区可凭借其自身独特的资源发展旅游业。因为旅游业相对其他产业来说，具有相对投入少、见效快、吸纳就业人数多等优势。旅游业的发展为落后地区经济发展和当地居民的脱贫致富带来了新的机遇。随着旅游扶贫的推进，贫困地区的居民得到了实惠，改善了生活条件。在旅游扶贫的规划与开发中，开发的目标是让贫困地区居民利益最大化，且注重旅游业对其他业态的带动作用。目前对于贫困地区来说，增加居民收入最有效、最直接、最可持续的选择就是发展乡村旅游，乡村旅游扶贫是精准扶贫中非常有效的一种方式，是产业扶贫的主力军。2015年，国务院、国家旅游局、国家发展改革委、国土资源部等部门相继出台了一系列的政策推动旅游扶贫项目的建设，为乡村扶贫旅游提供支持和保障。

三 "旅游+"

"旅游+"，是将旅游产业与其他产业有机地结合在一起，促进产业间的融合，创造出新的产品，满足市场需求，促进产业融合发展。"旅游+"将传统旅游产业要素和功能渗透到各产业领域进行创新、融合，实现传统产业改造升级。比如"旅游+农业"可以发展乡村旅游，开展休闲农业观光、体验活动。旅游产业与相关产业融合发展不仅限于"传统产业"，也可与新兴产业深度融合发展，如"旅游+互联网"，使互联网技术广泛应用于在线旅游企业的经营与管理上，促使旅游产业供需结构、消费方式，甚至体验方式等各方面都发生巨大变化，互联网加快了传统旅游业的变革，改变了传统旅游业的营销模式。"旅游+"推动了不同产业间商业模式的构建，加快不同产业间的融合，让旅游业与工业、农业等其他产业融合实现优势资源整合，推动地区经济发展。

四 生态旅游

1983 年谢贝洛斯·拉斯喀瑞 [国际自然保护联盟（IUCN）特别顾问] 首次提出生态旅游（ecotourism）概念。1990 年国际生态旅游协会（International Ecotourism Society）提出将保护自然区域环境和提高当地居民福利的一种旅游行为视作生态旅游，该协会认为人们在不干扰生态环境和不损害当地人利益的情况下，以观赏和体验当地自然文化景观为目的的旅游行为属于生态旅游。在人类面临全球环境危机的背景下，人们的环保意识空前提升，在全球绿色运动的影响下，生态旅游一经提出便得到认可。生态旅游主要强调以自然旅游资源为基础而进行旅游活动，这种活动不会对自然环境造成负面影响，是一种负责任的旅游。

五 可持续旅游

可持续发展是指在人类的发展过程中，在满足当代人物质生活需求的同时，又不对后代人获取生产生活资料造成威胁。将可持续发展思想与旅游业发展相结合便形成了可持续旅游。有关可持续旅游的概念很多，但专家和学者们还没有达成一致，但目前比较权威的定义有两个。一是 1995 年世界旅游组织认为可持续旅游是在满足人们对经济、社会和审美追求的同时保持文化的完整性和生态环境的完好。这种旅游既实现了旅游者和当地居民的利益，又不会对后代人的利益造成损害，使各代之间能够公平地利用资源。二是《可持续旅游发展宪章》认为可持续旅游是旅游将自然、文化和人类生存环境融为一体，促使人类社会在经济、社会发展的同时也保护了资源和环境。很多组织、专家和学者也对可持续旅游的定义进行了探讨，如澳大利亚环境与遗产部认为通过对旅游地提供有益的投入，这种投入包括经济、政治、文化、环境等方面，促使该地区旅游业得到持续性的发展；Swarbrooke将可持续旅游定义为：在不损害旅游目的地的自然环境和当地社区社会结构的同时，推动旅游业的发展；傅文伟认为：在满足当代人旅游需求的同时又不损害下一代人的旅游需求和当地居民的利益，实现生态的持续性和旅游业的长期稳定和良性发展的旅游。可持续旅游是一种理念、一个发展目标或是指导原则，也可以是旅游项目或旅游形式，这种旅游只要以可持续发展思想为指导，符合可持续发展目标和原则，无论何种旅游形式或旅游资源，都可以属于可持续旅游。

六　旅游乘数理论

旅游业是一个关联度高、带动性强的综合性服务产业，是国民经济的重要组成部分，对地区经济发展具有巨大的促进作用。从经济学的角度看，旅游业是提供最终产品的产业，旅游业的发展需要其他相关部门和行业的支撑及推动，旅游需求的增加必然会刺激旅游供给的增加，在一定程度上促进了国民经济其他部门的发展。

（一）旅游乘数

乘数是经济学中的一个基本概念。乘数理论反映的是国民经济各部门的最终需求都会自发地引起整个经济中产出、收入、就业等的变动，后者的变化量与引起这种变动的最终需求变化量之比就是乘数。鉴于旅游业的综合带动性较强，一些专家将经济学中的乘数理论与旅游业发展相结合形成旅游乘数理论，并以此说明旅游业的产业关联性。旅游乘数就是用以测定单位旅游消费对旅游接待地区各种经济现象的影响程度的系数，它是指产出、收入、就业和政府税收的变化与旅游支出的初期变化之比。[①]

（二）旅游乘数效应的发挥

旅游业发展涉及多个产业和部门，带动了餐饮、交通、商业等多个行业的发展，还带动了地区基础设施的建设，在一定程度上改善了居民的环境，活跃了地区经济，推动了地区经济、社会的发展，因此旅游乘数效应会高于其他产业。

国际旅游者的消费对于旅游目的地国家或者地区来说是无形的出口收入。这种外来资金在旅游目的地国家或者地区经济系统内渐次渗透、不断流转，发挥着直接效应、间接效应和诱导效应，刺激着旅游目的地国家或者地区经济活动的扩张和整体经济水平的提升。旅游乘数效应可分为三个阶段（见图4-1）。

第一阶段，直接效应阶段。旅游收入最初注入的一些企业和部门，如饭店、旅行社、交通部门、旅游景区等，这些部门从旅游收入的初次分配中获得收益。旅游者在直接旅游企业或部门中的消费对这些企业或部门的产出、收入、就业等方面造成的影响，称之为旅游消费的直接效应。

第二阶段，间接效应阶段。直接收益的旅游部门和企业在再生产过程中

---

① 田里：《旅游经济学》，高等教育出版社，2006，第219~227页。

向有关部门和企业购买生产和生活资料；各级政府将旅游企业上缴的税金投资于其他企事业单位、福利事业和公共事业等，再次分配的收入经过流转又使更多企业和部门获益。

第三阶段，诱导效应阶段。直接或者间接为旅游者提供服务和商品的部门或者企业，将收益进行重新分配，如其中一部分用于员工的工资、奖金等，这部分工资员工可用于购置生活用品或者服务性支出，在一定程度上促进了其他部门和企业的发展；还可将收益用于再投资或者购置其他生产资料，这样就推动了另外一些企业部门的发展。如此，旅游收入通过多次分配与再分配，对国民经济各部门产生着连锁的经济作用。

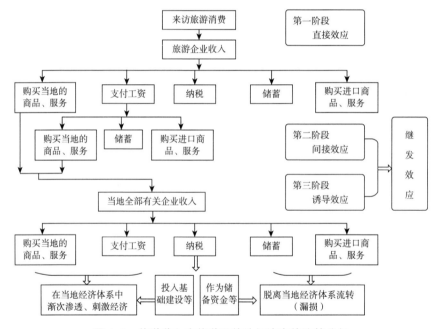

图 4-1 旅游收入在旅游目的地经济中的流转分析

（三）旅游乘数的类型

在旅游研究中，比较常用的乘数类型有三种。

第一，营业额或营业收入乘数，它所表示的是单位直接旅游收入与由其所带来的该地全部有关企业的营业收入增量之间的比例关系。这一乘数旨在测量来访游客的单位消费额对旅游目的地经济活动的影响。①

---

① 田里：《旅游经济学》，高等教育出版社，2006，第 221～224 页。

第二，收入乘数，指旅游消费所带来的总收入与旅游消费之比，可用来说明单位旅游消费额增量所产生的经济效应，分为居民收入乘数和政府收入乘数。

第三，就业乘数，这一乘数有两种表示方法：一是表示单位旅游消费所创造的全部就业人数；二是表示单位旅游消费所带来的直接就业人数和继发就业人数的比。

（四）旅游乘数的局限性

旅游乘数效应被广泛地用来评估旅游业对目的地经济的影响，为旅游目的地出台相关旅游政策和投资提供了一定的依据，但同时也存在一定的局限性。

第一，旅游乘数是一个宏观的概念，它的分析不是建立在目的地国家或者地区的产业结构、经济实力之上。所以在测量的过程中会产生较大的偏差。对于经济基础好、生产部门齐全、技术先进、经济自给程度高的国家或者地区而言，外来旅游者带来的旅游收入就会更多地留在旅游目的地，这样旅游收入的注入就会给目的地经济注入新的活力；反之，如果目的地国家或者地区不能够满足外来旅游者的需求，这些需求的满足大部分靠目的地国家或地区向其他国家或者地区大量进口，那外来旅游者所带来的收入对旅游目的地国家或地区的乘数效应就很微弱。[1]

第二，旅游乘数理论假设的前提与现实旅游经济状况存在一定的差距。旅游乘数理论研究的是最初原因的变化与最终的结果之间的关系，不包括中间变化的过程，因此运用旅游乘数理论来分析和衡量旅游对经济的影响会产生一定的误差，加之其必须与旅游漏损分析结合，使旅游乘数的应用受到限制。

七 产业关联理论

社会经济系统中的不同产业也都会相互影响，一个产业的存在和发展要依靠其他产业，同样该产业的发展也会限制或促进其他产业的发展。产业关联是指在经济活动中，各产业之间存在的广泛的、复杂的和密切的技术经济联系。[2] 具体地说，产业关联是指产业间通过产品供需形成的互相关联、互

---

① 田里：《旅游经济学》，高等教育出版社，2006，第225~229页。
② 王俊豪：《产业经济学》，高等教育出版社，2012，第147~148页。

为存在的内在联系。按照产业间技术工艺的方向和特点,产业间的关联可划分为单项关联、双向关联和多向关联;按照产业间依赖程度,产业之间的关联可划分为直接关联和间接关联;按照产业之间供给与需求联系,产业之间的关联可以划分为前向关联和后向关联。

旅游业的发展通过与其他相关产业部门之间的直接或间接的消耗关系,尤其是并不明显的间接消耗关系,可得出旅游业在带动相关产业的发展方面起到了明显作用。旅游业的关联带动功能不仅直接带动了住宿和餐饮业、交通运输及仓储业、旅游业本身、金融业、第二产业以及水利、环境和公共设施管理业,也间接地带动了基础设施建设、加工制造、文化体育等其他行业的发展。[①]

第二节　民族地区旅游业发展概况

一　民族地区旅游资源现状

(一)　自然资源丰富

民族地区气候呈垂直分布,地貌类型丰富多样。地质地貌资源是自然风光的重要组成部分,它决定了该地区风景资源的骨架、气势和纹理的主要特征。民族地区山岳类资源丰富,尤其适合开展登山旅游活动。岩溶地貌旅游资源尤其是广西、贵州、云南与湘西、鄂西等少数民族聚居区最为完善,形成了以石林、峰林和溶洞为主的极具观赏价值的风景。此外,民族地区火山地貌资源、地震遗迹等资源也别具特色。民族地区独特的风沙地貌旅游资源和峡谷风光等都构成了独具特色的旅游吸引力。这里动植物资源类型丰富,截至 2015 年我国已建立 2697 个自然保护区,总面积 1.46×10^4 平方千米,其中78.7%的自然保护区分布在少数民族地区。截至 2017 年,全国重点风景名胜区共 244 处,西部民族地区拥有全国重点风景名胜区数量接近一半。我国五大牧区大部分分布在广大少数民族地区。民族地区拥有丰富的水资源,水资源是天然景观的基本造景条件,而民族地区涵盖了绝大部分水体的类型,包括江河、湖泊、瀑布、泉水和海洋等。自然资源是经济发展的重要基础和前提,丰富的自然资源为西部民族地区大力发展特色经济尤其是特色

[①]　翁钢民:《旅游业促进经济增长机理、创新模式与整合战略研究》,四川大学出版社,2011,第95~100页。

旅游业提供了有利条件。

（二）人文资源丰富多彩

民族地区是中华民族古老文明的发祥地之一，这里是多民族聚居区，多种文化和习俗在这里交融，这里的历史遗迹和文物都承载着数千年历朝历代各民族的文化记忆。从古代伟大工程万里长城、坎儿井、灵渠到琼台书院、桂林王城、文昌阁等古代著名建筑都是当时民族地区人民智慧的结晶，同时这些历史遗迹也成为今天旅游业发展的基础。贯穿民族地区的"丝绸之路""唐蕃古道"更是为开展古代文化之旅提供了丰富的旅游资源。各民族在长期的历史发展过程中形成了各具民族特色的文化和社会习俗，从物质文化到精神文化，如民族工艺、建筑形式、绘画雕塑、音乐舞蹈、饮食文化等，无不具有浓郁的民族风格，这些富有民族特色和地方特色的景物或活动构成了民族地区人文旅游资源的一大特色，对旅游者有强烈的吸引力。截至2016年国务院公布的129座国家历史文化名城中，民族地区就有39座，这些历史文化名城具有极其重要的历史文化价值，是旅游资源的重要组成部分。

（三）民俗风情浓郁

我国55个少数民族在长期的发展过程中，形成并保持着各具特色的风俗和习惯，它体现着一个民族独特的气质和心理，反映了该民族的历史和现实，这些民族文化都是极具代表性的人文旅游资源。各民族风俗习惯与其生活的地理环境和气候环境密切相关。如苗族、壮族等民族居住的吊脚楼就因其气候环境潮湿而建造，蒙古族为了适应游牧生活和草原上的气候环境建造了蒙古包。这些自然环境与人类文化生活紧密结合在一起的综合现象形成了独具吸引力的地方特色和民族特色，为旅游业的开发提供了丰富的资源。

二 民族地区发展旅游业现状

民族地区旅游业起步于改革开放之初。民族地区得天独厚的自然景观和丰富多彩的民族风情，使得民族地区具备了发展旅游业的优势。

初始发育阶段（1978～1991）。早在1973年桂林市实施对外开放政策，成为中国旅游的第一张名片。1978年民族地区相继成立旅游局，内蒙古、新疆、甘肃等建立游览事业局或旅游局。各地方政府也鼓励发展旅游业。

产业快速扩张阶段（1992～1999）。1998年中央经济工作会议确立了旅游业在国民经济中的地位，决定将旅游业培育成为国民经济的新增长点。此后，中央相继出台了一系列政策推动民族地区旅游业的发展。1999年《中共中央关于国有企业改革和发展若干重大问题的决定》中，提出要加大对民族地区基础设施建设的投入和金融支持力度。时任国务院总理朱镕基在中央民族工作会议上指出，民族地区可凭借其自身资源优势大力发展旅游业和第三产业。这一阶段旅游业实现了常规发展，旅游业的产业地位得以凸显。但民族地区由于资源禀赋、交通、地理位置等条件的差异，民族地区旅游业的发展出现不平衡。旅游业在民族地区的发展呈现"点"式发展格局，主要集中在一些知名旅游城市、省会城市和一些旅游资源禀赋较好的卫星城市。在这一时期，国内外游客数量不断增长，旅游业收入也不断提高，旅游业的产业地位得以确立。

全面发展阶段（2000年至今）。进入21世纪，伴随着全国旅游业的大发展和国家西部大开发战略的实施，民族地区旅游业也进入全面发展的新时期。西部大开发政策为民族地区提供了政策支持与资金支持，国家投入了13亿元资金用于加强旅游基础设施建设，其中投向民族地区的资金额占资金总量的70%。旅游业在区域经济发展中的地位得以确立，一些地区的旅游业已经成为第三产业的龙头产业和地区发展的支柱性产业。《中西部地区外商投资优势产业目录》中有12个省区提出将优先发展和支持旅游业及其配套设施的建设。2003年国家编制《西部旅游投资规划》，为民族地区旅游业发展提供了大量资金。西部大开发政策和资金支持极大地推进了民族地区基础设施建设，改善了民族地区的可进入性，也推动了民族地区旅游业产业的发展。旅游业经过多年的发展，对地区经济的带动作用也得到认可，2007年党的十七大报告中将旅游业作为拉动内需的第三产业的龙头。民族地区旅游业占第三产业的比重也不断提升，比如丽江、西双版纳等地区旅游收入占第三产业增加值50%以上。国家和各级政府都加大了对民族地区旅游业的相关投入。民族地区旅游业也迎来前所未有的黄金发展期。党的十八大以来，国家相继出台一系列推进旅游业发展的政策措施，开启了建设旅游强国的步伐。党的十九大报告提出实施乡村振兴战略，建设美丽中国，还提出加快发展现代服务业尤其是旅游业的发展，这些政策的出台都将推动民族地区文化旅游发展和生态文明的建设。

经过40多年的发展，我国旅游业得到了迅猛发展，有些民族地区的旅游业在全国还名列前茅，旅游业的地位和功能得到了显现。但民族地区旅游业的发展存在如下问题：旅游市场整体规模较小、旅游业的带动效应没有充分发挥，且大部分地区经济基础薄弱、地理位置不佳、旅游业起步较晚，使得旅游产业在发展过程中没有充分发挥出其产业功能和地位，这些都与民族地区的旅游资源优势地位形成了鲜明反差。

三 民族地区发展旅游业的意义

国际、国内旅游发展的实践表明，旅游业发展比较好的地区，人们的文明意识相对较高，开放和发展的思想意识就比较强，对新生事物更容易接受，同时也更珍视和平稳定的发展环境。更多的国家和地区认识到旅游可以增进不同国家、不同地区、不同民族、不同文化的人们相互了解，发展旅游业对国家以及地区经济和社会发展、稳定等都有积极作用。我国民族地区发展旅游业不但促进了民族地区的经济社会发展，也提高了当地居民的生活水平，增进了各民族间的友谊。民族地区发展旅游业具有以下优势。

第一，有利于民族地区推动区域协调发展。与其他产业相比，旅游业门槛低、投资少、见效快，且能吸收大量人员就业，针对民族地区资源优势，选择旅游业更适合地方经济发展，旅游收益的增加可以促进少数民族地区经济发展。

第二，有利于民族地区促进供给侧改革，推动产业升级调整。旅游业涉及餐饮、交通、住宿、零售等众多行业，旅游业的发展也会提高对相关行业产业的购买，从而促进了其他产业的配套发展，推动供给侧改革。

第三，有利于民族地区的自然和文化资源的保护。良好的自然环境和人文环境是发展旅游业的基础，要想发展旅游业就要保护自然环境；在发展旅游业的过程中不断发掘、整理和提炼民间艺术、民俗技艺等民族文化资源，对传承民族文化、保护生态环境起到促进作用。

第四，有利于改善民族地区基础设施条件，提高少数民族生活水平。旅游业能推动民族地区基础建设的发展，尤其是交通的发展。基础设施的建设为提高当地居民的生活水平提供了保障，同时也对促进民族间相互了解夯实了基础，促使旅游者与当地居民不断相互了解。

第三节 民族地区特色旅游业发展实证分析

一 内蒙古旅游发展现状

（一）旅游资源丰富

内蒙古是草原文明的发祥地之一，文化底蕴深厚，民族风情浓郁，民族众多，不同民族形成了不同的民族风情，且分布在不同地区的相同民族也有不同的习俗。这里民族文化丰富多彩，民族歌舞、体育、竞技、服饰、饮食等文化独具特色，对旅游者具有强大吸引力。内蒙古历史古迹众多，如享誉世界的元上都遗址、成吉思汗陵、昭君墓、古长城、五当召、五塔寺、贝子庙等。丰富多彩的民族文化和悠久的历史遗迹共同构成了内蒙古丰富的人文旅游资源。

内蒙古草原资源丰富，草原面积占内蒙古总面积近 2/3，占全国草场面积的 1/4，居五大牧区之首。依据区域水热条件和植被特征，内蒙古天然草场从东向西，随着地势、气候、土壤等生态因素的变化，可划分为草甸草原、典型草原和荒漠草原等类型，并形成了呼伦贝尔草原、科尔沁草原、锡林郭勒草原、乌兰察布草原、鄂尔多斯草原等自然景观。呼伦贝尔大草原是世界上天然草原保留面积最大的地方，有"牧草王国"之称。锡林郭勒草原是我国第一个草原类自然保护区，是联合国教科文组织"国际生物圈保护区"成员。

内蒙古是我国多林省区之一，内蒙古从东到西横跨 2400 千米，自然条件的差异使森林资源分布也存在较大差异。东部大兴安岭地区是中国最大的"绿色宝库"。内蒙古森林面积 1680 万公顷，约占内蒙古国土面积的 14%，是国家北疆重要的生态防线，现有近 30 个森林生态旅游景区，其中大兴安岭原始森林是全国面积最大的原始森林；额济纳旗胡杨林也成为世界上仅存的三大成片胡杨林之一。

内蒙古沙漠分布广泛，占全区土地总面积的 63.3%，从东到西分布着四大沙漠和三大沙地，沙区总面积 11.2 亿亩。内蒙古充分利用沙漠资源开发了沙漠旅游、生态旅游与沙湖度假等旅游产品，建成了一批享誉中外的景区产品，如响沙湾旅游区、玉龙沙湖旅游区和恩格贝沙漠生态旅游区等。

内蒙古境内河湖众多，水域面积约占全区总面积的 8% 左右，各种水域资源与林海、草原、群山、平原和沙漠等自然景观交相辉映，共同组成了独特的北国水域风光，此外有各种类型湿地占全国湿地面积的 11%，居全国第三位。[①]

内蒙古矿产资源丰富，目前有 12 种矿产资源储量居全国之首，稀土储量居世界首位，此外各地出产的矿石还成为高规格的旅游产品，如多伦的玛

---

① 《内蒙古导游知识》，内蒙古人民出版社，2001，第 170~179 页。

瑙、巴林右旗的巴林石、阿拉善盟的阿里山石等。

内蒙古温泉资源丰富，为开展康养旅游提供了基础。阿尔山火山地质公园拥有世界上最大的矿泉群，这里集中了不同温度的冷泉、低温泉、热泉和高热泉4种泉水，每种泉水的理疗作用也各不相同。赤峰凭借三大温泉发展起来的温泉度假旅游也吸引了大量游客。乌兰察布凉城的岱海温泉（马刨泉）有"塞外神泉"之称，对治疗风湿性腰腿疼有良好效果，吸引了国内外众多旅游者前来。

内蒙古与蒙古国、俄罗斯有4200千米边境线和19个口岸，口岸旅游资源得天独厚。内蒙古大力推进边境旅游和口岸旅游发展。二连浩特是中国最大公路、铁路口岸，满洲里是中国最大的陆运口岸。内蒙古与俄罗斯、蒙古国在商务贸易、医疗、旅游、文化等方面不断深化合作，积极开展边境旅游，增强彼此了解，助推双方经济发展。2018年3月，满洲里市获批边境旅游试验区，这意味着未来满洲里由"旅游通道"向旅游目的地转变，这将助推满洲里市旅游业发展。

（二）旅游基础设施和服务体系日趋完善

目前，内蒙古已有11个城市被评为"中国优秀旅游城市"。旅游业已经形成一定的规模，具备一定的竞争力。截至2018年内蒙古A级景区共389家，其中5A级景区4家、4A级景区122家、3A级景区119家、2A级景区138家、A级景区6家。据测算内蒙古旅游从业人数占服务业就业总人数的20%左右，旅游业已经成为吸纳社会就业最多的行业之一。

"十二五"期间，高速公路总里程突破5000千米，建成高等级出区通道30条，94个旗、县、市、区开通了高速或一级公路，铁路运营总里程超过1.4万千米，民航机场增加到24个。2019年1月，内蒙古境内开通第一条全国性的高速铁路线网——通新铁路。内蒙古不断推进"旅游厕所革命"，截至2015年新建、改建旅游厕所877座，数量居全国第7位；同时建设了一批游客服务中心，完善了旅游标识标牌；不断加大投入完善城市旅游配套基础设施，建设了一批文化街区、旅游街区、休闲公园；制定实施了《旅游行业管理创新工程三年行动计划》《旅游安全应急预案》，大力推进依法治旅、依法兴旅，创新旅游市场监管方式；制定实施了《内蒙古自治区文明旅游三年行动计划》，开展文明旅游示范地区创建和"文明游客""文明旅游之星"的评选活动；通过举办导游员大赛、饭店服务业技能大赛等活动，加强旅游人才队伍建设，提高旅游从业人员素质。

(三) 旅游业综合带动效应不断增强

"十一五"期间，内蒙古接待入境旅游者 699.39 万人次，年均增长 7.35%；旅游外汇收入 21.86 亿美元，年均增长 11.33%；接待国内旅游人数 14985 万人次，年均增长 16.78%；国内旅游收入 2295 亿元，年均增长 30.98%；旅游业总收入 2483.38 亿元，年均增长 28.63%。各项指标的增长速度超出"十五"期间旅游业发展速度。① 2010 年，全区接待入境旅游者 142.8 万人次，入境旅游创汇 6.02 亿美元；接待国内旅游人数 4477.55 万人次，国内旅游收入 692.92 亿元；全区实现旅游业总收入 732.7 亿元，比"十五"末的 2005 年增长了 3.5 倍，占内蒙古生产总值的 6.31% 和服务业增加值的 21%。旅游业已成为内蒙古新的经济增长点、国民经济的重要产业和服务业名副其实的龙头，是促进内蒙古经济增长的动力产业。

据内蒙古旅游局提供的数据，"十二五"期间内蒙古累计接待国内外旅游者 34244.92 万人次，是"十一五"时期的 2.1 倍，年均增长 12.4%，累计完成旅游收入 7483.92 亿元，是"十一五"时期的 3 倍，年均增长 26.2%。"十二五"期间，旅游业产业地位进一步提升，对内蒙古经济社会发展促进作用增强（见表 4-1）。② 内蒙古旅游局提供的数据指出："十二五"末全区旅游业对 GDP 的综合贡献率为 11.8%，对第三产业的综合贡献率为 31%，对社会消费品零售总额的综合贡献率为 37%。旅游行业直接、间接就业 165 万人，分别占全社会和第三产业就业的 10.52% 和 26.54%。乡村旅游富民扶贫成效显著。内蒙古国家级和自治区级休闲农业与乡村旅游示范县 19 家，休闲农业点 585 家，其中国家级和自治区级休闲农业与乡村旅游示范点 77 家，乡村旅游接待户 4200 家，其中星级接待户 462 家。乡村旅游接待游客共计 2860 万人次，实现旅游收入 500 亿元，吸纳直接从业人员 13 万人，带动间接从业 50 多万人，每年通过旅游脱贫 3 万人左右。A 级旅游景区 318 家，旅行社 936 家。各类重点旅游企业 2500 多家，其中年营业额超过 5000 万元的企业达到 36 家。

---

① 内蒙古自治区旅游业发展第十二个五年规划。
② 内蒙古自治区旅游业发展第十三个五年规划。

表 4-1　2008~2017 年内蒙古接待旅游人数和旅游收入情况

年份	国内旅游人数（万人次）	国内旅游收入（亿元）	入境旅游人数（万人次）	旅游外汇收入（亿美元）	旅游总收入（亿元）
2008	3198.68	429.50	154.93	5.77	468.85
2009	3880.18	573.22	128.96	5.58	611.35
2010	4477.55	692.92	142.80	6.02	732.70
2011	5177.95	847.28	151.52	6.71	889.55
2012	5887.31	1080.65	159.17	7.72	1128.51
2013	6612.76	1343.73	161.61	9.62	1403.46
2014	7414.90	1745.00	167.10	10.00	1805.30
2015	8351.80	2193.80	160.80	9.60	2257.10
2016	9627.40	2635.60	177.90	11.40	2714.70
2017	11461.20	3358.60	184.80	12.50	3440.10

资料来源：2009~2018 年《内蒙古统计年鉴》。

二　内蒙古旅游经济发展情况

从图 4-2 可以看出，在地区生产总值上，2008 年以来，内蒙古地区生产总值总体上呈逐年上升的趋势，2008 年地区生产总值达 8496.2 亿元，2016 年达到 18100 亿元，但是在 2017 年出现下降，地区生产总值为 16103.0 亿元。下降的原因是内蒙古自治区财政审计部门核算后将 2016 年和 2017 年一般公共预算收入进行调减，调整后，2017 年全区一般公共预算收入为 1703.4 亿元，比 2016 年公布数据下降 14.4%。

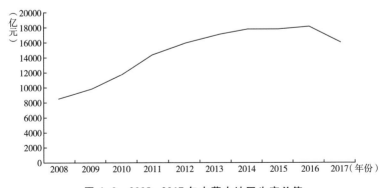

图 4-2　2008~2017 年内蒙古地区生产总值

从表 4-2、图 4-3 产业结构变化情况看，2008~2017 年内蒙古经济结构得到了优化，2008 年一、二、三次产业的比例为 11.7：55.0：33.3，2017 年一、二、三次产业的比例为 10.2：39.8：50.0，可以看出第三产业发展迅速。

表 4-2 2008~2017 年内蒙古各产业结构

单位:%

年份	一、二、三次产业比例
2008	11.7：55.0：33.3
2009	9.6：52.4：38
2010	9.5：54.6：35.9
2011	9.2：56.8：34
2012	9.1：56.5：34.4
2013	9.5：54.0：36.5
2014	9.1：51.9：39
2015	9：51：40
2016	8.8：48.7：42.5
2017	10.2：39.8：50.0

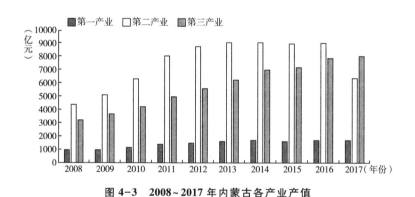

图 4-3 2008~2017 年内蒙古各产业产值

从图 4-4 和表 4-3 可以看出，第三产业收入在逐年增加的同时旅游总收入也在不断增加，且旅游收入占第三产业比重也逐年提高。2008 年旅游收入是 468.85 亿元，2017 年旅游收入是 3440.1 亿元，增长 6 倍多，2008 年旅游收入占第三产业比重是 14.59%，到 2017 年旅游收入占第三产业比重已增加到 42.75%，可以看出旅游业总收入在第三产业中的比重越来越大。

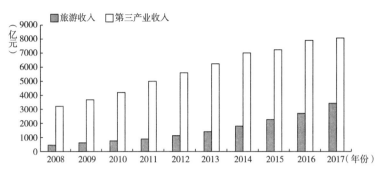

图 4-4　2008~2017 年内蒙古第三产业收入与旅游收入

表 4-3　2008~2017 年内蒙古第三产业及旅游收入情况

年份	第三产业收入 （亿元）	旅游收入 （亿元）	旅游收入占第三产业 收入百分比（%）
2008	3212. 06	468. 85	14. 59
2009	3696. 65	611. 35	16. 54
2010	4209. 02	732. 70	17. 41
2011	5015. 89	889. 55	17. 73
2012	5630. 50	1128. 51	20. 04
2013	6236. 66	1403. 46	22. 50
2014	7022. 55	1805. 30	25. 71
2015	7213. 51	2257. 10	31. 29
2016	7925. 10	2714. 70	34. 25
2017	8047. 40	3440. 10	42. 75

　　首先，分析旅游产业对地区经济发展的经济效益。旅游产业对经济发展的乘数效应用旅游产业依存程度表示，意味着旅游产业的经济价值和产业贡献对国民经济发展的贡献程度。公式表示为：

$$DR_t = \frac{L_t}{GDP_t} \times 100\%$$

　　DR_t 表示第 t 年的旅游产业依存度，L_t 表示第 t 年的旅游收入，GDP_t 表示第 t 年的地区生产总值。所求数值如表 4-4 所示，2008 年内蒙古自治区旅游业依存度仅为 5.52%，随着时间发展，依存度呈现波动式上升趋势，在 2014 年突破 10%，2017 年达到 21.36%，超过国内生产总值比重的 1/5，实现了旅游产业对经济发展的拉动作用。

其次，分析旅游收入对经济的贡献率，即分别计算当年旅游业收入与上一年旅游收入之差和当年地区生产总值与上年地区生产总值之差，再求出两者比值，计算公式为：

$$GR_t = \frac{L_t - L_{t-1}}{GDP_t - GDP_{t-1}} \times 100\%$$

其中 L_{t-1} 为上一年的旅游业收入，GDP_{t-1} 为上一年的地区生产总值。计算结果如表 4-4 所示，内蒙古旅游收入对经济的贡献率 2009~2011 年呈现下降趋势，但 2012~2015 年呈现上升趋势，且 2015 年的贡献率达到最高值，主要原因可能是 2015 年内蒙古 GDP 增长幅度较小，而旅游收入则增幅较大，2016 年虽然贡献率相对 2015 年下降，但仍旧数值较高，2017 年呈现负增长贡献率主要是由于内蒙古 2017 年的 GDP 相对于 2016 年下降，增加值为负数。

表 4-4 2008~2017 年内蒙古地区生产总值及各产业生产总值

年份	GDP（亿元）	第一产业（亿元）	第二产业（亿元）	第三产业（亿元）	旅游收入（亿元）	DR_t（%）	GR_t（%）
2008	8496.20	907.95	4376.19	3212.06	468.85	5.52	—
2009	9740.25	929.60	5114.00	3696.65	611.35	6.28	11.45
2010	11672.00	1095.28	6367.69	4209.02	732.70	6.28	6.28
2011	14359.88	1306.30	8037.69	5015.89	889.55	6.19	5.84
2012	15880.58	1448.58	8801.50	5630.50	1128.51	7.11	15.71
2013	16916.50	1575.76	9104.08	6236.66	1403.46	8.30	26.54
2014	17770.19	1627.85	9119.75	7022.55	1805.30	10.16	47.07
2015	17831.51	1617.42	9000.58	7213.51	2257.10	12.66	736.79
2016	18100.00	1628.70	9078.90	7925.10	2714.70	15.00	170.43
2017	16103.00	1647.20	6408.60	8047.40	3440.10	21.36	-36.32

最后，根据 GR_t 计算旅游收入拉动经济增长率，计算公式如下：

$$LR_t = YR_t \times GR_t \times 100\%$$

其中LR_t为第t年的旅游收入对经济增长的拉动作用，YR_t表示第t年的地区生产总值增长率。计算结果如表4-5所示。

表4-5　2009~2017年内蒙古旅游收入对经济增长的拉动作用

年份	YR_t（%）	GR_t（%）	LR_t（%）
2009	14.64	11.45	1.68
2010	19.83	6.28	1.25
2011	23.03	5.84	1.34
2012	10.59	15.71	1.66
2013	6.52	26.54	1.73
2014	5.05	47.07	2.38
2015	0.35	736.79	2.54
2016	1.51	170.43	2.57
2017	-11.03	-36.32	4.01

根据表4-5数据可以看出，内蒙古旅游业对经济增长的拉动作用虽然不高，但是整体仍表现为上升趋势，由2009年的1.68%增加到2017年的4.01%。其中，虽然2016~2017年内蒙古GDP从直观角度来看呈现下降趋势，但是旅游业对经济发展的拉动作用仍旧有较大幅度的提升，由2016年的2.57%上升到2017年的4.01%。

由于旅游业定义与旅游经济贡献的理论界定观点不统一，学术界在旅游经济与经济增长关系上还存在争论，同时缺少许多相关研究资料，因此本书在以下方面还存在不足。民族旅游业的发展对区域经济增长的影响既有积极效应，也有消极效应，本书只定量分析了内蒙古旅游业对GDP增长的积极贡献，而没有定量分析其消极作用，如民族地区旅游业发展过快有可能引起当地物价上涨，出现通货膨胀、失业等情况。由于选择的样本数据较少以及研究资料缺乏完整性，所以本书只针对近十年来的统计年鉴进行分析，缺乏长期性。同时，旅游业对居民就业、财政收入、外汇收入等贡献也是有待进一步研究的。不同发展阶段的地区的数值也会有很大差异，要客观动态研究地区旅游业对GDP的影响还需要更进一步分析。

三 制约内蒙古旅游业发展的因素

(一) 旅游业发展起步晚,规划不合理,旅游企业体量小

内蒙古旅游业萌芽于改革开放初期,发展于20世纪90年代后,在国家提出西部大开发战略后进入正轨。与国内沿海省份相比,内蒙古旅游业起步晚,景区、景点分散,景区同质化导致吸引力水平难以提高。缺乏专业的管理人才,旅游规划和发展管理专业知识欠缺,缺少科学系统的专项规划;资金投入比例不合理,大部分资金投入在自然资源的开发,未充分发挥民族资源优势;在开发过程中,忽视资源开发带来的环境污染、生态破坏,尤其是部分不可再生资源的不合理开发。旅游企业体量小,抗风险能力弱。2017年全区旅游业总收入未进入全国前五位,5A级景区仅4家,占全国5A级景区总量的1.8%,与旅游资源大区实际不匹配。

(二) 旅游资源开发不充分,基础设施不够完善,接待能力不足

内蒙古拥有草原、森林、湖泊、湿地、河流、沙漠、民族风情等多种资源类型,但目前更多注重草原旅游资源的开发,其他资源开发相对较弱,且不注重旅游业与文化、体育、健康、农牧业等产业的融合发展。在旅游旺季内蒙古旅游接待设施供不应求,旅游淡季这些设施又出现闲置,造成了资源的浪费。此外,旅游开发大部分是模仿、借鉴他人的成果,缺乏新意,开发层次低,没有深入挖掘民族文化的精髓,未发挥其最大效用;景区同质化致使景区吸引力降低,游客回头率也随之降低。与我国其他民族地区相比较,内蒙古民族特色方面没有做大做强,难以吸引、留住游客。

(三) 宣传力度不够、知名度小、缺乏精品旅游线路

内蒙古各少数民族在长期的生产生活过程中形成了独特的语言文字、宗教信仰、饮食文化和民族风俗,为民族地区旅游发展提供了丰富的素材。但由于内蒙古旅游业的影响力和辐射力不强,导致知名度低,需要以不同的方式推广、宣传,但目前内蒙古民族地区宣传设备和手段单一,宣传缺乏针对性,且内蒙古自身品牌形象不突出,导致品牌影响力低。旅游产品开发单一,自然观光旅游产品居多,且缺少名牌产品,旅游休闲度假产品发展滞后;夏季旅游产品比重大,冬季旅游产品较少;旅游产品创新不足,同质化严重,无法满足多元化、个性化的消费需求。

(四) 高素质专业人才匮乏、服务水平不高

旅游业发展日新月异,需要增加相关从业人员来满足市场需求,但内蒙古

旅游从业人员不能满足旅游市场的需求，在旅游产品开发、生产、制造和服务方面缺少相关的知识和技能，导致旅游知识和管理水平有限，以致整体服务水平不高，无法适应市场竞争的需要，导致游客满意度不高，游客评价不高。

（五）管理职能与产业发展不协调

资源产权不清晰，有的资源既隶属于园林局又归林业局、文物局等单位管理，各个单位各自为政，权责不清晰，致使许多资源未能转化为旅游产品，进而影响了整个旅游业的发展。在旅游监管方面也存在执法不严、多头执法的现象，且旅游监管缺乏一致性和集中性。各地区旅游发展委员会虽负责对与旅游相关的事务进行管理，但只是涉及导游、旅行社、酒店、景区浅层管理等方面，不涉及商业、服务业等领域，这就不利于相关产业的有效贯通。

（六）旅游公共服务水平不高，信息化程度相对较低

内蒙古旅游线路较长，景区与景区之间距离较远。目前，各目的地之间还没有建成机场、铁路和高速公路立体现代化交通网络，大交通还没有与景区高效衔接。此外，景区内小交通以及停车场、游客中心等配套设施还有待完善，旅游公共服务水平有待提高。旅游信息化程度相对低，智慧旅游建设相对滞后。

第四节　民族地区特色旅游业发展路径

前面通过回归分析、弹性分析、增加值贡献率分析已经论述了内蒙古旅游业的发展与 GDP 增长存在格兰杰因果关系。这些分析有助于我们更加客观科学地衡量旅游业的发展，为地区旅游业及经济社会的发展提供合适的政策建议。

一　正确处理资源保护与利用的关系

正确处理资源保护与利用的关系。在开发的同时既要保护和传承草原文化，又要坚守生态底线，合理适度开发旅游资源。习近平总书记在谈到环境保护问题时指出："我们既要绿水青山，也要金山银山。宁要绿水青山，不要金山银山，而且绿水青山就是金山银山。"在保护好生态环境的基础上进行旅游资源开发，生态保护与旅游开发应该是相互促进的关系，通过发展旅游业发挥生态的最大效益，增加居民收入，更好地促进居民保护环境的意

识，保护好生态环境也为更好地发展旅游业奠定必要的基础。

二　坚持统筹协调，推进全域旅游

民族地区应树立全方位开放理念，强化区域合作，共同推进旅游产品开发、旅游线路共建、旅游成果共享，充分发挥民族地区独特的景观和文化特色，促进生态、文化、旅游高度融合。一些民族地区由于长期民族聚居和融合，很多风俗和习惯也比较相近，在开发旅游产品时就要注意突出自身特色，避免同质化，这就需要政府的统筹安排，在一些地区政府实施了"一村一品"战略，可以使各地区的产品互补，共享市场红利。在推进全域旅游的过程中，民族地区应协调好产业、企业、区域、部门等各利益群体间的关系，统筹整合资源，推进多规合一，加大旅游基础设施和公共服务设施建设力度，打造有特色、高质量的旅游目的地。

三　加强产业创新，推进产业融合发展

民族地区通过产业创新、产品创新不断推进旅游业发展，促进旅游业态的创新与拓展。倡导"+旅游"、"旅游+"理念，推进产业融合，发挥旅游业综合带动作用，培育旅游新业态、新产品，创造新价值，打造新增长点；不断推进旅游业转型升级、提质增效，加快促进旅游业与农业、林业、体育、文化等产业融合发展，加快旅游产品创新和业态创新的步伐。"+旅游"通过休闲农业、温泉养生、工业旅游等衍生旅游产品的开发，突破狭义的产业受众市场，吸引众多有特殊兴趣爱好的人群；其他产业和行业的介入使旅游业的客源不断扩大，为旅游市场的拓展与升级打开了一个新的增量市场，推动旅游产业不断向"大旅游、大市场、大产业"发展。

四　加强品牌建设，打造精品旅游产品

民族地区应以旅游需求为导向，以旅游资源为依托，在突出地方特色和民族特色的基础上，通过对旅游资源的深层次开发和创新，进一步提升旅游产品的品质，深入挖掘旅游产品的文化内涵，设计出集观赏性、娱乐性、体验性的明星产品；应实施旅游精品带动战略，实现以点带面全面发展的旅游业发展格局，在旅游业发展过程中要注意突出民族文化和地方特色，以重点旅游景区、旅游城市带动周边地区发展。以内蒙古为例，通过重点打造阿尔山的 5A 级柴河旅游景区带动兴安盟及呼伦贝尔等周边旅游业快速发展。此

外，民族地区还要不断完善基础设施建设，提高交通的可进入性，加强互联网建设，通过智慧旅游来提升城市形象和旅游品牌。

五　加强体制机制创新

民族地区政府主管部门应该转变政府工作职能，不断建立健全旅游服务监管体系，将旅游执法重心下移，提升市、县级政府的旅游市场监管职能。加强民族地区诚信企业监管制度建设，利用大数据、微信平台、电子邮箱等加强与旅游者的联系，建立起完善的旅游市场综合监管体系。转变旅游发展经营机制，实行市场化经营，"放权"于市场，实现政府监管与市场调节的有机结合，这样才能更好地促进旅游业进一步发展，充分发挥旅游业促进国民经济增长的作用。政府应出台相关政策保障各种所有制的企业权益，鼓励其依法投资旅游产业，培育和引进一批具有较强竞争力的旅游企业，将旅游产业培育成为支柱性产业和人民群众更加满意的现代服务业。

六　加强旅游业人才培养

民族地区旅游资源丰富，发展旅游业潜力巨大，但是与之不匹配的是民族地区的旅游管理及相关专业的培养却滞后于旅游产业的发展。内蒙古各旅游专业应该加强专业建设和师资队伍建设，完善产学研一体化联动体系，创新人才培养模式，加强人才与企业互动，提升学生的实践能力，提升人才培养质量。旅游管理是一门实践性、应用性、综合性很强的学科，要想培养好学生必须让学生置身于产业发展的各个环节中去体验、学习，未来旅游管理专业的人才培养必须走校企合作、开放办学的道路，这样才能培养真正符合行业发展需要的人才。同时也应该加强旅游管理专业教师的培训，只有具备相应的理论知识和从业经验的老师才能培养出高质量的学生。此外，还要提高校外实习、实训的质量，学校应该与企业共同合作培养旅游管理专业人才。

七　引导和推进文化与旅游融合发展

民族地区应加快转变旅游发展方式，提高旅游业发展质量，丰富旅游产品类型，加大对文化资源的挖掘和整合，不断培育新的消费热点。充分利用民族地区丰富的历史文化、民族民俗等资源，充分发挥自身特色，深入挖掘民族文化精髓，打造民族文化精品。以内蒙古为例，应重点发展以草原文化为核心的特色文化产业集群，着力打造呼包鄂、锡赤通文化产业富集区，实现差异化发展，重点支持呼和浩特、鄂尔多斯等地区建设文化创意中心，积极推动文化旅游产品多样化；鼓励各地根据本地区的实际情况，因地制宜，依托自身文化特色，少数民族文化生态区及各类文化创意产业园区、主题公园等，积极发展文化观光游、文化体验游、文化休闲游。提升旅游纪念品的创意和设计服务。深入挖掘旅游项目的文化内涵，重视非物质文化遗产的保护和"活化"开发，通过创意转化、科技创新提升旅游纪念品的品质，丰富产品类型。鼓励社会团体参与旅游实景演出，充分挖掘地域特点和文化特色，运用高新科技创新演出形式，提升节目创意，打造优秀的文化旅游节目。政府应鼓励有条件的地区，凭借博物馆、美术馆、文化艺术馆、纪念馆以及剧院、电影院、艺术品经营机构等公共文化设施举办各种丰富多彩的活动，以适应和满足旅游多元化的需求，提高城市的文化品位，提升城市影响力。

第二篇

民族地区经济发展基础及动力

党的十九大提出要建设现代化经济体系，着力加快建设实体经济、科技创新、现代金融、人力资源协同发展的产业体系。新时代民族地区实现高质量发展，应重视人力资本发展、加强基础设施建设、巩固精准扶贫成果，并在此基础上以创新为动力，形成经济发展新业态。人力资本是区域发展的第一生产力，民族地区与其他区域在经济发展上存在差距，归根结底是人才数量与质量上的差距，研究民族地区人力资本投资与积累是为民族地区未来发展奠定坚实的基础。在民族地区经济发展的过程中，基础设施建设在改善民族地区发展投资环境上起到了至关重要的作用，基础设施是民族地区的薄弱部分，基础设施的发展和完善关系到民族地区经济社会发展的各个环节。金融业作为生产性服务业的重要部分，也是民族地区发展的薄弱环节，要加大力度促进其发展，扩大民族地区金融产业规模，提升民族地区金融服务能力，既是助力民族地区经济发展的后盾支撑，也是实现民族地区经济稳定的保障。民族地区作为欠发达地区，创新是实现区域发展的核心，根据民族地区具体情况实现创新驱动发展战略，研究民族地区的创新，是推动产业发展、实现产业结构创新升级的动力，同时也是民族地区经济发展的后续动力。因此本篇从"民族地区人力资本投资和积累""民族地区基础设施建设""民族地区金融业发展""民族地区创新驱动发展"四个方面展开论述。

第五章

民族地区人力资本投资和积累

在知识经济时代，在科技发展日新月异的新时代，人才是区域发展的第一生产力，民族地区发展水平落后、创新实力不足等现状的主要原因就是在人力资本发展上与发达地区存在差异。人力资本数量不足以及质量较低都是民族地区应关注的问题，因此研究如何实现民族地区人力资本的投资和积累是新时代民族地区经济发展应关注的重要部分。

第一节　人力资本及其效应

一　人力资本

舒尔茨对人力资本理论做出了开创性研究。人力资本是参与社会劳动的人员在数量和质量上的总称，包括体力劳动和脑力劳动。数量体现在参与社会生产的劳动者人数，质量体现在参与人员的身体素质、智力水平和技术能力，综合数量和质量来衡量人力资本的整体水平。人力资本同物质资本、资金资本、自然资本等共同促进经济社会的发展，但是人力资本是最重要的，属于第一生产力，每一个参与社会生产的人员汇集在一个区域中就形成了区域人力资本，这是决定区域是否有发展潜力和竞争力的关键，民族地区经济发展必须重视区域内的人力资本。

人力资本的提高可以通过学习、培训、教育等方面提高，当对人力资本的投入高于其回报时，人力资本对区域的发展呈负面影响，当人力资本对经济增长的贡献高于其投入时，那么对区域经济增长起到正向促进作用，具有相对较高的剩余价值。而较高回报率的人力资本多集中于高科技人才、具有管理能力的企业家等高端人才，因此应增加区域内高端人才的培养。在经济发展过程中，人力资本和物质资本互相补充实现区域发展，而发展模式可以是较多的人力资本和较少的物质资本组合，也可以是较少的人力资本和较多的物质资本组合，这也是所谓的劳动密集型和技术密集型或者资本密集型发展模式。民族地区应该根据自身情况选择适合的发展模式，并以长远的目光做出战略调整。

人力资本与其他资本不同的地方还在于它特有的性质。首先，它产生的价值与人本身是不可分离的，物质资本等会通过产权表现出来，可以做到人和物的分离，但是人力资本却不可以，这就决定了人力资本不可以同物质资本一样去转移、去继承获得。其次，它具有时间限定，主要是由于人的寿命有限，所以只能通过学习和传承去把已有的人力资本再在别的人身上体现出来，同时它的衡量标准也受所处时代的制约，比如工业社会就需要拥有生产技术能力的人，信息社会需要创新型人才等。最后，人力资本价值的增值较快但价值衡量不好确认，一方面优秀的劳动力能在短时间内积累大量的财富，另一方面除部分人有身价的衡量，大部分劳动力价值在公司报表中是没有体现的，所以人力资本价值的衡量也是不确定的。

二 人力资本效应

人力资本对区域经济增长效应从三个方面进行分析。第一是知识效应，在这方面又分为三点，首先是知识的替代效应，由经济学中的边际报酬递减规律可知，在技术水平不变的前提下，连续增加一种可变要素的投入量，当达到一定临界值后边际报酬出现下降的趋势，但是人力资本可以改变这种技术水平，因此能改善边际报酬递减带来的经济发展停滞状态，从而实现发展的可持续。其次是知识的收入效应，高水平的人力资本能产生更高的生产力和经济收益，这也是为什么相同的实物投资在不同的区域产生不同的收益状态的原因。最后是知识的需求效应，因为知识进步需要相应的实物资本与其相匹配，也需要相应的高水平人力资本，这就实现了区域资源更优化的整合。第二是外部效应，人力资本产生的效应包含内部效应和外部效应，外部效应对经济增长的贡献最大，内部效应主要是通过教学和体制内部学习获得的知识，只存在于个体劳动者内。但是外部效应主要通过实践和边干边学的过程，这个过程中劳动者不是孤立的，通过与其他劳动者合作、交流、讨论形成了新的技能和知识，这个过程受益的是所有参与者，这就使得区域内整体的人力资本水平得到了提高，不再是针对个别劳动者，所以人力资本的外部效应可以促进区域经济增长。第三是溢出效应，由于知识不具有排他性，因此当它被人力资本所获得时，新知识就具有了溢出效应，增加了劳动力的知识技能。罗默在其定义的经济持续增长模型中提到，专业化知识带来的收益递增实现了经济的可持续增长。正是由于溢出效应，专业知识和专业的人力资本促进了区域经济发展。

三　人力资本投资

区域经济发展取决于人力资本方面的投资，这种投资一方面决定了人力资本的质量，另一方面通过这些人力资本对经济发展的影响而对区域整体发展产生作用。

人力资本投资相对其他物质形式的投资有一定的特性。第一是投资收益回报时间较长，一般对人才的教育和培养需要近 20 年的时间，不会在短期实现经济效益上的回报，战线较长且需要一定的规模性，因此应以长远的眼光看待人力资本投资；第二是投资具有风险性以及非物质性，由于人才流动性较大，在人力资源的培养上一旦人才流失，造成的损失将是难以补偿的，同时人力资本投资更需要有一定的服务形式，例如教育和医疗等岗位；第三是投资主体多样，作为单独个人可以作为投资对象，实现自身素质的提高，获取更好的发展前景，作为企业可以投资企业员工，提高生产效率，增加企业收益，作为政府部门可以投资人力资本以增强区域范围内的整体人力资本，且政府投资具有较强的规范性和规模性，这都是其他形式投资不能比拟的；第四是人力资本的时效性，由于人类寿命有限，壮年时期只有几十年，因此应在青少年时期做好投资工作，在壮年时期可以实现人力资本的经济效益，提高投资回报率。

人力资本投资形式多种多样，既对数量产生影响又对效率产生作用，需要注意的是，在关注增加人力资本存量的同时，也要通过市场和政府对人力资源的合理配置实现人才最优分配。介于当今人才流动较快的现状，一方面市场对人才产生吸引集聚实现资源配置，另一方面政府需要通过政策和鼓励措施将部分优秀人才配置到发展落后的少数民族地区，实现当地区域的可持续发展。

四　人力资本积累

人力资本的积累包括自身知识技能的积累和区域内人力资本数量和质量的积累，这里我们主要从宏观角度分析区域人力资本积累。人力资本积累的方式一方面包括对本地劳动者的教育和培训，另一方面是通过人才引进等方式增加区域内的存量。在人才引进较困难的地区可以考虑智力引进，通过智力引进提高本区域内人力资本整体水平。人力资本的流动主要取决于对移动收益的评估，如果边际收益率较高或者平均收益率较高，则会实现人力资本存量的增加，实现人才流动。人力资本积累可以通过产业集聚实现，产业集聚可以使区域形成增长极，吸引优秀人才的加入，在产业集聚形成后专业化分工增多，为创新创业增加了机会。企业家等高端人力资本会因为创业机会的增多而进入区域内部，且产业集聚可以降低人才流失的风险，人才搜寻成本也相应降低，通过产业集聚也增加了人才交流的机会。许多无法用书面形式记录的隐性知识只有通过工作实践交流才能获取，这也是提高区域整体人力资本水平的契机，最终根据循环累积因果效应实现区域发展和人力资本积累的良性循环。区域人力资本积累的前提就是人力资本投资，在过去发展过程中，民族地区更加重视的是资金投入而不是人力资本投入，但是在人力资本不足的情况下，除了政府资金投入外很少有社会资本投资到发展落后的民族区域，各方面资源的不匹配是影响民族区域发展的关键。因此在今后发展过程中政府要加强对人力资本积累上的投资，这是实现民族地区可持续发展的长远战略规划。

五　人力资本测量

首先，测度人力资本的投资成本，包括接受教育或培训付出的资金成本、接受教育或培训而放弃工作的机会成本、医疗卫生的投资成本、引进人才付出的资金成本。用公式表示如下：

$$K = X + Y + Z + C$$

K 代表人力资本投资的总成本，后面四个部分分别对应上文的各部分。

其次，测度人力资本的投入产出比，用公式表示如下：

$$I = \sum_{i=n}^{n} \frac{Y_i}{X_i}$$

I 为人力资本的投资回报率，Y_i 代表人力资本收益，X_i 代表成本，n 代表年份。

最后，人力资本分为普通人力资本和专业化人力资本，而产生剩余价值和超额收益的一般源自专业化人力资本，下面介绍卢卡斯和罗默的测量人力资本增量的模型，卢卡斯的测量模型表示如下：

$$H'(t) = h(t) \cdot \delta [1 - u(t)]$$

$h(t)$ 为普通人力资本，$H'(t)$ 为人力资本增量，取决于 $\delta [1 - u(t)]$，$u(t)$ 为工作时间，$1 - u(t)$ 为学习或培训的机会时间成本，δ 为产出弹性系数。如果不参加学习或培训，则 $1 - u(t)$ 部分为 0，则没有人力资本增量。罗默的测量模型如下：

$$e_i = F(K_i, K, X_i)$$

e_i 为人力资本的产出水平，$F(x)$ 为生产函数，K_i 为普通人力资本，K 为专业化人力资本，X_i 为其他资本，例如自然资本、物质资本等要素，所以在罗默的模型中，专业化的人力资本会产生内部效应。因为普通人力资本的投资除了培训企业收益外，其他企业也会由于获得了受训的劳动力而受益，而专业化的人力资本有较强的专业性和针对性，只对本企业受益，其他业务不相同的企业难以受益，所以专业化的人力资本带来的投资回报较高。

六　教育

对于人力资本而言，不是数量越多越好，而是质量越高越好，人力资本质量的提高主要是通过教育实现的。人力资本对区域经济发展至关重要，教育对人力资本的改善至关重要，所以研究民族地区人力资本的投资和积累，关键是研究民族地区的教育。教育与区域发展是互相促进的，教育作为人力资本投资，只有增加存量才能促进经济发展，而区域发展的配套制度和基础设施是促进教育发展的关键，同时教育结构和经济结构也要相符合才能形成互动发展模式。教育对区域发展的影响存在于很多方面，首先是教育制度对区域发展的影响，劳动力的流动机制、户籍制度和人事任免制度在很大程度上限制了人力资本的积累，尤其是民族地区在这些制度上相比于经济发达区域具有很大差距。其次是教育层次结构，高等教育对区域发展的影响是正向的，但是各地区间高等教育水平和数量有很人差距，这也是形成不同人力资本差距和不同区域经济发展差距的原因。再次是教育专业的结构上，如果专业与区域需求相匹配，则教育对区域发展的促进作用较大。最后是在受教育机会的平等上，由于民族地区城市化率较低，部分农村户口的劳动力进入城市，但是由于户籍关系，导致这部分人的子女在受教育上无法享受平等的机会，这也是影响区域经济发展的因素之一。

第二节　民族地区人力资本发展概况

分析民族地区人力资本的发展，要从民族八省区人力资本的数量和质量上进行分析，在数量上我们先从人口总体数量和构成分析，再进一步分析受教育和未受教育的人数，另外，我们从科研机构以及高等教育阶段的人数分析人力资本质量，同时从医疗卫生角度分析人力资本身体质量。本小节中，表 5-1 至表 5-4 的数据均为 2017 年全国人口变动情况抽样调查数据，抽样比为 0.824‰。

首先我们从人口和家庭数量看，由于全国人口普查数据截止到 2010 年第六次人口普查，所以民族地区 2017 年人口数据依据 0.824‰的抽样比例进行抽查得出，如表 5-1 所示。民族地区的户数和人口数一般都低于全国均值，民族地区地广人稀的状况是经济发展缓慢的原因之一。从户数上看，广西壮族自治区和云南省户数较多，同时人口也是民族八省区中较多的地区，而西藏自治区、青海省和宁夏回族自治区人口数和户数则较少；在男女比例上内蒙古自治区和西藏自治区相对较均衡，除宁夏回族自治区是女性多于男性外，其余地区男性数量较多；从平均家庭户规模来看，民族地区户均人口除内蒙古外一般高于全国均值。上述数据从侧面反映出民族地区还存在部分重男轻女的思想，同时也是民族地区农业劳动者较多的原因，从事农业生产要求更多的男性劳动力。

表 5-1　2017 年民族八省区分地区户数、人口数、性别比情况

地区	户数（户）	家庭户（户）	集体户（户）	人口数（人）	男（人）	女（人）	性别比（女＝100）	户均人口（人/户）
全国	375187	367273	7915	1145246	586072	559174	104.81	3.03
全国均值	12103	11848	255	36943	18906	18038	—	—
内蒙古	7775	7644	131	20849	10465	10384	100.79	2.67
广西	11481	11399	82	40385	21080	19305	109.20	3.51
贵州	8704	8630	75	29612	15323	14290	107.23	3.40
云南	11090	10831	259	39709	20564	19145	107.41	3.53
西藏	695	686	9	2797	1404	1393	100.85	3.98
青海	1471	1459	11	4939	2541	2399	105.93	3.36

续表

地区	户数（户）	家庭户（户）	集体户（户）	人口数（人）	男（人）	女（人）	性别比（女＝100）	户均人口（人/户）
宁夏	1772	1731	41	5627	2769	2858	96.91	3.11
新疆	6383	6339	43	20210	10211	9999	102.12	3.17

资料来源：《中国统计年鉴2018》。

同时根据历年抽查数据推算的人口增长率得出了 2006～2017 年民族八省区人口数量，如表 5-2 所示，在最后一列为 2017 年相对于 2006 年民族地区的人口增长率。2006～2007 年，广西壮族自治区一直是民族地区人口最多的省区，这与该地区区位条件有关，相对于其他内陆地区，广西邻近港口和东南沿海市场，具备其他民族地区不具有的优势区位，这是该地区人口集聚的关键。从增长率上可以看出，西藏自治区、宁夏回族自治区和新疆维吾尔自治区人口增长率较高，超过了 10%，但是这 3 个自治地区由于人口基数较小，虽然有较高增长率但人口储备较少。贵州省 2017 年人口相对于 2006 年人口呈现负增长，主要是由于人口流失导致的，但是从贵州省在民族地区整体人口比重来看，除广西壮族自治区和云南省外仍旧是人口存量较高的地区。综上所述，从整体上看，民族地区人口储备不足，人口增长趋势缓慢。

表 5-2　2006～2017 年民族八省区年末人口数

单位：万人，%

地区	2006年	2007年	2008年	2009年	2010年	2011年	2012年	2013年	2014年	2015年	2016年	2017年	增长率
全国	131448	132129	132802	133450	134091	134735	135404	136072	136782	137462	138271	139008	5.75
全国均值	4240	4262	4284	4305	4326	4346	4368	4389	4412	4434	4460	4484	—
内蒙古	2415	2429	2444	2458	2472	2482	2490	2498	2505	2511	2520	2529	4.72
广西	4719	4768	4816	4856	4610	4645	4682	4719	4754	4796	4838	4885	3.52
贵州	3690	3632	3596	3537	3479	3469	3484	3502	3508	3530	3555	3580	-2.98
云南	4483	4514	4543	4571	4602	4631	4659	4687	4714	4742	4771	4801	7.08
西藏	285	289	292	296	300	303	308	312	318	324	331	337	18.21
青海	548	552	554	557	563	568	573	578	583	588	593	598	9.18
宁夏	604	610	618	625	633	639	647	654	662	668	675	682	12.96
新疆	2050	2095	2131	2159	2185	2209	2233	2264	2298	2360	2398	2445	19.27

资料来源：2007～2018 年《中国统计年鉴》。

在分析人口数量的同时必须要关注人口年龄构成，因为能对区域经济发展起到贡献作用的人力资本是能够参加劳动的人口，而不是总人口，总人口只能从侧面反映出地区发展潜力。如表5-3所示，该部分数据同样是抽样调查数据，可以看到，15~64岁人口占总人口的百分比中，只有内蒙古自治区、云南省、青海省和宁夏回族自治区高于全国均值，其余4个民族省区都低于全国均值。民族八省区15~64岁人口抽样调查统计共计116198人，占全国调查统计总数的14.13%，而民族地区抽样调查总人口数占全国抽样调查总数的14.33%，说明民族地区少年和老年的占比高于其他地区。从抚养比可以看到，民族地区少年儿童抚养比除内蒙古外显著高于全国均数，老年人口抚养比较低，各民族地区总抚养比平均值是40.42%，高于全国均值，表明民族地区劳动力人口抚养负担较重，这也是经济发展缓慢的原因之一。

表5-3　2017年民族八省区分地区人口年龄构成和抚养比

单位：人，%

地区	人口总数	0~14岁	15~64岁	15~64岁占比	65岁及以上	总抚养比	少年儿童抚养比	老年人口抚养比
全国	1145246	192353	822465	71.82	130428	39.25	23.39	15.86
全国均值	36943	6205	26531	—	4207	—	—	—
内蒙古	20849	2824	15765	75.62	2260	32.25	17.91	14.33
广西	40385	8989	27461	68.00	3936	47.06	32.73	14.33
贵州	29612	6305	20362	68.76	2946	45.43	30.97	14.47
云南	39709	7518	28855	72.67	3336	37.62	26.06	11.56
西藏	2797	671	1965	70.25	162	42.36	34.14	8.22
青海	4939	990	3559	72.06	390	38.76	27.80	10.96
宁夏	5627	1034	4117	73.17	476	36.67	25.11	11.56
新疆	20210	4624	14114	69.84	1472	43.19	32.76	10.43

资料来源：《中国统计年鉴2018》。

通过民族地区人口受教育程度、研发人员、高校招生状况等研究民族地区人力资本的质量和积累情况。表5-4列出了民族八省区6岁以上人口的受教育程度及该部分人口占各省区总人口的比重，从数据显示我们可以看出，未上过学的人口比重除广西和新疆外均高于全国均值，并且西藏自治区高达

34.45%，八省区平均值达 10.47%；民族地区小学学历的人口占比也很高，且民族八省区均值达 31.19%；从初中学历往上，民族八省区人口占比均值逐渐减小，低于全国均值，其中初中学历民族地区均值为 32.57%，低于全国均值 38.06%，高中学历民族地区均值为 10.12%，低于全国均值 13.11%，中职学历民族地区均值为 3.45%，低于全国均值 4.45%，大学专科学历民族地区均值为 6.82%，低于全国均值 7.39%，大学本科学历民族地区均值为 5.15%，低于全国均值 5.89%，研究生学历民族地区均值为 0.25%，低于全国均值 0.6%。综上所述，民族地区受教育程度比例中，低水平学历的人口较多而高水平学历的人口相对较少，这也是导致民族地区人力资本质量较低的原因。

表 5-4　2017 年民族八省区分地区按受教育程度分的 6 岁及以上人口

单位：人，%

地区	6 岁及以上人口	未上过学	占比	小学	占比	初中	占比	普通高中	占比
全国	1063758	56152	5.28	268406	25.23	404872	38.06	139416	13.11
全国均值	34315	1811	—	8658	—	13060	—	4497	—
内蒙古	19590	1091	5.57	4466	22.80	7038	35.93	2798	14.28
广西	36659	1558	4.25	10502	28.65	16127	43.99	4034	11.00
贵州	26997	2670	9.89	9012	33.38	9478	35.11	2431	9.00
云南	36543	3008	8.23	13232	36.21	12311	33.69	3514	9.62
西藏	2508	864	34.45	871	34.73	415	16.55	117	4.67
青海	4514	475	10.52	1772	39.26	1248	27.65	365	8.09
宁夏	5211	374	7.18	1343	25.77	1769	33.95	727	13.95
新疆	18080	658	3.64	5187	28.69	6093	33.70	1864	10.31

地区	中职	占比	大学专科	占比	大学本科	占比	研究生	占比
全国	47319	4.45	78559	7.39	62660	5.89	6374	0.60
全国均值	1526	—	2534	—	2021	—	206	
内蒙古	645	3.29	1955	9.98	1506	7.69	90	0.46
广西	1633	4.45	1823	4.97	906	2.47	77	0.21
贵州	822	3.04	1319	4.89	1245	4.61	20	0.07
云南	1368	3.74	1708	4.67	1347	3.69	54	0.15
西藏	31	1.24	119	4.74	88	3.51	3	0.12
青海	128	2.84	258	5.72	259	5.74	9	0.20
宁夏	179	3.44	452	8.67	346	6.64	21	0.40
新疆	1009	5.58	1968	10.88	1231	6.81	71	0.39

资料来源：《中国统计年鉴 2018》。

根据表 5-5 所示，2014~2017 年民族地区规模以上工业企业研发人员数量及占全国总量比重可以看出，内蒙古自治区规模以上工业企业中研发人员较多，但是 2017 年相比于 2014 年总量减少且占比下降，不足 1%。广西壮族自治区、青海省和新疆维吾尔自治区情况同内蒙古自治区相似，也处于下降趋势。西藏自治区在民族地区中数量最少，其次是青海省，两个地区的占比均不足 0.1%。综上所述，民族地区规模以上工业企业研发人员要么总量下降，要么基数较小，这是民族地区人力资本质量较低、人力资本积累较弱可能存在的原因。

表 5-5　2014~2017 年民族八省区规模以上工业企业研究与试验发展（R&D）
人员情况及占全国总数比重

单位：人，%

地区	2014 年	占比	2015 年	占比	2016 年	占比	2017 年	占比
全国	2641578	—	2638290	—	2702489	—	2736244	—
全国均值	85212	—	85106	—	87177	—	88266	—
内蒙古	27068	1.02	29190	1.11	30126	1.11	23243	0.85
广西	22793	0.86	19000	0.72	19402	0.72	16163	0.59
贵州	15659	0.59	14916	0.57	15774	0.58	18786	0.69
云南	12980	0.49	16381	0.62	17166	0.64	21393	0.78
西藏	130	0.00	43	0.00	208	0.01	202	0.01
青海	2068	0.08	1285	0.05	1750	0.06	1799	0.07
宁夏	5799	0.22	5470	0.21	5686	0.21	6392	0.23
新疆	6688	0.25	7188	0.27	7310	0.27	6191	0.23

资料来源：2015~2018 年《中国统计年鉴》。

民族地区高等教育人口较少，因此我们要着重分析一下民族八省区普通高等学校的情况。如表 5-6 所示，从学校数量来看，少数民族地区高等院校较少，数量低于全国各省份均值，高等院校少一方面导致当地科研能力不足，另一方面导致本地高校毕业人才留在当地工作的基数较少。由于院校数量少，民族地区高等院校的教职工数量较少，专任教师是科研任务的主力军，由此也间接导致民族地区科研水平不足，人力资本培养和积累的任务任重道远。根据表 5-7 数据显示，民族地区高等院校招生情况，广西壮族自治区招生人数较多且高于全国各省份均值，但是在校生人数还是相对全国各省份均值少，这也与前4年招生人数有关。在民族地区专科和本科的招生人数对比上，部分民族地区专科招生人数多于本科招生人数，例如广西壮族自治区、新疆维吾尔自治区和贵州省，这也是导致民族地区人力资本质量不够高的原因之一。

表 5-6 2017年民族八省区普通高等学校（机构）情况

单位：人，所

地区	学校数	教职工数	校本部教职工	专任教师	教辅人员	行政人员	工勤人员
全国	2631	2442995	2336980	1633248	220791	343226	139715
全国均值	85	78806	75386	52685	7122	11072	4507
内蒙古	53	39598	38888	26408	4076	5976	2428
广西	74	66934	59699	43246	4650	8426	3377
贵州	70	47896	47273	35072	3536	6839	1826
云南	77	53533	52542	39271	3990	6560	2721
西藏	7	3707	3623	2484	352	586	201
青海	12	6911	6644	4671	729	817	427
宁夏	19	11695	11321	8196	929	1568	628
新疆	47	30349	30013	20601	2501	4368	2543

资料来源：《中国统计年鉴 2018》。

表 5-7 2017年民族八省区普通本专科学生情况

单位：人

地区	招生数	本科	专科	在校学生数	本科	专科
全国	7614893	4107534	3507359	27535869	16486320	11049549
全国均值	245642	132501	113141	888254	531817	356437
内蒙古	122078	62360	59718	448092	252161	195931
广西	266945	117893	149052	866716	456835	409881
贵州	199747	86696	113051	627672	317072	310600
云南	202091	103172	98919	705854	413831	292023
西藏	9667	5802	3865	35643	24212	11431
青海	19626	9857	9769	66974	37502	29472
宁夏	34728	20432	14296	121051	78519	42532
新疆	103662	48327	55335	346044	179797	166247

资料来源：《中国统计年鉴 2018》。

最后从民族地区医疗卫生状况分析人力资本的质量，身体素质也是人口质量的重要部分。从表5-8数据可以看出，各民族省区同全国各省（自治区、直辖市）均值相比，除云南省外，医疗卫生机构床位数均低于全国各省（自治区、直辖市）均值，各省区之间对比，西藏自治区、青海省、宁夏回族自治区的床位数偏少，从城市和农村数量分布来看，民族地区农村卫生机构床位数较多，这与农村地域范围大有关，但是从每千人口医疗卫生机构床位数来看，农村地区则低于城市地区，且一半的农村民族地区人均床位数低于全国均值，乡镇卫生院床位数也大部分低于全国均值。民族地区医疗卫生条件整体低于全国平均水平，民族地区劳动力的身体状况不易统计，但医疗卫生条件是作为吸引人力资本的基础设施之一，应努力改善其水平，为民族地区人力资本投资和积累做出努力。

表5-8　2017年民族八省区城乡医疗卫生机构床位数

单位：张

地区	医疗卫生机构床位数			每千人口医疗卫生机构床位数			每千农村人口乡镇卫生院床位数
	合计	城市	农村	均值	城市	农村	
内蒙古	150325	74434	75891	5.94	10.51	4.39	1.26
广西	241140	103218	137922	4.94	6.35	3.41	1.56
贵州	232990	73177	159813	6.51	14.41	3.96	1.03
云南	274809	76247	198562	5.72	11.42	4.85	1.22
西藏	16103	7914	8189	4.78	8.91	3.24	1.41
青海	38321	17220	21101	6.41	17.53	4.35	0.93
宁夏	39820	25397	14423	5.84	8.10	3.96	0.92
新疆	167577	38140	129437	6.85	11.40	6.66	1.49
全国均值	260458	126517	133941	5.71	9.38	4.25	1.46

资料来源：《中国统计年鉴2018》。

第三节　民族地区人力资本投资和积累案例分析

内蒙古自治区作为民族八省区之一，地域面积广但是人口却不多。在这样的民族省区内，如何实现人力资本的投资和积累，我们应该从分析该区域人力资本的特征开始。

首先是内蒙古自治区人口基本情况，从1953年开始我国开展了6次人口普查，内蒙古自治区在1953年仅有610万人口，2010年已达到2470万人，人口增长了 3 倍。如表 5-9 所示，总人口持续增长，但是速度逐渐放缓，尤其是 2000~2010 年，10 年间仅增长 95 万人，1982 年—2010 年男女比例一直处于男性多于女性状态，但 2010 年相比 1982 年男性比例下降，女性比例上升，男女比例趋于均衡。从各年龄段的人数和比例来看，0~14 岁的占比逐渐下降，15~64 岁占比提升，65 岁及以上人口也逐渐增多，所以内蒙古民族地区的人力资本处于劳动力较充裕的阶段，但是后期的老龄化趋势也要重视，会有很高的抚养比出现，给劳动力带来很大的压力。从民族人口构成上看，汉族比例略有下降趋势，蒙古族比例上升，内蒙古自治区是我国蒙古族人口聚居最多的地区，所以各民族人口均衡发展是区域和谐的重要基础。从受教育程度上看，由于部分数据缺失而没有显示，从调查数据可以看出，初中及以上学历人口比重上升，小学和未受教育人口的比重显著下降，但是初中及以上学历的人口，仍旧是初中学历占比最高，其次是高中，再次是中专，最后才是大学本科，2010 年大学本科仅占人口比重的 4.11%，根据表 5-4 中的数据，2017 年内蒙古研究生学历占比仅为 0.46%，显著低于全国均值 0.60%，因此受教育水平普遍不高也是影响民族地区经济发展的因素之一，内蒙古自治区在今后人力资本投资和积累过程中应重视人口教育问题，提高受教育水平。从市镇乡村人口分配比例来看，市镇人口比例上升，乡村人口比例下降，2000 年及以前仍旧是乡村人口多于市镇人口，而2010 年已经实现了市镇人口多于乡村人口，具体改变是 2007 年，当年市镇人口 1218 万人，而乡村人口 1210 万人，这是城镇化进程的结果，也是人力资本得到更优配置的结果。

表 5-9　历次全国人口普查内蒙古人口基本情况

单位：万人，%

指标	1982 年	占比	1990 年	占比	2000 年	占比	2010 年	占比
总人口	1927.43		2145.65		2375.54		2470.63	
男	1005.29	52.16	1115.57	51.99	1228.90	51.73	1283.13	51.94
女	922.14	47.84	1030.08	48.01	1146.64	48.27	1187.50	48.06
各年龄组人口								
0~5 岁	237.01	12.30	246.92	11.51	151.13	6.36	134.60	5.45
6~14 岁	447.58	23.22	363.45	16.94	354.43	14.92	213.66	8.65
15~64 岁	1173.22	60.87	1449.29	67.55	1742.85	73.37	1935.56	78.34
65 岁及以上	69.62	3.61	85.99	4.01	127.13	5.35	186.81	7.56

续表

指标	1982 年	占比	1990 年	占比	2000 年	占比	2010 年	占比
民族人口								
汉族	1627.76	84.45	1729.00	80.58	1882.39	79.24	1965.07	79.54
蒙古族	248.94	12.92	337.97	15.75	402.92	16.96	422.61	17.11
其他少数民族	50.73	2.63	78.67	3.67	90.23	3.80	82.95	3.36
按受教育程度分组	1690.42		1898.73		2224.41		2236.03	
大学本科	—	—	10.83	0.57	24.47	1.10	91.99	4.11
大学专科	11.00	0.65	20.90	1.10	65.88	2.96	160.20	7.16
中专	—	—	42.97	2.26	89.66	4.03	—	—
高中	143.68	8.50	173.07	9.12	237.22	10.66	373.69	16.71
初中	371.99	22.01	546.55	28.79	826.65	37.16	968.93	43.33
小学	631.58	37.36	716.68	37.75	739.60	33.25	627.99	28.09
不识字或识字很少	422.29	24.98	332.82	17.53	240.93	10.83	113.23	5.06
市镇乡村人口								
市镇人口	556.14	28.85	779.69	36.34	1013.88	42.68	1372.02	55.53
乡村人口	1371.29	71.15	1365.96	63.66	1361.66	57.32	1098.61	44.47

资料来源:《内蒙古统计年鉴 2018》。

如表 5-10 所示,从人口的出生率来看,2000~2017 年出生率处于下降趋势,下降了 2.6 个千分点,死亡率一直处于 5.7‰ 左右,没有太大变化,由于出生率下降导致人口自然增长率也下降了 2.4 个千分点。人口机械增长率是一定时期内人口迁入和迁出而引起人口数量的变化,从数据显示可以看出,2000~2005 年一直处于负增长,2006~2011 年处于正增长,但是 2012 年至 2017 年大部分时间仍旧是负增长,因此民族地区人力资本的流失是导致经济发展缓慢的重要原因,应更加重视人力资本的投资和积累。

表 5-10　2000~2017 年内蒙古人口出生率、死亡率、自然增长率

单位:‰

年份	出生率	死亡率	自然增长率	人口机械增长率
2000	12.1	5.9	6.2	-0.6
2001	10.8	5.8	5.0	-1.2
2002	9.6	5.9	3.7	-2.6
2003	9.2	6.2	3.0	-2.4

年份	出生率	死亡率	自然增长率	人口机械增长率
2004	9.5	6.0	3.6	-0.6
2005	10.1	5.5	4.6	-0.3
2006	9.9	5.9	4.0	1.0
2007	10.2	5.7	4.5	1.2
2008	9.8	5.5	4.3	2.1
2009	9.6	5.6	4.0	1.7
2010	9.3	5.5	3.8	1.9
2011	8.9	5.4	3.5	0.3
2012	9.2	5.5	3.7	-0.4
2013	9.0	5.6	3.4	-0.3
2014	9.3	5.7	3.6	-0.7
2015	7.7	5.3	2.4	0.1
2016	9.0	5.7	3.3	0.3
2017	9.5	5.7	3.8	-0.4

资料来源：2001~2018 年《内蒙古统计年鉴》。

　　内蒙古自治区教育事业情况如表 5-11 所示，这里只列出普通高等学校和普通中等学校，内蒙古普通高等学校有 53 所，其中综合类大学 22 所、理工类大学 16 所，近两年数量没有变化。普通中等学校数量减少，普通高等学校和普通中等学校的专任教师增多，招生人数也上升，但是普通中学在校生人数较少，说明平均每个学生配备的教师增多，从侧面反映出教学质量的提高，这也是人力资本投资的方式之一。

表 5-11　2016~2017 年内蒙古教育事业基本情况

单位：所，人

项目	2016 年	2017 年
学校数	6730	6824
普通高等学校	53	53
普通中等学校	1229	1224
专任教师	271904	277291
普通高等学校	25935	26408
普通中等学校	105665	106992

项目	2016 年	2017 年
招生数	1013417	1023999
普通高等学校	133153	135888
普通中等学校	416092	436298
在校学生	3650513	3665322
普通高等学校	436699	448092
普通中等学校	1264042	1247102
毕业生数	971949	982581
普通高等学校	111516	117798
普通中等学校	449601	435219

资料来源：2017~2018 年《内蒙古统计年鉴》。

下面我们从政府科研机构、大中型工业企业、高等院校和国有单位中的科研人员考察内蒙古自治区的人力资本积累情况。如表 5-12 所示，政府属研究机构共 91 个，其中自然科学与技术领域数量最多为 69 个，科研机构从业人员共 8024 人，从事科技活动的人员为 6219 人，占 77.5%，大学本科以上学历的人员为 4476 人，占总数的 55.8%，所以学历比重上仍有欠缺，从各科技领域上看，在自然科学与技术领域中，本科以上学历人员占 53.5%，在社会与人文科学领域中本科以上学历人员占 85.7%，在科技信息和文献机构中，本科及以上学历人员占比 68.3%，因此在自然科学与技术领域的高层次人力资本积累应该提高。

表 5-12　2017 年内蒙古政府属研究机构、人员

单位：个，人

项目	政府属研究机构合计	其中		
		自然科学与技术领域	社会与人文科学领域	科技信息与文献机构
机构数	91	69	11	11
从业人员	8024	7355	470	199
从事科技活动人员	6219	5587	442	190
大学本科及以上学历	4476	3937	403	136

资料来源：《内蒙古统计年鉴 2018》。

如表 5-13 所示，内蒙古大中型企业 2016 年科技活动单位数有 765 个，有研发活动的单位数为 191 个，但是 2017 年科技活动单位数仅为 584 个，

有研发活动的单位数为 172 个，单位数量大幅度减少，相应的研发人员也减少，由 31871 人下降到 26745 人。但是从按活动类型分的人员比重上看，2016 年从事试验发展的人员为 23917 人，占当年总人数 25235 人的 94.78%，2017 年从事试验发展的人员为 19435 人，占当年总人数 20065 人的 96.86%，虽然绝对值减少，但是在试验发展部分比重提高，所以内蒙古自治区人力资本在积累方面仍需重视，增加科研机构的研发人员数量，高水平的人才是推动区域发展的关键。

表 5-13　2016~2017 年内蒙古大中型工业企业科技活动单位数和人员

项目	2016 年	2017 年
单位数（个）	765	584
有 R&D 活动单位数（个）	191	172
R&D 人员（人）	31871	26745
R&D 人员全时当量（人·年）	25235	20065
R&D 人员中研究人员全时当量（人·年）	9847	7476
按活动类型分		
基础研究（人·年）	37	30
应用研究（人·年）	1281	599
试验发展（人·年）	23917	19435

资料来源：2017~2018 年《内蒙古统计年鉴》。

高等院校是人才培养和集聚的重要场所，高等院校也是科研的主力军，从表 5-14 数据可以看出，2016 年和 2017 年内蒙古自治区高等院校数量虽然下降，但是有科研活动的单位数却上升，说明高校的科研能力提高了，从研究与试验发展人员的数量看，从 7440 人上升到 7938 人，相比其他机构，高校中的调研人力资本数量提高较快。按活动类型分的研究人员中，2016 年基础研究、应用研究和试验发展三部分的人员比重为 38：52：10，2017 年三部分人员比重为 44：49：7，基础研究人员比重上升，应用研究人员和试验发展人员比重下降，但是科研最重要的是后两部分，所以对高校中科研人员水平的提升还有待加强。

表 5-14　2016~2017 年内蒙古高等学校科技活动单位数和人员

项目	2016 年	2017 年
单位数（个）	98	94
有 R&D 活动单位数（个）	68	79

续表

项目	2016 年	2017 年
研究与试验发展人员（人）	7440	7938
研究与试验发展人员中的研究人员（人）	3560	7015
R&D 人员全时当量（人·年）	3328	3329
研究人员（人）	2954	2997
按活动类型分		
基础研究人员全时当量（人·年）	1277	1457
应用研究人员全时当量（人·年）	1714	1634
试验发展人员全时当量（人·年）	337	238

资料来源：2017~2018 年《内蒙古统计年鉴》。

如表 5-15 所示，内蒙古自治区地方国有单位各类专业技术人员数量，从总量上看显著增加，由 2001 年的 497202 人增加到 2017 年的 546579 人，其中工程技术人员总量下降，科学研究人员数量增多，卫生技术人员总量上升，教学人员总量也上升。从各类技术人员占比来看，工程技术人员由 2001 年的 13.99%下降到 2017 年的 11.66%，农业技术人员由 2001 年的 3.82%上升到 2017 年的 4.41%，科学研究人员由 2001 年的 0.42%上升到 2017 年的 0.67%，卫生技术人员由 2001 年的 13.91%上升到 2017 年的 16.85%，教学人员由 2001 年的 51.72%上升到 2017 年的 54.64%。总体来看，教学人员占比最多，其次是卫生技术人员，最低的是科学研究人员。人力资本中各类技术人员都很重要，但最核心的是科学研究人员，关系到区域创新发展潜力和核心竞争力，因此内蒙古自治区在民族经济发展过程中要加大国有单位中科研人员的比重和数量。

表 5-15　2001~2017 年内蒙古地方国有单位各类专业技术人员

单位：人

年份	内蒙古地区国有单位各类专业技术人员总计	工程技术人员	农业技术人员	科学研究人员	卫生技术人员	教学人员
2001	497202	69548	18979	2084	69156	257165
2002	486215	64635	18288	1927	68725	260445
2003	514746	68669	22202	2029	72508	274565
2004	532891	65362	26978	2631	80287	286581
2005	534906	62700	27393	2401	81181	291842

年份	内蒙古地区国有单位各类专业技术人员总计	工程技术人员	农业技术人员	科学研究人员	卫生技术人员	教学人员
2006	536071	59529	27465	1985	81658	300322
2007	553733	70527	27645	2160	82346	303470
2008	559013	67777	32659	2431	86965	302841
2009	556413	64790	32144	2205	88058	305803
2010	543015	60725	27792	1864	87458	304574
2011	559597	63173	33396	2346	90276	306684
2012	559502	65166	31234	2883	92393	308157
2013	553400	63919	28404	3183	90202	311647
2014	545108	64970	24058	3166	89489	302635
2015	540633	62363	25537	3539	90166	301568
2016	546717	65784	24839	3362	91353	301504
2017	546579	63719	24095	3686	92093	298676

资料来源：2002～2018 年《内蒙古统计年鉴》。

下面我们分析民族地区人力资本的投资情况，主要是通过衡量预算支出中对该部分的支持程度，教育、科技和文化可以提高人力资本的智力素质，医疗卫生和体育可以提高人力资本的身体素质，因此这四部分的支出是政府对人力资本投资的表现。从表 5-16 中的数据可知，内蒙古自治区在科教文卫 4 个方面的支出中，除文体传媒支出高于全国各省区均值，教育、科技和卫生支出均小于全国各省区均值。从支出比重上看，全国教育支出占公共预算支出的 16.51%，内蒙古自治区教育支出占公共预算支出的 12.4%，全国科学技术支出占公共预算支出的 2.56%，而内蒙古仅占 0.74%，全国医疗卫生支出占公共预算支出的 8.28%，而内蒙古仅占 7.14%，可以看出内蒙古自治区不但在人力资本投资上显著不足，同时各部分的支出比重也不够合理。

表 5-16　2017 年内蒙古一般公共预算支出

单位：亿元

地区	地方一般公共预算支出	教育支出	科学技术支出	文化体育与传媒支出	医疗卫生与计划生育支出
全国	173228.34	28604.79	4440.02	3121.01	14343.03
全国各省区均值	5588.01	922.74	143.23	100.68	462.68
内蒙古	4529.93	561.85	33.67	116.79	323.48

资料来源：《中国统计年鉴 2018》。

从表 5-17 数据可知，内蒙古自治区财政用于教育支出中，绝大部分用于普通教育，这符合对人力资本投资的常规规划，但是从 2016 年和 2017 年的数据对比可知，普通教育部分支出比重由 79.66% 下降至 78.92%，而教育管理事务比重由 1.72% 上升至 1.73%，因此人力资本投资过程中应注意在教育支出各部分的比例分配。

表 5-17　2016~2017 年内蒙古财政用于教育支出

单位：万元,%

项目	2016 年	占比	2017 年	占比
合计	5549649	—	5618498	—
教育管理事务	95313	1.72	97207	1.73
普通教育	4421074	79.66	4433848	78.92
职业教育	584729	10.54	574852	10.23
其他	448533	8.08	512591	9.12

资料来源：2017~2018 年《内蒙古统计年鉴》。

第四节　民族地区人力资本发展路径

民族地区人力资本的投资和积累是一个缓慢的过程，需要社会各部门的配合，基于上述民族地区存在的问题，提出以下五点对策建议。

一　加快民族地区建立学习型区域

学习型区域就是在区域中各学习主体形成区域化、网络化、信息化的交流，实现各主体自身学习和协同进步的过程，从而对外界竞争环境具有良好的应对策略并实现区域内部全面的发展。民族地区由于历史因素和整体发展滞后的原因导致区域内各学习主体联系不够紧密和协调，因此应加快民族地区学习型区域的建设。

学习型区域的建立要从各学习主体入手，首先是区域内的个体学习，这主要是区域内部的劳动力或潜在劳动力群体通过对现有知识的学习和掌握实现知识储备的增加，同时在交流探讨过程中增加创新研发知识的积累。学习渠道主要包括家庭、学校、企业等教育和培训，除了正式的教育途径外，非正式的教育也是知识的来源。其次是区域内的组织学习，组织学习相对于个体学习而言，能够形成整体并实现组织内部的交互学习，区域内只有形成组织学习才能将个体知识储备成倍扩大，才能将个体学习储备转化为区域人力资本。再次是区域学习，区域学习综合的不再是个体学习主体，而是将区域内的各学习组织形成网络，例如高校、政府研发机构、国有研发单位等机构，各组织学习主体的协调发展最终形成了区域学习系统的主要组成部分。最后是制度学习，民族地区形成区域学习系统需要政府出台一定的制度进行规范和引导，通过制度学习和创新能够有效改善区域学习系统内部的摩擦，为各主体协调发展营造良好的制度环境和氛围。

民族地区建立区域性学习系统要有效地将上述各学习主体整合，以创新作为区域内的主要目标，创新是区域发展的核心动力，而区域内的人力资本要实现促进区域经济发展，就要提高人力资本整体水平、实力和创新能力。与此同时，学习型区域还要具备以下特征，第一，区域内部要有协调各部分的系统，能够被各主体所认同，从而实现上述的个人、组织、区域、制度的良性互动；第二，学习型区域的建立需要内部各组成部分都具有学习型条件和资格；第三，区域内各组成部分要坚持不断地进步和保持学习的热情，只有这样才能在知识更新换代的信息时代实现区域发展；第四，学习型区域要求各主体形成集聚，各研发机构的集聚能促进交流学习，实现隐型知识的传播，实现区域内知识储备的增加；第五，各组织主体间要建立信任关系，既有利于知识系统的构建也有利于交流互动的进行。加强各主体之间的联系主要通过文化的认同、社会制度的接近、空间联系的紧密、组织的协调性等。学习型区域的建立除了增进各主体间的联系外，还需要社会中其他部门的配合，科技、教育、文化、卫生等涉及人力资本投资的部门均应参与到系统建设的过程中，这个过程是缓慢的，在短期内难以实现，但是从民族地区长远来看是值得投资和规划的。民族地区建立学习型区域就要实现区域内的终身学习体系建设，除常规教育在学校完成外，作为区域各学习主体要保持不断地学习和培训，形成良好的学习氛围和环境，保持不断学习的状态。

二　促进民族地区教育公平

促进民族地区教育公平要从城乡两个方面实现，一方面是实现城镇内部人口的教育公平，另一方面是实现城乡之间教育水平上的公平。通过上文数据可知，民族地区乡村和市镇的受教育程度以及教育资源具有一定的差距，因此在实现区域人力资本的过程中，关键部分是促进民族地区的教育公平的实现，在教育资源和教师配备上缩小各区域差距。尤其在新型城镇化过程中，民族地区农村较多剩余劳动力进入乡镇，但由于户籍制度问题，导致农民家庭子女在市镇中的受教育难以享受公平的待遇，这严重阻碍了人口城镇化的进程，也为民族地区人力资本储备形成障碍。这需要在现有制度环境下各学校共同努力，为进城务工的农村劳动者子女提供平等的受教育环境，做好民族地区区域人力资本的积累工作，提高人力资本水平和质量。在民族地区的农牧区中，通过精准扶贫政策开展教育扶贫，一方面协调农牧区的教育资源，尤其是教师资源，通过改善农村教师的待遇实现教师队伍的稳定与扩充，同时通过政策引导增加农村各级学校平均教师数量，增加政府和社会组织对农牧区学校的实物资本资助，改善教育设施。另一方面提高农牧区家庭子女入学率，提高农牧区家庭受教育程度，改善农牧区受教育年限较低的状况，做好农牧区家庭的思想教育工作，逐渐废除农牧区封建落后的思想，灌输教育和学习改变生活的理念，从根本上实现农牧区和城镇中的教育公平。

三 提高民族地区人力资本的积累

民族地区要加快实现人才强区。民族地区多地广人稀，在人口相对发达地区较少的情况下，更应该提高现有人口的质量。人力资本的积累一方面要强化现有人口的质量，提高高素质人才数量；另一方面要通过人才引进增加人力资本的积累。在提高本地区人才储备方面，要加强对各科研机构的重视程度，增强企业、政府、高校中科研水平的提高，贯彻实施草原英才、人才振兴等规划，努力提高民族地区人才的引领发展作用。积极培育人力资本相关产业，大力发展教育方面的服务业，人才市场的管理要科学系统，充分发挥现有人才的水平，实现人力资本的优化配置。在人才引进方面，可以通过政策和资金吸引优质人才进入民族地区、服务民族地区，在关键科研领域加大核心人力资本引入，在引进困难的部分可以通过智力引进和临时性引进等策略，智力引进是通过高端人才进入民族地区，对当地的相关工作人员进行培训，同时引进先进设备技术。临时性引进虽然不能将人才长久地留在民族地区，但是可以利用引进的几年工作时间提高民族地区相关领域的整体水平，在干中学的过程中实现民族地区现有人力资本水平的提高。同时加强企业家等管理人才的培训，也是民族地区经济发展不可缺少的重要部分，企业家创新的思维和果断的决策往往是决定区域发展的关键。

四　加强民族地区教育现代化建设

民族地区的教育是区域人力资本积累的关键，教育对人力资本的培养涉及各年龄段和各种类。在民族地区首先要发展民族教育。民族地区少数民族的语言是需要进行保护的，民族人才的培养需要重视民族语言的传承学习，民族地区在教育方面要合理利用政策资金发展民族教育，要利用升学政策和学费减免政策鼓励民族教育的普及。其次要加快普及各区域特别是农牧区的学前教育。由于农牧区相关教学机构和设施不完善，导致民族地区的幼儿接受教育的机会减少，同时也由于农牧民的思想境界有限导致学前教育发展缓慢，因此民族地区教育现代化要从学前教育开始。最后要推动九年义务教育的区域均衡发展。民族地区在精准扶贫的过程中要将义务教育深刻落实，合理配置城镇和乡村的教育资源，提高农牧地区义务教育机构的硬件设施水平，实现区域教育的均衡发展。高中阶段是人才发展方向定型的阶段，要增加民族地区培养人才的灵活性，积极探索不同人力资本的潜力和价值，提高民族人力资本培育的效率和成功率，积极同高校以及职业专科学校进行衔接，实现输送人力资本的准确性。在高等院校和专业学校中，实现同工作岗位的对接，加大区域内高校人才服务民族地区的比率，降低人才流失比重，实现区域内的人力资本积累。

五　增加民族地区教育的财政支出

首先要加大政府对教育的投资，尤其是财政支出上对教育的投入。由上文数据可知，内蒙古自治区在教育、科技以及医疗方面的财政支出比重远小于全国各省区均值，因此民族地区应提高对人力资本积累方面的投资，特别是教育方面的投资，公办学校仍旧是教育机构的主要组成部分，政府转移支付和财政预算支出都是教育资金的主要来源，也决定了民族地区在人力资本培育上的投资成果。其次要关注社会资本对教育的投入。民族地区由于经济发展水平有限，政府对教育的投入水平也受到限制，增加教育投资的资金来源渠道是扩充人力资本投资的重要部分。企业和学校的合作是普遍合理的模式，企业可以利用资金培养大量优秀人力资源后期服务于企业，同时投资高校等科研机构还可以提高企业在相关领域的技术水平。教育机构可以拓宽融资模式，征集社会各界资本实行民办教学，同样可以实现人才的培养，既保证了人才积累又实现了经济的发展。

第六章

民族地区基础设施建设

习近平总书记在 2018 年中央民族工作会议上再次强调，要加强基础设施建设，不断释放民族地区发展潜力。基础设施是民族地区的薄弱部分，基础设施的发展和完善关系到民族地区经济社会发展的各个环节，因此研究民族地区经济发展必须要针对存在的问题进行完善，为民族地区在新时代实现跨越式发展做好准备。

第一节　基础设施效应及运营模式

一　基础设施

基础设施（infrastructure）是指为社会生产和居民生活提供公共服务的物质工程设施，是用于保证国家或地区社会经济活动正常进行的公共服务系统。基础设施有狭义和广义之分，狭义概念主要包括一些有形资产，广义概念既包括有形资产又包括无形资产。广义概念包括交通、邮电、供水供电、商业服务、科研与技术服务、园林绿化、环境保护、文化教育、卫生事业等市政公用工程设施和公共生活服务设施等。基础设施的划分依据多样，根据所在区域可以分为城镇基础设施和乡村基础设施，根据作用不同分为经济基础设施和社会基础设施。基础设施作为区域发展的重要组成部分，或者是区域发展最基础的部分，在民族经济发展过程中的重要性不言而喻。民族地区进行新型城镇化建设最重要的就是完善基础设施，产业结构调整最重要的也是相关配套基础设施的完善。基础设施是区域发展的关键，是社会生产生活的基础，社会成本的产生和收益的多少都与基础设施息息相关，最终会对供给和需求产生影响。

　　与基础设施相关的概念是基础产业，基础产业属于第二产业，一般处于工业生产的初级阶段，基础设施大多数的服务部门，属于第三产业。在作用于区域发展过程中，基础设施比基础产业更易让区域发展受到约束。基础产业和基础设施都存在生产期漫长和规模较大的特点，基础产业由于可以生产消费分离，所以可以在市场中补充供给与需求，但是基础设施由于存在生产消费同步的特性，因此一旦供给和需求不足，则会制约区域发展。

　　基础设施主要包括以下几个方面的特性。第一，生产和建设耗时较多，资金投入量较多，基础设施一般都工程巨大，生产和建设短则数月长则数年，从规划到竣工需要很长一段时间，所以在投资生产过程中就会对区域发展产生一定的影响，但作用并不显著，在竣工后基础设施对区域的带动作用则会十分显著。第二，基础设施投资回报不成正向相关，由于基础设施是公共用品，服务的收费价格不能过高，但是基础设施维修和养护的费用却很高，例如生产电的成本比电费要高出很多，这就造成了基础设施经营效益较差，因此要积极探索基础设施的运营模式。第三，基础设施在公共产品使用上的非排他性特征和使用的溢出效应，以及经济效益较低，这些都导致政府一直是基础设施的主要运营者，在很多地区政府是基础设施投资经营的主要部门，经营模式的单一导致基础设施发展水平取决于政府财政支出情况，而且政府经营基础设施还存在效率低下的问题，因此要积极探索私营部门和市场参与其中的模式，提高运行效率和质量。第四，维修和养护直接关系到基础设施使用效率，由于成本较高再加上监管不力，很容易导致基础设施不能及时维修和养护，导致过后需要付出更多的人力物力，最终导致供给减少，影响区域经济社会发展。

　　基础设施对区域经济社会的影响主要表现在以下几个方面。第一，基础设施可以提高区域生产效率，交通和通信基础设施为生产提供了很大便利，缩短了运输和交流的时间，能够在有限时间内提高生产产量，从而提高生产效率。第二，能够降低成本，基础设施在区域内能够节省时间成本和资金成本，让企业把更多的资金用于产品的创新研发上，从而实现区域经济发展。第三，基础设施的完善会在区域内形成规模经济效益，企业集聚逐渐把产业上下游其他企业吸引过来，逐渐形成规模经济，规模经济会让区域内生产成本降低，能够更好地应对市场的风险和机遇。第四，基础设施的建设对劳动力的需求增加，可以提高居民收入，在投入使用后可以增加工作岗位，解决社会中的剩余劳动力问题，提高区域居民的整体生活水平。第五，良好的基础设施能够为居民提供便利，有利于新型城镇化建设，提高人力资本的整体素质，交通基础设施会促进区域间人口的流动，有利于吸引周边优质人才流入，交通基础设施可以缩短流动的时间成本，科教文卫等基础设施的完善有利于提高人力资本水平，从长远角度看，有利于促进民族地区经济发展。第六，良好的基础设施有利于资本投资的进入，基础设施是区域发展的硬件条件，企业在进入前会进行考察，好的硬件是发展的关键，因此基础设施的优劣会间接影响区域投资的多少，从而影响区域经济社会的发展水平。

二 基础设施的集聚效应

基础设施对区域发展的影响是通过两个机制产生的效应，一方面是集聚效应，另一方面是扩散效应，也可以说是溢出效应。这一部分我们先阐述基础设施的集聚效应。我们简单介绍一下增长极，增长极最开始作为具有吸引力的产业成为区域发展的增长极，后来衍生为城市增长极，基础设施是区域中最易成为增长极的部分。增长极产生的极化效应，也可以成为向心力，吸引着周围的产业和经济向基础设施水平较高的地区集聚。集聚产生的原因是基础设施可以有效降低集聚企业成本，成本是企业盈利的关键，成本降低就能把有限的资金用于产品质量提升和研发项目上，在市场中的竞争力就有提高，同时随着各类型企业集聚后，企业合作机会增多，上下游产业的邻近更是降低了交易和运输成本，信息网络发达也是现代化企业发展的保障。基础设施有利于规模经济的形成，当集聚达到一定程度，基础设施的使用分摊到各产业成本中，占用各企业的生产成本会相对减少，因此集聚效应带来的规模效益进一步又刺激了再集聚的过程。

三 基础设施的扩散效应、溢出效应

基础设施有集聚效应相应的就有扩散效应，基础设施由于没有排他性会导致承载过度，例如交通基础设施导致的拥堵，土地价格导致的房价上涨、成本上升，原本集聚带来的经济效益逐渐成为集聚不经济，这就导致部分产业开始向周边地区和城市转移以缓解经济压力，在产业转移过程中带动了周边区域的经济发展，这就是扩散效应。溢出效应则是在未出现集聚不经济时，本区域对周边区域发展的带动作用，由于大规模的企业存在分工明确的部门，在地租较低的地区建设大型工厂，在近原材料产地建设加工基地，在劳动力低廉的地区建设制造业，在信息发达的地区建设总部，区域内部随着成本的上升逐渐形成错位发展，周边区域因地价较低、劳动力充足且低廉成为新的建厂地区，由此带动了这部分区域的发展。

四 基础设施运营模式——PPP

PPP 即 Public-Private Partnership，最早在英国发展起来，是指政府公共部门和私人部门合作完成基础设施的投资和建设，满足经济与社会发展对基础设施的要求。由于上文所说，基础设施存在规模大耗时长的特点，因此大多数属于政府负责管理建设，但是假如私人部门负责，就会让整个运作提高效率且管理更加合理。其中建设和运营基础设施存在很多风险，如果私人资本进入则会与政府共担风险，在之后的维修保养上也会更加及时和细致，在分担风险的同时也分享利益。高效率和及时的维护会延长基础设施的使用时间，从长远来看对政府和人民群众都是有利的运作模式。PPP 模式存在许多优点。第一，PPP 模式是政府将市场机制加入基础设施运营过程中，市场机制会带来竞争，而竞争刺激经营者完善基础设施建设质量和运营效率，倒逼供给方提供优质的基础设施服务，也用市场机制合理调节需求方的价格，实现基础设施分层次有先后地为需求方服务，提高服务质量也减少过度损耗。第二，政府财政支出受财政收入限制，在有限财政收入的背景下，政府在基础设施上的投资水平也参差不齐，引入私人投资可以缓解政府的财政压力，促进资本运作市场的活力，促进民族地区金融市场发展。第三，私营企业最具指挥能力的是企业家，企业家独特的经济嗅觉和果断的市场判断力，能够为基础设施的经营提供创造力和活力，提高基础设施的质量，同时在私人资本参与过程中，随着经营时间的加长，逐渐促进相关产业的法律法规完善，这对基础设施的发展具有一定的好处。第四，政府占主要部分，中小企业等私人资本占小部分却有经营权，既增加了中小企业等私人资本撬动经济的杠杆，能够实现小资本大项目的经营目标，又能为政府减少运营风险，实现风险共担，私人资本以营利为目的，所以会积极利用市场机制完善基础设施存在的不足，减少风险获取利益，且在政府完善的法律法规背景下能够做到不损害公众利益且促进区域经济发展。

五 基础设施运营模式——BOT

BOT 即 Build Operate Transfer，是建设—经营—转让的缩写，是基础设

施的运营模式之一，是政府和私人部门签订相关合同，经政府许可，私人部门建设基础设施并享有一定年份的经营权，获取一定收益后归政府所有的一种基础设施运营模式。由于其经营基础设施过程中有一段时间是私人部门所有阶段，所以 BOT 模式也称暂时私有化过程。由于具体运行细节不同，BOT 模式分为 BOOT 模式、BTO 模式，BOO 模式、DBOT 模式和 BLT 模式等。

BOOT 即 Build Own Operate Transfer，建设—拥有—经营—转让，相比BOT 模式多了一个拥有权的过程，因此 BOOT 模式拥有的运营时间会比 BOT模式长一些。BTO 即 Build Transfer Operate，建设—转让—经营，对于部分涉及国家安全的基础设施部门，私人部门只参与建设，竣工后则转让给政府，由政府进行经营，例如通信基础设施则必须由政府进行垄断经营而不能由外资经营运作，该模式类似于外包给第三方进行建设的模式，私人部门类似于承包建设者。BOO 即 Build Own Operate，建设—拥有—经营，该模式生产的基础设施由私人部门建设后对其享有拥有权和经营权，但是并不是所有权，只是在一定授权范围内可以不受时间限制拥有经营的权利，这就把私人部门有限的权利最大化。DBOT 即 Design Build Operate Transfer，设计—建设—经营—转让，这种模式是 BOT 模式的丰富和扩充，增加了设计环节，即基础设施的设计工作也是由私人部门完成的。BLT 即 Build Lease Transfer，建设—租赁—转让，这种模式中政府在私人部门建成基础设施后成为租赁方，私人部门通过承租基础设施对其进行运营获取利益，待租赁期满后再将基础设施收回，这是一种融资方式，可减轻政府部门的经济压力。

第二节 民族地区基础设施建设概况

由上文可知，基础设施涉及各个方面，因此我们根据民族八省区各部分基础设施的数据分析民族地区的基础设施建设情况。由表 6-1 可知，民族八省区城市市政设施，在实有道路长度上，内蒙古自治区最长，达 10035 千米，这与内蒙古自治区东西跨度较长有关；其次是广西壮族自治区，实有道路长为 9064 千米；再次是新疆维吾尔自治区，实有道路长为 7864 千米，其中西藏自治区实有道路长度最短，为 688 千米，这与西藏自治区地理环境有关。在年末实有道路面积方面，内蒙古自治区实有道路面积最大，为 21277万平方米，其次为广西壮族自治区和新疆维吾尔自治区，这与实有道路长度成正相关。在城市桥梁方面，广西壮族自治区桥梁数最多，达 973 座，其次是云南省 756 座，西藏自治区数量最少，仅有 34 座。在城市排水管道长度方面，云南省城市排水管道最长，为 13616 千米，其次是内蒙古自治区，为 12923 千米，再次为广西壮族自治区，为 12305 千米，西藏自治区最短，仅有 651 千米。在城市污水日处理能力方面，广西壮族自治区污水日处理能力最高，为 696.6 万立方米/日，其次为新疆维吾尔自治区，为 257.5 万立方米/日，能力最低的仍为西藏自治区，为 26.2 万立方米/日。在城市道路照明灯方面，广西壮族自治区数量最多，为 695600 盏，其次为新疆维吾尔自治区 615200 盏，再次为内蒙古自治区，为 584400 盏，数量最少的是西藏自治区，为 26100 盏。综上来看，在城市市政设施上，发展较好的地区为广西壮族自治区、新疆维吾尔自治区、内蒙古自治区和云南省，发展较慢的地区是西藏自治区。因此，民族地区在发展市政基础设施方面要面对自身存在的不足，有针对性地建立完善的基础设施。

表 6-1　2017 年民族八省区城市市政设施

地区	年末实有道路长度（千米）	年末实有道路面积（万平方米）	城市桥梁（座）	城市排水管道长度（千米）	城市污水日处理能力（万立方米/日）	城市道路照明灯（千盏）
全国各省区均值	397830	788853	69816	630304	17036.7	25936.3
内蒙古	10035	21277	386	12923	248.1	584.4
广西	9064	19821	973	12305	696.6	695.6
贵州	4345	8930	705	7194	201.6	493.5
云南	6062	11856	756	13616	254.7	500.1
西藏	688	1093	34	651	26.2	26.1
青海	1117	2753	210	1907	44.4	131.2
宁夏	2324	6545	216	1904	92.5	247.6
新疆	7864	14908	494	7411	257.5	615.2

资料来源：《中国统计年鉴 2018》。

表 6-2 所示的是城市设施水平，从城市用水普及率来看，全国平均水平为 98.30%，高于全国平均水平的民族省区有内蒙古自治区、青海省和新疆维吾尔自治区，分别为 99.10%、98.93% 和 98.75%，西藏自治区用水普及率最低，为 92.80%。在城市燃气普及率方面，全国平均水平为 96.26%，

高于全国平均水平的民族省区有新疆维吾尔自治区 98.32%、广西壮族自治区 97.80%，西藏自治区燃气普及率最低，为 56.77%。在每万人拥有公共交通车辆数量方面，全国均值为 14.73 台，仅有宁夏回族自治区高于全国均值，为 15.26 台，其余省区均低于全国平均水平，其中广西壮族自治区、内蒙古自治区和西藏自治区数量相对较低，分别为 10.74 台、10.65 台和 10.43 台。在人均城市道路面积上，全国均值为 16.05 平方米，民族省区有一半地区高于全国水平，分别为内蒙古自治区人均城市道路面积 23.89 平方米、宁夏回族自治区人均城市道路面积 21.83 平方米、新疆维吾尔自治区人均城市道路面积 19.78 平方米、广西壮族自治区人均城市道路面积 17.56 平方米，贵州省为人均城市道路面积最小的地区，仅 12.18 平方米。在人均公园绿地面积方面，全国平均水平为 14.01 平方米，高于全国平均水平的地区有内蒙古自治区，人均公园绿地面积为 19.66 平方米，宁夏回族自治区人均公园绿地面积为 19.17 平方米，贵州省人均公园绿地面积为 15.25 平方米，人均公园绿地面积最小的是西藏自治区，仅为 5.85 平方米。在每万人拥有公共厕所方面，全国平均水平为 2.77 座，绝大多数民族地区高于全国平均水平，每万人拥有公厕数量最多的是内蒙古自治区，为 7.24 座，低于全国平均水平的仅有宁夏回族自治区和广西壮族自治区，分别为 2.53 座和 1.37 座。因此各民族省区应根据本地区各方面的不足进行逐一完善。

表 6-2　2017 年民族八省区城市设施水平

地区	城市用水普及率（%）	城市燃气普及率（%）	每万人拥有公共交通车辆数量（台）	人均城市道路面积（平方米）	人均公园绿地面积（平方米）	每万人拥有公共厕所（座）
全国各省区平均值	98.30	96.26	14.73	16.05	14.01	2.77
内蒙古	99.10	96.01	10.65	23.89	19.66	7.24
广西	97.63	97.80	10.74	17.56	12.42	1.37
贵州	96.54	87.74	11.02	12.18	15.25	2.88
云南	96.71	75.93	13.60	12.52	11.50	5.38
西藏	92.80	56.77	10.43	14.70	5.85	4.84
青海	98.93	94.19	14.37	14.40	11.18	3.65
宁夏	95.66	91.71	15.26	21.83	19.17	2.53
新疆	98.75	98.32	14.58	19.78	13.23	3.04

资料来源：《中国统计年鉴 2018》。

表6-3所示的县城中的市政公用设施水平，与表6-2中所示的城市公用设施不同。在县城用水普及方面，全国各省区县城的平均用水普及率为92.87%，显著低于城市用水普及率，贵州省和西藏自治区的县城用水普及率低于全国平均水平，分别为89.10%和84.95%。在县城燃气普及方面，全国各省区县城的平均燃气普及率为81.35%，只有3个民族地区高于全国均值，分别为内蒙古自治区84.13%，广西壮族自治区92.42%以及新疆维吾尔自治区90.27%，县城燃气普及率最低的是云南省，为48.36%。在县城供水管道密度方面，全国均值为10.49千米/平方千米，高于全国均值的仅有广西壮族自治区和云南省，分别为11.65千米/平方千米和11.99千米/平方千米。在县城人均道路面积方面，全国均值为17.18平方米，内蒙古自治区县城人均道路面积为29.58平方米，居最高水平，其次是宁夏回族自治区为27.54平方米，再次为西藏自治区，为21.01平方米，人均道路面积最小的是贵州省，仅有12.89平方米。在县城建成区排水管道密度方面，全国均值为8.56千米/平方千米，广西壮族自治区和云南省高于全国平均水平，分别为10.46千米/平方千米和10.66千米/平方千米，贵州省和西藏自治区密度最小，分别为2.94千米/平方千米和5.18千米/平方千米。在县城污水处理率方面，全国均值为90.21%，内蒙古自治区、广西壮族自治区和宁夏回族自治区均高于全国均值，分别为95.05%、93.21%和92.77%，民族地区中西藏自治区的污水处理率最低，仅为18.77%，严重落后于其他地区。在县城人均公园绿地面积方面，全国均值为11.86平方米，仅有内蒙古自治区的面积高于全国均值，为22.42平方米，西藏自治区的县城人均公园绿地面积最小，仅为1.61平方米。在县城建成区绿化覆盖率方面，全国均值为34.60%，民族省区中内蒙古自治区和宁夏回族自治区高于全国均值，分别为35.85%和37.00%，西藏自治区的县城建成区绿化覆盖率最小，仅为3.15%。在县城建成区绿地率方面，全国均值为30.74%，仍旧为内蒙古自治区和宁夏回族自治区数值最高，分别为32.88%和32.41%，这与绿化覆盖率成正相关，西藏自治区数值为4.31%，仍旧是民族省区中最低的区域。在县城生活垃圾处理率方面，全国均值为96.11%，一半的民族省区高于全国均值，低于全国均值且数值较低的有贵州省和西藏自治区，分别为83.99%和86.65%。

表 6-3 2017 年民族八省区县城市政公用设施水平

地区	用水普及率（%）	燃气普及率（%）	供水管道密度（千米/平方千米）	人均道路面积（平方米）	建成区排水管道密度（千米/平方千米）	污水处理率（%）	人均公园绿地面积（平方米）	建成区绿化覆盖率（%）	建成区绿地率（%）	生活垃圾处理率（%）
全国各省区均值	92.87	81.35	10.49	17.18	8.56	90.21	11.86	34.60	30.74	96.11
内蒙古	97.48	84.13	10.36	29.58	7.03	95.05	22.42	35.85	32.88	97.40
广西	96.24	92.42	11.65	16.34	10.46	93.21	11.00	33.99	29.89	99.48
贵州	89.10	56.61	7.29	12.89	2.94	80.10	10.28	27.31	24.63	83.99
云南	93.24	48.36	11.99	14.17	10.66	87.34	9.86	33.84	29.52	97.75
西藏	84.95	67.62	5.92	21.01	5.18	18.77	1.61	3.15	4.31	86.65
青海	96.71	53.47	10.31	18.80	7.55	73.98	4.74	18.61	15.30	92.99
宁夏	96.01	71.38	7.45	27.54	7.50	92.77	17.44	37.00	32.41	96.38
新疆	95.65	90.27	9.10	20.66	5.65	87.05	11.68	32.03	28.75	96.07

资料来源：《中国统计年鉴 2018》。

表 6-4 所示的是民族八省区运输线路长度。民族地区的交通基础设施是基础设施中的重要组成部分，俗话说"要想富先修路"，因此民族地区的运输线路长度决定了经济发展速度。在铁路营业里程方面，内蒙古自治区里程数最高，达 12675 千米，其次是新疆维吾尔自治区，为 5947 千米，再次是广西壮族自治区，为 5191 千米，西藏自治区里程数最少，为 785 千米。在内河航道里程方面，广西壮族自治区里程数最高，为 5707 千米，西藏自治区和新疆维吾尔自治区没有相关数据，宁夏回族自治区里程数最少，为 130 千米。在公路里程方面，云南省公路里程最长，为 242546 千米，其次是内蒙古自治区，为 199423 千米，再次是贵州省，为 194379 千米，公路里程最短的是宁夏回族自治区，为 34561 千米。高速公路中内蒙古自治区线路最长，为 6320 千米，其次为贵州省 5835 千米，再次为广西壮族自治区 5259 千米，西藏自治区高速公路线路长度最短，为 38 千米。把高速公路、一级公路和二级公路进行对比发现，民族地区在等级公路总长度中，一般是二级公路占全部等级公路里程的大多数，其次才是高速公路和一级公路，因此民族地区要加快建设各级公路，完善公路基础设施建设。

表 6-4　2017 年民族八省区运输线路长度（千米）

地区	铁路营业里程	内河航道里程	公路里程	等级公路				等外公路
					高速公路	一级公路	二级公路	
全国各省区均值	126970	127019	4773469	4338560	136449	105224	380481	434909
内蒙古	12675	2403	199423	192222	6320	7056	17235	7201
广西	5191	5707	123259	112619	5259	1443	12714	10640
贵州	3285	3664	194379	148839	5835	1313	7468	45540
云南	3682	3979	242546	208526	5022	1354	11941	34021
西藏	785	—	89343	77911	38	578	1038	11432
青海	2349	674	80895	68470	3223	680	7522	12425
宁夏	1352	130	34561	34432	1609	1845	3820	129
新疆	5947	—	185338	148554	4578	1392	16725	36783

资料来源：《中国统计年鉴 2018》。

　　表 6-5 所示的是民族地区公共图书馆基本情况，图书馆作为提高居民科学文化素质的基础设施，在区域的发展中必不可少。在公共图书馆数量方面，云南省数量最多，为 151 个，其次是内蒙古自治区，为 117 个，再次是广西壮族自治区，为 115 个，宁夏回族自治区数量最少，仅有 26 个。在人均拥有公共图书方面，全国平均水平为 0.70 册，高于全国平均水平的有宁夏回族自治区、内蒙古自治区和青海省，宁夏回族自治区人均拥有公共图书为 1.06 册，内蒙古自治区人均拥有公共图书为 0.71 册，青海省人均拥有公共图书为 0.77 册。在每万人拥有公共图书馆建筑面积方面，全国平均水平为 109.0 平方米，仅有广西壮族自治区、贵州省和云南省低于全国水平，分别为 86.5 平方米、71.8 平方米和 84.3 平方米。在组织各类讲座次数方面，云南省公共图书馆举办了 2012 次，广西壮族自治区组织了 1777 次，贵州省举办了 1572 次。在举办展览方面，云南省举办了 1300 个，广西壮族自治区举办了 942 个。在图书馆拥有计算机数量方面，云南省公共图书馆有计算机 7623 台，内蒙古自治区公共图书馆有计算机 7201 台，广西壮族自治区公共图书馆有计算机 6643 台。综上所述，民族地区在科学文化方面的基础设施水平也参差不齐，经济发展过程中仍存在很大差距，各民族地区应根据自身具体情况加以改善，最终促进区域经济发展。

表 6-5　2017 年民族八省区公共图书馆基本情况

地区	公共图书馆（个）	总藏量（万册件）	人均拥有公共图书（册）	阅览室座席数（个）	每万人拥有公共图书馆建筑面积（平方米）	组织各类讲座次数（次）	举办展览（个）	计算机数量（台）
全国总计	3166	96953	0.70	1064163	109.0	74174	30443	220992
内蒙古	117	1787	0.71	31973	160.7	1393	495	7201
广西	115	2786	0.57	32677	86.5	1777	942	6643
贵州	98	1386	0.39	24559	71.8	1572	591	5507
云南	151	2111	0.44	30971	84.3	2012	1300	7623
西藏	81	195	0.58	2939	165.2	92	154	1437
青海	49	459	0.77	4352	127.9	169	116	2194
宁夏	26	721	1.06	11963	195.5	320	161	2303
新疆	107	1502	0.61	26622	113.3	771	748	5631

资料来源：《中国统计年鉴 2018》。

第三节　民族地区基础设施建设案例分析

根据上文民族八省区的数据来看，内蒙古自治区基础设施发展处于中等偏上水平，本节通过内蒙古自治区的数据来更细致地分析该地区基础设施建设的基本状况和存在的问题。

表 6-6 所示的是 2010~2017 年内蒙古城市供水、供气及供热状况，首先从供水方面看，自来水供水量 8 年间逐渐增多，2017 年自来水年供水量相对于 2010 年增加了 0.3 倍，但是居民家庭用水量 2010~2017 年趋势为先上升，在 2016 年开始下降后稍有上升，2017 年相对于 2010 年减少了 295.7 万立方米，说明非居民家庭用水量增多了。在平均每人日生活用水方面，2017 年相对于 2010 年增加了 26.02 升，用水普及率也由 2010 年的 87.97% 上升到 2017 年的 99.10%。在城市供气方面，2017 年煤气供气量相对于 2010 年增加了 0.49 倍，但是家庭用量减少了 345.76 万立方米，因此非家庭用量增加较多，2017 年天然气供气量相对于 2010 年增加了 1.6 倍，家庭用量增加了 7.12 倍，2017 年液化石油气供气量相对于 2010 年减少了 21886.42 吨，其中家庭用量减少了 16201.69 吨，因此家庭供气方面更多地减少了煤气和液化石油气的使用，更多地使用了天然气，对于环境保护起到

了很大的促进作用，同时燃气普及率由 2010 年的 79.26% 提高到了 2017 年的 96.01%。在城市供热方面，2017 年的集中供热面积相对于 2010 年增加了 1.13 倍，说明在供热基础设施建设上有显著成效。

表 6-6 2010~2017 年内蒙古自治区城市供水、供气及供热基本情况

项目	2010 年	2011 年	2012 年	2013 年	2014 年	2015 年	2016 年	2017 年
自来水年供水量（万立方米）	62756.99	62761.79	64869.58	71577.73	73863.63	74788.02	77591.71	82590.82
居民家庭用水量（万立方米）	23798.86	26490.29	27556.48	30283.38	32267.84	33577.32	22762.11	23503.16
平均每人日生活用水(升)	88.49	94.48	91.12	97.47	103.49	106.71	103.44	114.51
用水普及率（%）	87.97	91.39	94.43	96.23	97.79	98.47	98.98	99.10
煤气供气量（万立方米）	3068.69	2805.69	2785.50	3500.00	3500.00	3090.00	6800.00	4581.19
其中：家庭用量	3066.00	2803.00	2603.00	2944.00	2944.00	2240.00	6200.00	2720.24
天然气供气量（万立方米）	69531.26	127724.05	113039.52	104731.85	110922.09	133207.34	152198.01	181191.41
其中：家庭用量	10597.60	11346.54	17325.16	19651.23	18819.70	22595.34	36505.41	86047.06
液化石油气供气量（吨）	74250.76	113189.86	98495.63	69174.24	63069.43	57950.05	69198.18	52364.34
其中：家庭用量（吨）	63182.50	92512.00	89889.23	60932.44	57504.89	53755.19	58289.06	46980.81
燃气普及率（%）	79.26	82.23	84.39	87.93	92.28	94.09	94.90	96.01
集中供热面积（万平方米）	25340.30	29737.00	32921.23	39020.20	41967.39	44869.08	50537.49	54002.50

资料来源：2011~2018 年《内蒙古统计年鉴》。

表 6-7 所示的是 2010~2017 年内蒙古城市市政工程概况，在铺装道路长度方面，2017 年相对于 2010 年增加了 3588.31 千米，平均每万人拥有道路长度由 2010 年的 7.24 千米增加到 2017 年的 11.27 千米。在铺装道路面

积方面，2017 年相对于 2010 年增加了 0.7 倍，由 2010 年的 12475.80 万平方米增加到 2017 年的 21276.74 万平方米，人均城市道路面积 2017 年相对于 2010 年增加了 9 平方米，由 2010 年的 14.89 平方米增加到 2017 年的 23.89 平方米。在排水管道长度方面，2017 年相对于 2010 年增加了 0.52 倍，由 2010 年的 8514 公里增加到 2017 年的 12923 公里。

表 6-7 　2010~2017 年内蒙古自治区城市市政工程基本情况

项目	2010 年	2011 年	2012 年	2013 年	2014 年	2015 年	2016 年	2017 年
铺装道路长度（千米）	6446.60	6782.37	7299.27	8222.74	8612.28	9281.14	9708.52	10034.91
平均每万人拥有道路长度（千米）	7.24	8.07	8.32	9.30	9.86	10.60	10.94	11.27
铺装道路面积（万平方米）	12475.80	13256.94	15502.40	17417.79	18432.34	19793.10	20664.46	21276.74
人均城市道路面积（平方米）	14.89	15.77	17.67	19.69	21.10	22.61	23.29	23.89
排水管道长度（千米）	8514	9314	10012	11208	12123	12542	12971	12923

资料来源：2011~2018 年《内蒙古统计年鉴》。

表 6-8 所示的是 2010~2017 年内蒙古城市公共交通状况，在公共汽车总数方面，2017 年相对于 2010 年增加了 2242 辆，其中 2016 年和 2017 年增长速度较快。在每万人拥有公共汽车数量上，由 2010 年的 6.48 辆增加到了 2017 年的 9.00 辆，增加了 0.39 倍。在出租车方面，2017 年相对于 2010 年增加了 1604 辆。综上，内蒙古在公共交通方面取得很大发展和进步。

表 6-8 　2010~2017 年内蒙古自治区城市公共交通基本情况

单位：辆

项目	2010 年	2011 年	2012 年	2013 年	2014 年	2015 年	2016 年	2017 年
公共汽车总数	5771	5612	5705	6676	6782	6822	7542	8013
每万人拥有公共汽车数量	6.48	6.68	6.50	7.55	7.76	7.79	8.50	9.00
出租汽车	37459	38788	39047	39391	39616	39309	43039	39063

资料来源：2011~2018 年《内蒙古统计年鉴》。

　　表6-9所示的是2010~2017年内蒙古自治区城市绿化情况，在园林绿地面积方面，2017年相对于2010年增加了76%，由2010年的38143公顷增加到了2017年的67171公顷。在人均公园绿地面积方面，由2010年的12.36平方米增加到了2017年的19.66平方米，增加了59%。在公园个数方面，2017年相对于2010年增加了139个，公园面积由2010年的7715公顷增加到了2017年的14929公顷，增加了94%。在建成区绿化覆盖率方面，由于数据有限，仅有内蒙古2014~2017年的数据，可以看到建成区绿化覆盖率由2014年的39.79%增加到了2017年的40.22%。

表6-9　2010~2017年内蒙古自治区城市绿化基本情况

项目	2010年	2011年	2012年	2013年	2014年	2015年	2016年	2017年
园林绿地面积（公顷）	38143	41059	46727	49333	57372	63090	65552	67171
人均公园绿地面积（平方米）	12.36	14.47	15.52	16.90	18.80	19.28	19.77	19.66
公园个数（个）	157	193	200	220	260	254	265	296
公园面积（公顷）	7715	9617	10440	11539	12090	13725	13821	14929
建成区绿化覆盖率（%）	—	—	—	39.79	39.18	39.85	40.22

资料来源：2011~2018年《内蒙古统计年鉴》。

　　表6-10所示的是2014~2017年内蒙古自治区城市环境卫生情况，在污水处理厂集中处理率方面，由2014年的89.21%提高到2017年的95.64%，增加了0.072倍。在生活垃圾无害化处理率方面，由2014年的96.07%提高到2017年的99.41%，增加了0.035倍。在生活垃圾清运量方面，由2014年的324.56万吨增加到了2017年的369.16万吨，增加了44.6万吨。在生活垃圾无害化处理量方面，由2014年的48.13万吨增加到2017年的366.99万吨，增加了6.62倍。在每万人拥有公共厕所方面，由2014年的4.67座增加到了2017年的7.24座。

表6-10　2014~2017年内蒙古自治区城市环境卫生基本情况

项目	2014年	2015年	2016年	2017年
污水处理厂集中处理率（%）	89.21	93.14	94.48	95.64

续表

项目	2014 年	2015 年	2016 年	2017 年
生活垃圾无害化处理率（%）	96.07	97.72	98.87	99.41
生活垃圾清运量（万吨）	324.56	329.12	345.27	369.16
生活垃圾无害化处理量（万吨）	48.13	37.81	341.37	366.99
每万人拥有公共厕所（座）	4.67	4.76	4.69	7.24

资料来源：2011~2018 年《内蒙古统计年鉴》。

如表 6-11 所示，2017 年内蒙古自治区各城市市政工程情况，各城市的发展水平差距很大，年末实有铺装道路长度在 1000 千米及以上的城市仅有包头市、呼和浩特市、鄂尔多斯市和乌海市，其余地区的道路长度均较短，尤其是根河市、阿尔山市和牙克石市还不足 100 千米。在年末实有铺装道路面积方面，与道路长度基本成正相关，所以各城市差距仍很大。各城市桥梁数量，一方面受到所处地理环境的影响，另一方面取决于城市基础设施发展水平。其中呼和浩特市数量最多，为 105 座，包头市 46 座、赤峰市 43 座，最少的是二连浩特市，仅有 2 座。在城市排水管道长度方面，在 2000 千米以上的有包头市 2387 千米、鄂尔多斯市 2191 千米和呼和浩特市 2053 千米，长度较短的有阿尔山市 83 千米、额尔古纳市 74 千米以及根河市 30 千米。在污水处理厂日处理能力方面，各城市间的差距也较大，呼和浩特市为 52.0 万立方米，包头市为 41.4 万立方米，赤峰市为 36.5 万立方米，而额尔古纳市、阿尔山市和二连浩特市还不到 2 万立方米，一方面与城市需要处理的量有关，另一方面与城市基础设施发展程度有关。在城市路灯数量方面，包头市有路灯 114500 盏，呼和浩特市有 83500 盏，而根河市仅有 1300盏，阿尔山市仅有 4400 盏。从内蒙古各城市的发展程度上可以看出，各城市基础设施建设状况存在很大差距，其中包头市、呼和浩特市和鄂尔多斯市发展较好，部分城市发展仍旧较落后，在基础设施完善方面要有针对性地进行完善，做到不过分投入，充分利用基础设施促进民族地区的经济发展。

表 6-11　2017 年内蒙古自治区城市市政工程基本情况

地区	年末实有铺装道路长度（千米）	年末实有铺装道路面积（万平方米）	城市桥梁（座）	城市排水管道长度（千米）	污水处理厂日处理能力（万立方米）	城市路灯（千盏）
合计	10035	21277	386	12923	245.1	584.4
呼和浩特市	1144	2949	105	2053	52.0	83.5

续表

地区	年末实有铺装道路长度（千米）	年末实有铺装道路面积（万平方米）	城市桥梁（座）	城市排水管道长度（千米）	污水处理厂日处理能力（万立方米）	城市路灯（千盏）
包头市	1629	3018	46	2387	41.4	114.5
呼伦贝尔市	433	1179	10	525	12.0	25.6
通辽市	539	1226	16	741	20.0	27.5
赤峰市	867	2382	43	689	36.5	40.1
乌兰察布市	416	1041	18	349	7.5	58.2
鄂尔多斯市	1121	2859	16	2191	18.8	64.3
巴彦淖尔市	701	1074	10	1223	10.0	24.8
乌海市	1000	1435	10	289	15.0	17.4
满洲里市	468	795	11	292	2.0	26.0
扎兰屯市	174	392	30	143	4.0	16.5
牙克石市	95	317	4	127	3.4	5.8
根河市	53	122	6	30	1.5	1.3
额尔古纳市	135	97	——	74	1.0	2.5
乌兰浩特市	280	561	10	399	6.0	14.2
阿尔山市	87	120	10	83	1.0	4.4
霍林郭勒市	167	420	13	410	5.5	7.9
二连浩特市	153	274	2	175	1.5	10.2
锡林浩特市	326	659	8	482	4.0	32.1
丰镇市	247	356	18	264	2.0	7.7

资料来源：《内蒙古统计年鉴2018》。

　　表6-12所示的是2017年内蒙古自治区城市设施水平，在城市人口用水普及率方面，全区平均水平为99.10%，乌海市和二连浩特市已达到100.00%，但部分地区仍不足98%，例如额尔古纳市95.54%、根河市97.05%、扎兰屯市97.17%等，用水是城市中最普遍的基础设施，在这一部分中内蒙古许多城市应多多完善。在城市燃气普及率方面，全区平均水平为96.01%，包头市已达到100.00%，但仍有部分地区水平较低，例如阿尔山市84.10%和乌兰察布市89.19%，这些地区应提高燃气普及率，以减少煤气等污染较重的燃料使用，减少对环境的污染程度。在每万人拥有公共汽车

数量方面，全区平均为每万人 9.00 台，其中霍林郭勒市、通辽市、满洲里市、呼和浩特市和乌兰察布市都属于数量较多的，分别为 18.55 台、12.57台、11.92 台、10.87 台和 10.77 台，但阿尔山市每万人仅有 2.93 台牙克石市仅有 3.03 台，额尔古纳市仅有 3.94 台，发展差距悬殊。在人均城市道路面积方面，全区人均道路面积为 23.89 平方米，其中鄂尔多斯市、满洲里市和二连浩特市面积最大，分别为 57.63 平方米、37.45 平方米和 36.38 平方米，这三地中鄂尔多斯属于地广人稀的地区，另外满洲里和二连浩特为陆路口岸城市，而呼和浩特市和包头市人均道路面积仅为 14.39 平方米和 15.81平方米，主要是由于这两个城市人口较多。在人均公园绿地面积方面，全区人均公园绿地面积为 19.66 平方米，其中乌兰察布市为 41.36 平方米、鄂尔多斯市为 39.35 平方米。在每万人拥有公共厕所方面，全区平均水平为7.24 座，通过各城市数据显示发现各地区基础设施发展仍存在较大差距。

表 6-12　2017 年内蒙古自治区城市设施水平

地区	城市人口用水普及率（%）	城市燃气普及率（%）	每万人拥有公共汽车数量（台）	人均城市道路面积（平方米）	人均公园绿地面积（平方米）	每万人拥有公共厕所（座）
全区	99.10	96.01	9.00	23.89	19.66	7.24
呼和浩特市	99.57	95.66	10.87	14.39	19.39	6.95
包头市	99.46	100.00	9.54	15.81	14.91	8.66
呼伦贝尔市	98.60	92.24	9.33	33.73	20.42	4.15
通辽市	99.38	97.92	12.57	27.12	21.24	7.39
赤峰市	98.90	98.10	6.39	24.62	17.97	2.88
乌兰察布市	97.49	89.19	10.77	34.84	41.36	11.58
鄂尔多斯市	99.82	97.48	9.33	57.63	39.35	7.84
巴彦淖尔市	97.49	90.74	5.26	27.84	11.99	9.10
乌海市	100.00	94.00	7.33	26.10	19.90	6.36
满洲里市	99.01	91.19	11.92	37.45	12.90	18.80
扎兰屯市	97.17	91.44	4.46	29.15	14.52	14.88
牙克石市	97.35	90.92	3.03	24.00	17.43	3.94
根河市	97.05	90.68	4.97	18.94	18.63	2.95
额尔古纳市	95.54	94.49	3.94	25.45	15.79	6.56

续表

地区	城市人口 用水普及率 （%）	城市燃气 普及率 （%）	每万人拥有 公共汽车 数量（台）	人均城市 道路面积 （平方米）	人均公园绿 地面积 （平方米）	每万人拥有 公共厕所 （座）
乌兰浩特市	99.81	93.45	5.65	21.13	12.24	5.08
阿尔山市	98.54	84.10	2.93	25.10	31.17	2.72
霍林郭勒市	99.53	97.43	18.55	32.76	17.29	2.42
二连浩特市	100.00	91.76	6.52	36.38	22.34	7.18
锡林浩特市	97.93	96.43	6.06	30.96	17.84	5.54
丰镇市	96.01	95.79	5.87	25.84	29.84	9.43

资料来源：《内蒙古统计年鉴2018》。

　　表6-13所示的是内蒙古自治区园林绿化状况，园林绿地面积全区为67171公顷，其中呼和浩特市面积最大，为14855公顷，其次为鄂尔多斯市12149公顷，面积最小的是额尔古纳市，仅为433公顷。在公园绿地面积方面，全区总面积为17511公顷，呼和浩特市和包头市面积最大，分别为3974公顷和2845公顷。在公园个数方面，全区总共有296个，在公园面积方面，全区总面积为14929公顷，各城市公园面积大致与公园个数成正相关。综上来看，民族地区各城市间基础设施发展水平不同，不均衡发展严重，各城市应在新时代发展过程中平衡发展，实现新时代民族地区的经济社会发展目标。

表6-13　2017年内蒙古自治区城市园林绿化基本情况

地区	园林绿地面积 （公顷）	公园绿地面积 （公顷）	公园数 （个）	公园面积 （公顷）
合计	67171	17511	296	14929
呼和浩特市	14855	3974	46	3032
包头市	9592	2845	44	3073
呼伦贝尔市	2011	714	7	518
通辽市	2489	960	7	788
赤峰市	3790	1738	28	734
乌兰察布市	5958	1236	18	2233
鄂尔多斯市	12149	1952	57	1588

续表

地区	园林绿地面积（公顷）	公园绿地面积（公顷）	公园数（个）	公园面积（公顷）
巴彦淖尔市	1992	463	17	397
乌海市	2567	1095	9	696
满洲里市	884	274	4	48
扎兰屯市	2388	195	1	68
牙克石市	1008	230	1	11
根河市	583	120	1	73
额尔古纳市	433	60	4	24
乌兰浩特市	1419	325	16	502
阿尔山市	505	149	11	236
霍林郭勒市	1049	222	7	142
二连浩特市	974	168	6	283
锡林浩特市	1544	380	6	317
丰镇市	981	411	6	167

资料来源：《内蒙古统计年鉴2018》。

第四节 民族地区基础设施发展路径

新时代民族地区基础设施较薄弱且发展不均衡，严重阻碍了民族地区经济社会的进一步发展，因此民族地区应从以下五点促进基础设施发展。

一 充分发挥政府职能

由于基础设施建设的规模较大，耗费的时间较长，资金投入较高，因此政府是民族地区基础设施建设的主要部门。新时代民族地区要加快完善基础设施应充分发挥政府职能，从两方面入手，一方面是提高对基础设施的重视程度，另一方面是增加政府财政收入。在提高政府对基础设施的重视方面，一是根据民族地区的具体情况合理规划基础设施，通过对内蒙古自治区基础设施水平分析，发现各民族地区存在基础设施发展水平差距较大的现状，部分地区发展较快，部分地区发展缓慢。各地区应根据各自的发展程度，系统地根据基础设施建设时间以及所需经费对该区域进行规划，有步骤有计划地促进民族地区基础设施建设和完善。二是认识到基础设施对经济发展的带动作用，基础设施对区域的发展至关重要，完善的基础设施能够吸引投资商的进入，吸引各产业发展，降低企业成本，提高居民生活的便利，民族地区新时代经济发展，必然要从完善基础设施做起。三是抓住各项政策机遇，加快民族地区基础设施建设，中央和各民族省区对区域基础设施建设会有各种政策支撑和战略引导，利用并执行好中央和省区的政策，根据地区具体情况进行对接，充分运用各项机遇发展民族地区的基础设施。四是提高政府各部门办事效率，政府建设并经营基础设施，由于自身存在许多层级，在审批和执行过程中效率较低，这对于民族地区来说无疑是发展中的阻碍，所以要提高政府办事效率，完善相关制度。五是加强对基础设施建设的管理水平，在信息化时代，民族地区对基础设施的管理应结合"互联网＋"，充分运用科学管理办法，提高管理效率，充分发挥基础设施对经济的促进作用，实现资源的合理配置。在增加政府财政方面，政府作为民族地区基础设施建设的主要部门，财政收入决定了在基础设施方面的财政支出，因此增加政府财政收入可以从侧面增加政府建设基础设施的实力，能够为基础设施薄弱的民族地区提供经济支撑。

二　完善基础设施融资渠道和经营模式

上文已经介绍了基础设施的经营模式，基础设施由于工程量巨大，耗费资金也较多，政府负担较重，如果能够完善融资渠道，开展多元经营模式，对政府而言减少了负担，分担了风险，对区域经济发展而言，也是大有裨益的。第一，要制定完善的融资制度，制度是发展平稳的关键，自上而下的管理体制需要完善的制度管理。第二，在融资和经营模式上，可以根据区域特点选择各种方式，最常用的就是 PPP 模式，民族地区由于资金有限，需要私营部门的参与和帮助，但是在运营上由于社会发展水平较落后，需要政府作为经营管理者，但是在经济发展较好的地区，可以选择 BOT 模式，具体的还可以选择 BOOT 模式、BTO 模式，BOO 模式、DBOT 模式和 BLT 模式，模式的多元化可以适应各地区发展存在的差异。第三，由于政府在整个建设过程中仍起到主导和引资的作用，因此政府应加强融资渠道平台的建设，这样既能够把需要建设基础设施的资金需求公开，也可以让各私营部门进行公平参与，管理透明，运作透明，还能够充分利用资源，对于区域基础设施建设以及其融资渠道的拓展都是十分有益的。第四，既然 PPP 模式是民族地区基础设施的主要经营模式,那么在经营过程中需要注意风险分担和利益共享,各司其职,各负其责,界限必须明确,这有利于后续工作的开展。

三 加强民族地区能源和信息基础设施建设

能源基础设施和信息基础设施都是民族地区需要重点发展的领域。在能源基础设施方面,民族地区能源丰富,如果能够合理利用各区域资源,减少污染严重的能源使用量,对民族地区而言既保护了生态环境,又能够促进区域经济社会发展。以内蒙古自治区为例,首先要加强电力设施建设,内蒙古自治区风能发电有较大的优势,水力发电也有一定的优势,应积极探索清洁能源发电。同时民族地区用电普及率上还应该提高,加强电网的供电能力,保证民族地区的用电。加强民族地区的油气管道建设,增加天然气的覆盖率,更多地替换煤气使用,在保护环境的同时降低成本,还要增加燃气使用品种多样性。在信息基础设施建设方面,民族地区作为发展较为落后的地区,在互联网建设上发展缓慢,在"互联网+"时代,应积极覆盖民族地区的信息网络,把民族地区的产业发展同信息化相结合,加快民族地区经济社会的发展。网络基础设施建设还包括城市内部管理效率的提高,减少管理所耗时间成本,提高问题反馈效率,各类平台建设有利于沟通交流,也能切实提高居民生活质量,提高民族地区人民群众创新创业能力,通过信息技术提高人力资本整体素质,为民族地区发展提供动力。

四 依托民族地区城镇化建设和精准脱贫政策

民族地区基础设施建设与新型城镇化是相辅相成的,新型城镇化过程中就要通过不断完善区域内的基础设施,吸引产业和人力资本的集聚而逐渐城镇化。基础设施不可能单独发展,必须与经济社会整体发展同步进行,民族地区在新型城镇化的过程中,要把基础设施作为发展的基础和前提,不断依靠发展基础设施建设完善区域各领域。精准脱贫其中一部分就是要完善民族贫困地区的基础设施,贫困地区的学校和医院基础设施相对较落后,而学校和医院也是区域人力资本质量提高的关键,学校增强的是人力资本在能力上的提升,医院是提高人力资本身体素质的基础设施。交通基础设施在新型城镇化和精准脱贫中也是重点建设的部分,交通基础设施的完善不但能加快民族地区与外界的联系与交流,也能够吸引外资的流入,为民族地区和贫困地区带来发展的机遇。新型城镇化过程中,一方面实行易地搬迁,另一方面在当地实行城镇化转化。在易地搬迁方面，由于该区域发展存在瓶颈且不适宜人员居住，因此要搬出该区域。基础设施在全新的环境下建设，可以进行很好的规划，不必在意与原来区域的冲突和问题，在这方面能够形成较成熟的基础设施体系。而在原来区域的基础上城镇化，要考虑到许多需要淘汰的基础设施，还要考虑到现有的能够继续使用的基础设施。在规划和整改的过程中，遇到困难和问题也较多，需要政府部门进行协调，需要当地居民共同努力，实现区域基础设施的不断完善。在精准脱贫过程中，对这些区域的改造比城镇化的区域更困难，因为精准脱贫的地区多为贫困或特别贫困地区，基础设施的落后程度更为严重，因此在进行基础设施建设过程中能够增加该区域的就业机会，改善居民的生活条件。

五　完善民族地区产业结构

加强产业结构对基础设施建设的支撑和匹配。基础设施的发展与产业结构的完善相辅相成。一方面基础设施的发展促进产业结构的完善，随着基础设施建设的发展，区域内部形成极化效应，吸引周边优势资源的集聚，各产业、企业、资源、人力资本、资金逐渐流向基础设施成熟的区域。由于基础设施会带来各部门发展的成本下降，有利于经贸上的合作交流，有利于科技水平的发展，也有利于上下游产业的合作，而且基础设施完善更加促进了区域的分工与合作，各部门专业化水平提高，有效地挖掘和发展潜力。另一方面产业结构的升级可促进基础设施的发展，产业结构升级意味着第三产业比重增加，第二产业逐渐减少且向周边地区转移，劳动力也逐渐向第三产业转移，粗放发展逐渐向技术密集型发展、绿色化发展。因此要求相应的配套设施完善，倒逼基础设施逐渐成熟发展，落后的基础设施会被淘汰，产业结构的发展要求更高水平的基础设施规划。民族地区产业结构的优化升级可以促进区域基础设施的发展。

第七章

民族地区金融业发展

通常在经济快速发展的国家或地区，金融业具有较强的实力。金融业在我国起步时间较晚，但是发展速度较快，尤其是 20 世纪 90 年代上海证券交易所和深圳证券交易所成立以来，我国的金融市场在近 30 年的时间里发生了翻天覆地的变化。金融业的发展速度固然重要，但是金融业均衡发展的程度更值得关注。我国"民族八省区"大多处于边疆内陆地区，与东部地区相比在很多方面存在不足，例如金融基础设施匮乏，金融资产单一，金融服务意识淡薄，金融资源配置效率低下，金融体系建设有待发展与完善。作为我国整个金融体系的薄弱环节，民族地区金融业是我国金融改革与发展的重要突破口。在我国经济高质量和可持续发展的背景下，民族地区金融业迎来了快速发展的黄金机遇期。

发展金融业是助力民族地区经济快速和高质量发展的必由之路，提升民族地区的自我发展能力已经刻不容缓。本章首先介绍关于金融发展的基本概念及相关理论，其次从民族八省区的宏观角度概述民族地区金融业的整体状况，再次以内蒙古自治区为例对民族地区金融业发展进行实证分析，最后对民族地区如何发展金融业提出对策建议。

第一节　金融概念及金融发展理论

一　金融概念

一般的，凡是涉及货币和信用的所有经济关系和交易行为的集合都属于金融的范畴。伴随着货币与信用的相互渗透，金融的范畴逐渐向更多的领域覆盖。金融体系主要由金融市场、金融机构、金融工具和与金融运行相关的法律法规等相互关联的构成要素组成。现代金融业主要包括银行业、证券业、保险业、信托业和租赁业等，并且各个行业有逐渐渗透的趋势。从1949年至今我国已经形成了以金融监管机构为核心，商业银行为主体，多种金融机构并存的金融体系格局。

Goldsmith 首次提出金融发展的定义，金融发展（Financial development）是指金融结构的变化，金融结构包括金融工具结构和金融机构结构两个方面，金融工具与金融机构按照不同类型组合在一起，构成发展程度高低不同并具有不同特征的金融结构。金融结构趋向于一种更加完善和合理的状态就变成了金融发展。金融发展的程度越高，金融工具和金融机构的数量越多、种类就更加丰富多样化，金融服务经济的效率就越高。所以金融发展涉及了三个方面，即金融资产、金融市场和金融机构。

二 金融发展理论

从20世纪60年代起，经济学家们开创了定量方法描述金融发展之先河，逐渐肯定金融发展对于一国的经济增长有不可或缺的作用并揭示了金融发展的一些规律性趋势。Patrick 认为金融发展与经济增长的因果关系存在三种可能（后人称之为"帕特里克之谜"）：第一，金融发展是因，经济增长是果；第二，经济增长是因，金融发展是果；第三，金融发展与经济增长互为因果关系。此后的金融发展理论开始沿着解释二者之间关系的路径展开。Patrick 还定义了需求拉动型和供给推动型两种金融发展模式。这两种模式与经济发展阶段有关：在经济发展早期阶段（发展中国家），金融供给推动型模式更有可能出现，金融发展处于领先地位并且推动经济增长；在经济发展后期，需求拉动型模式更为普遍，经济活动对金融服务的渴求会促进金融体系的发展，金融发展是实体经济发展的结果。

Goldsmith 创造了衡量金融发展的指标，包括金融结构内部指标和金融发展与经济增长的相互关系指标，他主张使用金融相关比率（Financial Interrelation Ratio，FIR）即金融资产的总量与一国国民生产总值（GNP）衡量金融机构的变化程度和金融发展的程度。

McKinnon 和 Shaw 深化了 Goldsmith 的"金融发展"概念，他们受发展经济学的影响，从金融抑制和金融促进的角度出发，专门研究发展中国家的金融问题，提出了金融深化理论，建立了一套衡量金融深化的指标体系。他们的研究还表明，在不同的条件下，政府过度的或者是不适当的干预可能会导致金融的发展抑制经济的增长。金融深化理论修正了哈罗德—多马模型，并且认为良好的金融制度能够激励储蓄资金并分配到产业部门的投资中，金融与经济发展之间存在相互推动和相互制约的关系。

三　金融发展理论的新潮流

Robert G. King 和 Ross Levine 用多个指标衡量并扩展了金融的功能，利用 77 个国家 1960～1989 年的时间序列数据，在控制住影响长期经济增长的其他变量和国别特质因素的情况下，通过计量模型发现金融发展与经济增长存在显著的正相关。Robert G. King 和 Ross Levine 设计了 4 个指标来实证定义金融发展：一是传统的金融深度指标（等于金融系统的流动性负债，即通货加上金融机构的活期存款和付息债务除以国内生产总值），用于衡量金融中介的规模；二是机构构成指标（等于商业银行的信贷资产除以商业银行的信贷资产与中央银行国内资产之和），用于衡量一国商业银行相对于中央银行在配置国内信贷资源上的重要性，这个指标意味着商业银行比中央银行能够更好地提供风险分散和信息服务等功能；三是私人企业信贷占比指标之一（等于商业银行对私营企业的贷款除以减去银行间贷款的国内信贷总量）；四是私人企业信贷占比指标之二（等于商业银行对非金融私营企业的贷款除以国内生产总值）。后两个指标可用于衡量一国金融资产的分布状况和金融机构的风险管理和激励功能。Robert G. King 和 Ross Levine 证明了金融发展与经济增长之间存在显著的长期关系，金融发展具有先行意义，如果一国有相对较高的金融发展水平，经济可能在接下来的 10～20 年内产生相对较高的增长速度。

Robert G. King 和 Ross Levine 的研究激发了金融发展理论的新潮流。Stiglitz、Hellman 和 Murdock 开创了金融约束论的研究，该理论继续发展了金融深化理论，金融约束是欠发达国家从金融抑制状态走向金融自由化的一个过渡状态。但是在实际应用中，国家政策当局较难把握好金融约束的"度"，较容易游离到金融抑制的极端，所以在货币政策独立性较弱和宏观调控水平较低的国家或地区实施金融约束的难度较大。

Levine 提出了金融功能论，在理论方面引入不确定性、不对称信息和监督成本等因素，分析了金融发展对经济增长的功能，完善了金融结构论的限制，证明了只有充分认识金融功能，才能真正认识金融发展与经济增长的关系。Levine 总结了金融的五大功能，用框架结构图表示，如图 7-1 所示。

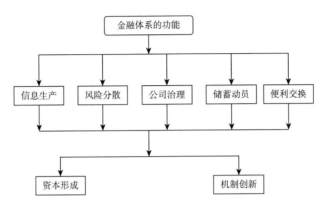

图 7-1　金融体系的五大功能

金融系统的功能在资本积累等多个方面发挥作用，从而促进经济增长。在实证研究方面，经济学家们分别从行业、企业的层面运用计量、历史和案例的方法来研究金融对经济发展的影响，得出了"金融发展是因，经济增长是果"的结论，"帕特里克之谜"基本得到了解答。

四　引入制度因素的金融发展理论

在运用增长理论计量各种因素的贡献时，金融的作用被低估了。从经济增长的微观机制看，在不完全市场的条件下，物质资本、人力资本的投入和技术创新的资本要求都需要金融的支持。金融发展理论引入了制度等环境因素，进一步丰富了金融发展和演进的机制。LLSV（指 La Porta、Lopez de Silanes、Shleifer 和 Vishiny 4 位学者）将法律制度、执法效率因素引入模型，根据 49 个国家组成的样本，考察了法律保护对金融市场发展的影响，认为各国法律制度对投资者的保护存在系统性的差别。法律是否完善，执行效率的高低，对投资者的保护程度和保护弹性等都与金融体系的稳健性有极大的关系。

五　Pagano 模型

Pagano（帕加诺）模型是具有代表性的现代金融理论模型，其为金融发展与经济增长间的依存机制提供了一个理论框架，Pagano 在内生经济增长模型中引入了金融发展这一因素，表明科学技术的发展水平、人力资本和金融资本在一定条件下会影响经济增长，更进一步地解释了金融发展与经济增长之间的关系。

在 Pagano 基本模型中，假设一个封闭的国家或地区只生产一种产品，其既可以用于消费也可以用于投资，资产每期以固定的速度 δ 折旧，内生经济增长模型或者总产出函数为：

$$Y_t = AK_t \tag{1}$$

其中，Y_t 是 t 期的总产出，A 为技术水平，K 为当期的总资本存量。根据折旧、投资和资本存量之间的关系可以得到：

$$I_t = K_{t+1} - (1-\delta)K_t \tag{2}$$

由于我国现阶段人口增速较为平缓，以此假设在该模型中人口规模不变，t 期的经济增长率 g_t 可表达为：

$$g_t = \frac{Y_t}{Y_{t-1}} - 1 \tag{3}$$

将式（1）和式（2）代入式（3）可以得出：

$$g_t = A\frac{I_{t-1}}{Y_{t-1}} - \delta \tag{4}$$

在不存在政府的封闭经济体中，$I_t = S_t$，即总投资 = 总储蓄，储蓄转化成投资的过程中需要消耗掉一部分资源，假设金融活动中有 $1-\theta$ 的部分被利用，

$$\theta S_t = I_t \tag{5}$$

$$s = \frac{S}{Y} \tag{6}$$

其中，θ 为投资储蓄比，s 是储蓄率。将式（5）、式（6）整理代入式（4）得到：

$$g = A(s\theta) - \delta \tag{7}$$

其中，g 为稳态下的经济增长率。即资本边际贡献率、储蓄率和投资储

蓄比三者共同决定了经济增速，如果三者中有改变，经济增长也会间接受到影响。

第二节 民族地区金融业发展概况

改革开放 40 多年来，我国经济先后经历了高速发展、减速着陆和高质量发展阶段，金融业的发展影响着经济增长的速度和质量，经济高质量发展对金融服务实体经济提出了更高的要求，民族地区金融业得到了一定程度的发展，但是依然存在很多困境和瓶颈，与我国东部沿海地区的差距依然很大，甚至有些民族地区需要"被援助"和"被扶贫"。下面我们以数据较为丰富和全面的内蒙古自治区为例，分析其金融业发展的现状，并总结出民族地区金融业发展普遍存在的问题。

一 内蒙古地区金融发展现状

1. 银行业运行稳健，信贷资产质量依然承压

银行业资产规模每年稳步增长，受经济增长放缓、监管趋严等影响，银行业盈利能力有所下滑，存款增速放缓，广义政府存款下降较多。贷款增长稳定，国有商业银行依然是拉动贷款增长的主力，对基础设施建设和小微企业、涉农等薄弱环节的金融支持力度加大，信贷结构有待进一步优化。贷款利率上行，负债成本显著上升，金融机构差异化、精细化定价能力显著提高。当地金融机构的主动负债能力进一步增强。从图 7-4 不良贷款余额的走势可以看出，近三年不良贷款增势放缓，信贷资产质量有待提高。

2017 年内蒙古地区银行业金融机构杠杆率为 6.7%，流动性比例为 55.1%，个别地区和个别机构的风险较为突出，但风险总体可控，潜在的不良贷款风险仍然存在。2017 年农村信用社继续深化改革，有 4 家农村信用社改制为农村商业银行，服务"三农"水平进一步提升。我国现在大力推进普惠金融的发展，2018 年 5 家国有商业银行、2 家股份制银行和 1 家地方银行业机构陆续设立普惠金融事业部或专业化的经营机构。内蒙古地区地域辽阔，毗邻蒙古国、俄罗斯等国，具有地理位置优势和拓展双边代理行关系的便利，2017 年内蒙古地区的商业银行与俄罗斯、蒙古国两国的银行类金融机构共建立 62 个代理行结算关系，同时开立金融同业往来账户 154 个。

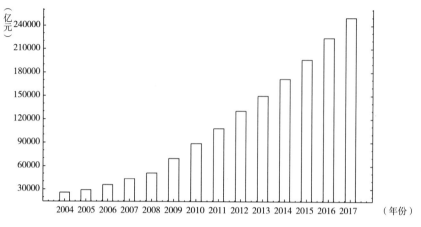

图 7-2 2004~2017 年内蒙古自治区本外币各项存款余额

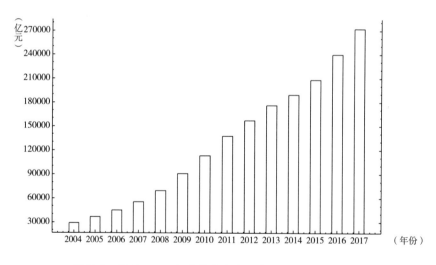

图 7-3 2004~2017 年内蒙古自治区本外币各项贷款余额

2. 资本市场平稳发展，直接融资能力有待提升

截至 2017 年末，内蒙古自治区共有境内上市公司 26 家，上市公司的行业基本是内蒙古地区的支柱性产业，例如农畜产品加工、煤炭、有色金属和机械装备制造等。内蒙古地区的股票发行量和股票筹资额（包括 A 股、B 股、AB 股配股、H 股）从 1990 年以来逐年增长。改革开放 40 多年来，内蒙古涌现出了一些地区甚至国家的龙头企业，如伊利股份和包钢稀土等。比较普遍的问题是，民族地区的上市企业多具有政府背景，实际控制人是政府

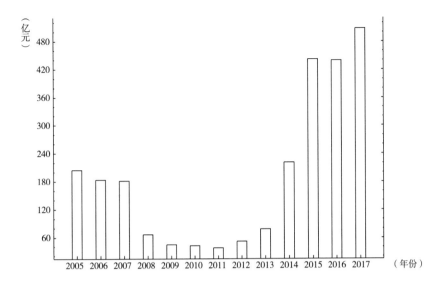

图7-4　2005~2017年内蒙古自治区不良贷款余额

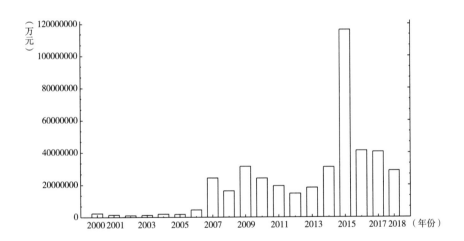

图7-5　2000~2018年内蒙古自治区股票交易金额

单位，而不是个人或境外企业，即民间资本参与资本市场的比重较小。截至 2019年2月，内蒙古仅有恒泰证券（恒泰证券于2015年在香港证券交易所上市，是内蒙古第一家上市的法人证券公司）和国融证券两家证券公司。2017年2家证券公司分支机构新增31家，新增投资者25.6万户，证券交易额同比增加6275.5亿元，托管股票市值同比增加48.1亿元。但证券业务较为单一，服务地区经济发展和拓宽投融资渠道的功能有限。中小微企业融资困难问题依然存在，通过直接融资方式进行融资的体量和企业数量很有限，内蒙古自治区的实际利用外资额、股票市场筹资额和上市公司数量等在全国占比都远远落后于我国东部地区。图 7-6 为 2000~2018 年内蒙古自治区债券交易金额。

表 7-1 1995~2017 年内蒙古自治区上市公司概况

单位：个

年份	全区合计	上交所	深交所	仅发 A 股公司	仅发 B 股公司	H 股	增发 A 股公司
1995	1	1			1		
1996	4	1	3	4			
1997	5	3	2	4	1		
1998	2	2		2			
1999	1	1		1			
2000	5	5		5			
2001	1	1		1			1
2002							2
2003							
2004	2	1		1		1	
2005	1	1		1			
2006							
2007	1		1	1			
2008							
2009							
2010	1		1	1			
2011	2	1	1	2			
2012	2		2	2			
2013	1	1		1			
2014							4
2015							8
2016							7
2017							3

注：表中未填部分即为 0。

资料来源：《内蒙古统计年鉴 2017》。

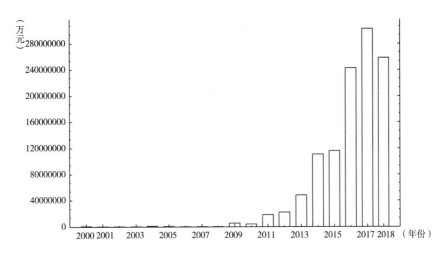

图 7-6　2000~2018 年内蒙古自治区债券交易金额

资料来源：Wind 数据库。

在期货市场方面，内蒙古自治区有 7 家期货交割库，其中动力煤 3 家、甲醇 2 家、铁合金 1 家、玉米 1 家，分别设在鄂尔多斯市和通辽市。期货交割库的设立集聚了该地区的优势，便利了当地企业特别是涉农中小微企业的交易，降低了期货交易的成本，有利于提高该地区利用期货市场进行风险管理的能力。

表 7-2　2018 年内蒙古自治区社会融资规模增量统计

单位：亿元

社会融资规模增量	人民币贷款	外币贷款（折合人民币）	委托贷款	信托贷款	未贴现银行承兑汇票	企业债券	地方政府专项债券	非金融企业境内股票融资
1627	602	-16	129	138	332	-102	199	1

资料来源：中国人民银行网站。

表 7-3　2017 年内蒙古自治区社会融资规模增量统计

单位：亿元

社会融资规模增量	人民币贷款	外币贷款（折合人民币）	委托贷款	信托贷款	未贴现银行承兑汇票	企业债券	非金融企业境内股票融资
2104	2096	4	72	-218	15	-111	84

资料来源：中国人民银行网站。

表 7-4　2016 年内蒙古自治区社会融资规模增量统计

单位：亿元

社会融资规模增量	人民币贷款	外币贷款（折合人民币）	委托贷款	信托贷款	未贴现银行承兑汇票	企业债券	非金融企业境内股票融资
2138	2227	-24	378	-197	-152	-379	171

资料来源：中国人民银行网站。

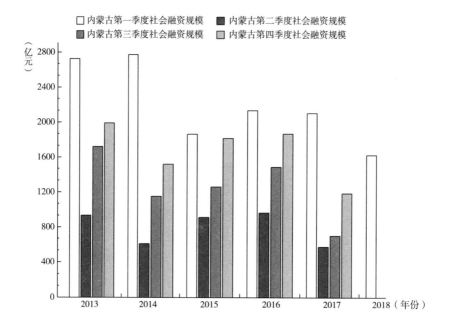

图 7-7　2013~2018 年第一季度内蒙古自治区社会融资规模

从近三年（2016~2018）内蒙古自治区的社会融资规模增量以及季度社会融资规模柱形图（2013~2018 年第一季度）可以看出，信贷融资是支撑社会融资规模增长的主要动力，非金融企业境内股票融资逐年减少，企业债券融资的净减少额逐年上升，直接融资发展相对滞后。

3. 保险业平稳发展，对经济社会的渗透能力有待提高

20 年来保险业发展十分迅速。截至 2017 年末，内蒙古共有省级分公司 42 家，人身险公司分支机构 18 家，财产险公司分支机构 24 家。从 2006 年到 2017 年内蒙古自治区的保费收入数据来看，保费收入以逐年上行的态势稳定增长。2001 年内蒙古自治区的保费收入为 24.62 亿元，2017 年已达到 569.91 亿元（见表 7-5），保费收入增长超过 20 倍。2001 年内蒙古自治区

保险密度仅为 103 元/人，2016 年已达到 2279.6 元/人，保险密度增长了 21 倍（见图 7-11）。从财产保险公司和人身保险公司的主要业务指标看，保险金额和签单数量等都有了显著的增长和提高（见表 7-6、表 7-7）。

表 7-5　2017 年内蒙古自治区保险公司主要指标

单位：万元

项目	原保险保费收入	赔付支出
总计	5699122.05	1864820.52
财产保险	1912501.44	1210238.95
企业财产保险	70140.51	33177.19
家庭财产保险	5703.34	3941.31
机动车辆保险	1243711.21	609280.69
工程保险	11584.92	6833.93
责任保险	52865.98	25262.13
信用保险	11151.04	4090.24
保证保险	65830.57	14373.81
船舶保险	18.47	3.47
货物运输保险	5289.59	2009.01
特殊风险保险	5278.28	246.96
农业保险	325354.32	432478.83
健康保险	73875.98	64713.64
意外伤害保险	40325.43	12888.18
其他保险	1371.80	939.56
人身保险	3786620.62	654581.57
人寿保险	3059606.03	494171.26
健康保险	653032.65	142443.89
意外伤害保险	73981.94	17966.42

资料来源：《内蒙古统计年鉴 2018》。

表 7-6　2017 年内蒙古自治区财产保险公司主要业务指标

项目	保险金额（亿元）	签单数量（万件）	已决赔款（万元）	未决赔款（万元）
财产保险	136859.30	2483.69	1190222.70	319492.18
企业财产险	17118.56	2.80	30797.17	41382.71
家庭财产险	1361.07	55.22	3786.07	656.36

续表

项目	保险金额（亿元）	签单数量（万件）	已决赔款（万元）	未决赔款（万元）
机动车辆险	26714.76	751.33	586864.11	219551.82
货物运输保险	774.7	22.1	1452.87	959.62
责任险	9294.3	28.14	23520.96	17198.09
产品责任险	54.95	—	275.56	589.43
雇主责任险	1609.6	1.5	5920.22	3439.98
公众责任险	7139.88	22.3	12178.64	10428.09
其他责任险	489.87	4.34	5146.54	2740.59
保证保险	131.36	163.25	17608.74	3663.17
农业保险	3095.54	4.69	441247.03	17794.25
种植险	2985.88	4.01	410875.73	16025.93
养殖险	109.66	0.68	30371.3	1768.32
其他保险	78369.01	1456.16	84945.75	18286.16

资料来源：《内蒙古统计年鉴 2018》。

表 7-7 2017 年内蒙古自治区人身保险公司主要业务指标

项目	期末有效承保人（万人次）	保险金额（亿元）	赔款支出（万元）	满期给付（万元）
总计	6073.59	55689.94	83513.78	271563.84
寿险	1174.29	8403.00		271439.34
普通寿险	701.69	6274.72		98610.88
分红寿险	302.99	1261.51		170474.33
投资连接保险	0.56	6.26		91.77
万能保险	169.07	860.51		2262.37
意外伤害保险	1742.72	19196.39	17966.42	
一年期以内	96.47	1558.26	255.56	
一年期及以上	1646.25	17638.13	17710.86	
健康保险	3156.58	28090.55	65547.36	124.50
一年期及以内	2435.83	23985.09	65547.36	
一年期以上	720.75	4105.46		124.50

资料来源：《内蒙古统计年鉴 2018》。

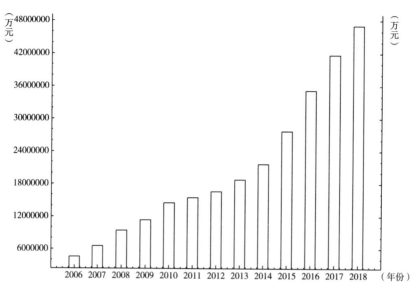

图 7-8 2006~2018 年内蒙古自治区保费收入

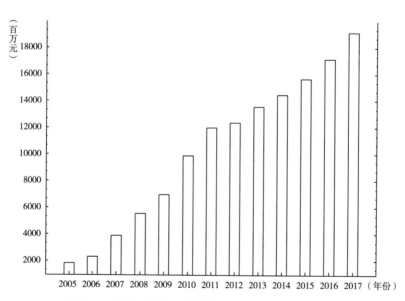

图 7-9 2005~2017 年内蒙古自治区财产险保费收入

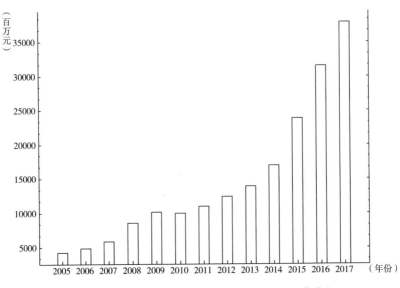

图 7-10　2005~2017 年内蒙古自治区人身险保费收入

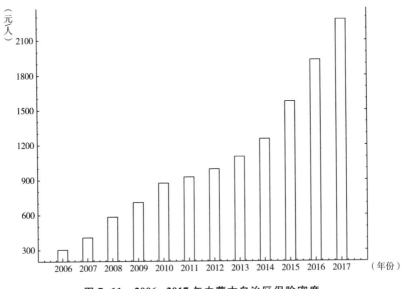

图 7-11　2006~2017 年内蒙古自治区保险密度

在我国西部大开发、"一带一路"等政策背景下，基础设施建设和出口企业亟须风险保障，民族地区的保险业发展大有可为。同时随着民族地区人口老龄化现象的加剧和人民生活水平的提高，养老、食品安全、旅行和医疗保障等服务不足的矛盾逐渐凸显，保险业的发展空间更为广阔。

二 民族地区金融业发展普遍存在的问题

从整体上看，民族地区金融业发展普遍取得了一些成绩，但与我国经济发达地区相比仍然存在很大差距，即便在民族地区内部，也存在地区间的差距，长此以往必将导致效率和福利的损失。究其原因主要有 3 个。

1. 金融业总量水平偏低，金融业规模小，占全国金融业比重低

金融业作为第三产业在新疆、西藏、宁夏、广西、内蒙古自治区的地位有待提升，金融业发展满足不了民族地区经济发展的迫切需求。

2. 金融机构类型单一、覆盖面小

大型商业银行工、农、中、建、交行占据了垄断地位，非国有金融机构、新型金融机构和外资金融机构不仅数量较少，而且发展较为滞后。属于当地的城市商业银行和区域商业银行少之又少，即便是内蒙古自治区发展较快的包头商业银行，在内蒙古各个盟市旗县服务网点也有限，亟须增资扩股。此外，总部设在辖内的证券公司、保险公司、基金公司和期货公司几乎屈指可数。下面以民族地区金融业较为发达的内蒙古自治区为例呈现金融机构的数量和类型，从中可以了解民族地区金融机构的匮乏情况。残缺与不健全的金融机构体系极大阻碍和制约了金融体系对经济发展的支撑。

表 7-8　内蒙古自治区金融机构数量（截至 2017 年 12 月末）

单位：个

机构类别	机构个数
大型商业银行	1601
政策性银行	87
股份制商业银行	210
城市商业银行	576
城市信用社	0
财务公司	6
信托公司	2
邮政储蓄银行	810
外资银行	1

续表

机构类别	机构个数
新型农村金融机构	204
证券公司	2
基金公司	0
期货公司	0
保险公司	0
保险公司分支机构	42

资料来源：中国人民银行网站。

3. 金融市场发育缓慢，外援推进明显不足

直接融资比重低是民族地区普遍面临的问题。我国证券市场经历了近30年的发展，但是民族地区资本市场的规模、成熟度和证券化程度等方面均落后于东部发达地区。直接融资能力弱，融资渠道单一，居民的储蓄无法向更多的投资领域转化，间接融资金融机构的风险和压力也会增大，所以资本市场的财富效应无法在民族地区凸显和发挥，民族地区居民的收入和人均GDP 等指标也均无法超越东部发达地区。再加上民族地区制度建设相对落后、处于计划经济时间较长、金融债权无法及时得到法律部门的保障、信用体系的建设有待完善、金融资源外流现象依然严重，特别是有的农牧区域基本处于金融服务的真空地带，种种因素均造成了民族地区不健全的金融系统。

第三节 民族地区金融业发展实证分析

本节以内蒙古自治区为例，应用历年来金融业和经济方面的相关数据，研究地区内金融发展和经济增长间的关系，民族地区与其他省份的研究类似。

一 区位熵分析

区位熵（Location Quotient，简称 LQ，又称专门化率）是区域经济学定量分析数据的重要指标，最早由 P. Haggett 提出并运用于区位分析中，在此用于分析金融业的发展水平。对于区位熵系数，比较常用的解释是一个地区某一行业的产值在该地区国内总产值中的比重与全国该行业产值在全国总产

值的比重之间的比值。计算公式为：

$$LQ = \frac{q}{Q}$$

其中，q 为某一地区内某一行业的产值在本地区总产值中的比例，Q 为该行业的总产值占全国总产值的比重。区位熵系数大于 1，表明该行业是地区的专业化部门；区位熵系数小于或等于 1，则该行业是自给性部门，在该地区的优势地位比较低。通常的，区位熵系数越大，该行业的专业化程度越高或者说在该地区的优势地位越高，反之则越低。

从表 7-9 中的数据可以看出，内蒙古自治区已经改变以往第二产业占主导地位的状况，2017 年第三产业增加值超过了第二产业增加值，形成了三、二、一的产业结构，第三产业逐渐占据相对优势的地位，第一产业增加值相对最低，但是第一产业的区位熵系数最高，第二和第三产业的区位熵系数基本持平；2017 年内蒙古金融业的比重已经快速追赶全国金融业的比重，与以往相比缩小了差距，区位熵系数上升到 0.87。2012 年前内蒙古第三产业的比重远远低于第二产业，整体还处于较低的产业发展阶段，特别是金融业处于劣势地位，近年来金融业比重有了明显提高。

表 7-9　2017 年全国与内蒙古自治区国内生产总值与一、二、三产业结构的比较

单位：亿元

产业	内蒙古		全国		
	绝对值	比重	绝对值	比重	区位熵
第一产业	1649.77	0.1025	65467.6	0.0791	1.30
第二产业	6399.68	0.3976	334622.6	0.4046	0.98
第三产业	8046.76	0.4999	427031.5	0.5163	0.97
金融业	1099.85	0.0683	64903.9	0.0785	0.87

资料来源：《中国统计年鉴 2018》。

二　金融相关比例分析

根据前面的理论基础，在此引用 Goldsmith 主张使用的金融相关比率

（Financial Interrelation Ratio，FIR）这个规模指标，以此反映内蒙古自治区的金融业对经济发展的支持程度。金融相关比例指某一时点上的金融资产总额相对于国民财富的扩大，可简化为金融资产总量与国内生产总值之比，即：

$$FIR = (C+D)/GDP$$

其中 C 代表存款额，D 代表贷款额。通常金融相关比率越高，代表着该地区金融聚集程度越高，金融行业的资源愈丰富。鉴于内蒙古自治区直接金融工具在全部金融资产的比重较小，而且银行业金融机构承载了大部分金融资产，所以选用金融机构人民币存款和贷款额作为内蒙古金融资产的替代指标。图 7-12、图 7-13 和图 7-14 分别为 1985~2017 年内蒙古各项存款、贷款余额、存贷和、GDP 和 FIR 的走势图。

从图 7-12 至图 7-14 可以看出，无论是存款还是贷款余额都呈现逐年上升的趋势，金融机构人民币存款余额从 1985 年的 146.6 亿元上升至 2017 年的 44408.8 亿元，32 年间增加了近 302 倍。金融相关比例也在 32 年的时间内逐渐提高，只在 2006~2008 年 3 年中呈现下降趋势，这与 2006 年、2007 年两年国内生产总值快速增长、2008 年金融危机和金融规模降低等复杂因素有较大关系，但是在 2009 年又重新回到 2005 年的水平，呈现上涨态势。总体来说，金融资源的集聚程度不高，金融的发展还是滞后于经济的发展。

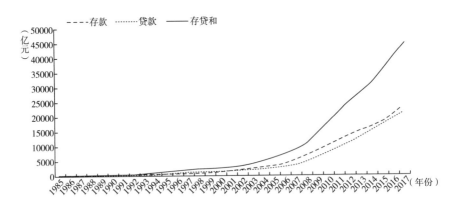

图 7-12　1985~2017 年内蒙古自治区各项存款、贷款余额走势

资料来源：Wind 数据库、《内蒙古统计年鉴 2018》。

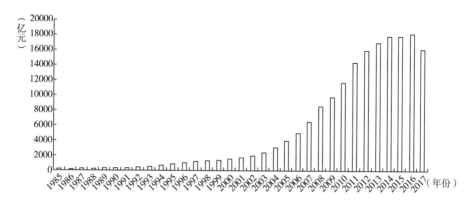

图 7-13　1985~2017 年内蒙古生产总值走势

资料来源：Wind 数据库、《内蒙古统计年鉴 2018》。

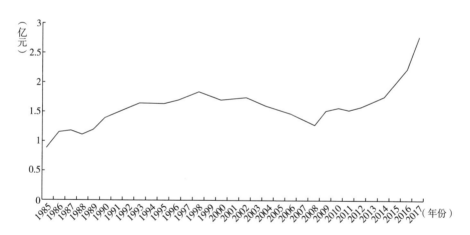

图 7-14　1985~2017 年内蒙古自治区 FIR 走势

资料来源：Wind 数据库。

从表 7-10 可以看出内蒙古自治区金融业增加值逐年递增，但是金融业在第三产业和地区生产总值中的比重依旧相对较低。这再次说明，内蒙古地区金融资源相对不足，与经济总量不相匹配，金融业不是该地区经济增长的主要推动力量。

表 7-10　2004~2017 年内蒙古自治区地区生产总值、第三产业、金融业比较

单位：亿元，%

年份	地区生产总值	第三产业	金融业	金融业/地区生产总值	金融业/第三产业
2004	3041.07	1270.00	55.89	1.84	4.40
2005	3905.03	1542.26	72.52	1.86	4.70
2006	4944.25	1934.35	108.21	2.19	5.59
2007	6423.18	2467.41	148.30	2.31	6.01
2008	8496.20	3212.06	219.09	2.58	6.82
2009	9740.25	3696.65	291.10	2.99	7.87
2010	11672.00	4209.03	346.44	2.97	8.23
2011	14359.88	5015.89	447.46	3.12	8.92
2012	15880.58	5630.50	502.01	3.16	8.92
2013	16916.50	6236.66	625.14	3.70	10.02
2014	17770.19	7022.55	724.16	4.08	10.31
2015	17831.51	7213.51	829.20	4.65	11.50
2016	18128.10	7937.08	992.14	5.47	12.50
2017	16096.21	8046.76	1099.85	6.83	13.67

资料来源：Wind 数据库、《内蒙古统计年鉴 2018》。

三　格兰杰因果检验

1. 指标选取

本部分选取了内蒙古的股票融资额（STOCK）、保费收入（INS）和金融机构人民币贷款余额（DK）代表股票、保险和信贷市场发展水平，以此考察其与经济增长的关系；本部分还选取了居民消费价格指数（CPI）、全社会固定资产投资总额（INV）这两个指标，考察物价与经济增长的关系和投资对经济增长的拉动作用，以此作为比较。此处剔除了人口扩张对经济增长的影响，选用人均国内生产总值（RGDP）衡量内蒙古经济的发展状况，以上指标我们选取 2003 年至 2017 年的数据。为避免异方差性的影响，所有

计量均采用自然对数形式（即在变量名前加 L 表示）。指标变量如表 7–11 所示，由于对数据进行了差分处理（在变量名前加 d 表示差分），所以表 7–11 的数据区间为 2003 年至 2016 年。

表 7–11　2003～2016 年内蒙古自治区金融业指标变量

年份	人均国民生产总值（dLRGDP）	居民消费价格指数（dLCPI）	固定资产投资总额（dLINV）	金融机构人民币贷款余额（dLDK）	保费收入（dLINS）	股票融资额（dLSTOCK）
2003	0.09	0.01	−0.11	0.07	0.30	−0.49
2004	0.10	0.01	−0.24	0.06	0.30	0.2
2005	0.11	0.01	−0.34	0.06	0.55	−0.66
2006	0.09	0.01	−0.58	0.09	0.23	−2.00
2007	0.12	0.02	−0.59	0.09	0.15	3.16
2008	0.12	0.02	−0.80	0.07	0.16	−0.37
2009	0.06	0	−0.44	0.13	0.08	−2.79
2010	0.08	0.01	−0.79	0.10	0.11	1.48
2011	0.09	0.02	−0.71	0.08	0.03	0.70
2012	0.04	0.01	−0.76	0.08	0.03	0.58
2013	0.03	0.01	−0.72	0.06	0.05	−0.68
2014	0.02	0.01	−0.80	0.06	0.06	−0.18
2015	0.01	0	0.11	0.06	0.24	0
2016	−0.1	0	−0.07	0.06	0.17	0

资料来源：Wind 数据库、各年度《内蒙古统计年鉴》。

2. ADF 单位根检验

从图 7–15 的时间序列折线图也可以看出，lnGDP 呈上升趋势，而 lnFIR 比较稳定，所以初步判定 lnGDP 序列是不平稳的。为了避免伪回归现象，采用 ADF 方法检验时间序列的平稳性，采用 Eviews10 软件得出结果为原始序列不平稳，一阶差分序列 ΔlnGDP 和 ΔlnFIR 通过平稳性检验，即 FIR 和 GDP 都是一阶单整的。

对股票融资额（STOCK）、保费收入（INS）、人民币贷款余额（DK）、居民消费价格指数（CPI）、固定资产投资总额（INV）数据进行群体单位根检验，通过群体单位根检验发现不存在显著的单位根过程（群体单位检验 p 值为 0.0006，t 统计量为 3.22075)，可进行多元线性回归分析。

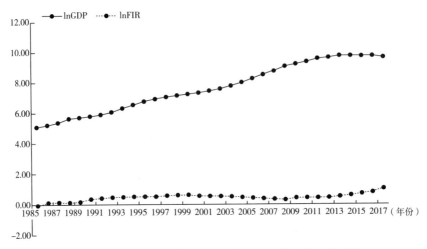

图 7-15 1985~2017 年 lnGDP 和 lnFIR 的时间序列折线

3. Granger 因果关系检验

首先对 FIR 和 GDP 进行 Granger 因果关系检验，揭示内蒙古金融发展与经济增长之间的关系，检验结果见表 7-12。当滞后期为 3 时，FIR 是 GDP 的 Granger 原因，GDP 不是 FIR 的 Granger 原因，即地区的金融发展对该地区的 GDP 有促进作用，但经济增长不是金融发展的原因。

表 7-12 FIR 和 GDP 之间的 Granger 因果关系检验结果

Sample：1985-2016		
Null Hypothesis：	F-Statistic	Prob.
d（lnFIR）does not Granger Cause d（lnGDP）	7.94751	0.0306
d（lnGDP）does not Granger Cause d（lnFIR）	1.47400	0.3761

然后我们对 LRGDP、LCPI、LINV、LDK、LINS 和 LSTOCK 这 6 个变量进行检验。

由表 7-13 可知，LCPI、LDK 和 LSTOCK 是 LRGDP 的 Granger 原因，即价格机制与银行贷款始终是促进内蒙古地区经济增长的重要原因，这一促进机制仍然有效，尽管由于内蒙古地区的股票市场发展程度不高，不能充分利用股票市场促进经济发展的功能，但 LSTOCK 仍是内蒙古地区经济发展的动力之一，一旦股票市场得以进一步发展及完善，势必将在很大程度上促进内蒙古地区经济发展。同时固定资产投资及保险业不再是内蒙古地区经济发展的 Granger 原因，一方面表明长期以来的投资拉动型经济增长模式难以为继，投资造成的严重产能过剩将在未来很长的一段时间内都难以消化，投资不再是促进内蒙古地区经济增长的主要力量；另一方面内蒙古金融发展较为滞后，保险行业尚处于起步阶段，民族地区居民还存在对保险行业保有偏见的现象，稳定的保险消费族群尚未形成，因此保费收入增长缓慢，也难以在短期内实现快速增长，难以对地区经济发展形成显著影响。另外，LRGDP均不是金融有关变量的 Granger 原因，即地区的经济发展没有很好地带动金融业的发展。

表 7-13 Granger 因果关系检验

原假设	F-统计量	P-值
LCPI does not Granger Cause LRGDP	7.95265	0.0182
LRGDP does not Granger Cause LCPI	2.12742	0.1754
LINV does not Granger Cause LRGDP	1.51956	0.2459
LRGDP does not Granger Cause LINV	1.40234	0.2637
LDK does not Granger Cause LRGDP	7.30389	0.0194
LRGDP does not Granger Cause LDK	2.8448	0.1247
LINS does not Granger Cause LRGDP	0.65132	0.4384
LRGDP does not Granger Cause LINS	0.06023	0.8111
LSTOCK does not Granger Cause LRGDP	6.79953	0.0476
LRGDP does not Granger Cause LSTOCK	1.40341	0.3644

第四节 民族地区金融业发展路径

民族地区金融业的发展不平衡不充分问题依然存在，传统和新兴产业的质量和效益亟须提高，部分地区金融生态环境脆弱，所以发展金融业既是我国民族地区面临的重要挑战，又是我国建设和谐社会面临的重点任务。

一 加快民族地区银行业的组建

民族地区的金融领域市场失灵可能成为常态，不能用高速发展的政策指导高质量发展的增长，但政府的政策和干预是必要的，提供强有力的具体的政策支持，通过财政补贴和税收优惠鼓励大型商业银行在民族地区开设分支机构和开拓业务，降低开办小型和新型农村金融机构的门槛，合理规定和落实民族地区资金的投放比例。近几年随着金融科技的发展及其对传统商业银行业务的渗透，还要发挥以大数据和云计算为代表的互联网技术的优势，因地制宜和分类施策，以此提高银行业服务实体经济的效率，提高金融机构自身的竞争能力，进而带动民族地区银行业的发展。在无法被商业银行服务覆盖的地区关注和解决金融服务权利不平等现象，通过发展普惠金融改善民族地区的金融生态环境，建立持续的、可以为农牧民提供金融产品和服务的金融系统。

在调动商业银行开展金融扶贫积极性的同时，民族地区还要对银行业加大监管力度。降低不良贷款增势，特别要降低扶贫贷款的风险，提高信贷资产质量，优化信贷结构，加强风险的防控和预警，保障银行体系稳定运转，守住不发生区域性系统性金融风险的底线。

二 推动民族地区多层次资本市场的建立

2016 年 9 月《中国证监会关于发挥资本市场作用服务国家脱贫攻坚战略的意见》发布，国家为贫困地区的企业开设了资本市场的绿色通道，伴随着区域优势、政策优势和资源禀赋，民族地区迎来了发展良机。企业通过绿色通道利用资本市场资源，提高了融资效率，改善了地方的财政收入，有利于当地群众就业，带动当地的经济社会发展，增强了民族地区资本市场的金融服务功能和民族地区自我发展的能力。地方政府也应该借此良机，深入挖掘优质的企业特别是创新型和高新技术型中小企业在主板、中小板、创业板及境外市场上市融资。鼓励上市公司对民族地区的企业开展并购重组，对民族地区的并购重组项目，优先安排加快审核。

以往农牧民地区改善民生的主要借款渠道就是农村信用社，融资难、融资贵等问题增加了农牧民的经济负担。提高直接融资的比重、拓展股债融资方式和创新直接融资工具已经刻不容缓。引导民族地区的企业通过发行公司债券进行债务置换，以此优化债务结构，通过多种途径使企业了解已有的多样化直接融资工具。

区域性股权市场是多层次资本市场体系的重要组成部分之一，我国各地已经陆续建立了股权交易中心，区域性股权市场的定位越加清晰，具有企业融资、资本进退、上市培育和价值发现等多种市场功能，是我国股票、债券市场的补充，民族地区应充分利用这个公共平台为中小微企业服务。

表 7-14　民族地区区域性股权交易市场成立时间

股权交易市场名称	成立时间
广西北部湾股权交易所	2011 年 4 月
新疆股权交易中心	2012 年 10 月
成都（川藏）股权交易中心	2013 年 8 月
内蒙古股权交易中心	2014 年 5 月
宁夏股权托管交易中心	2015 年 6 月

资料来源：根据网络资料整理。

　　提高期货市场对民族地区的支持力度，鼓励民族地区的企业特别是涉农企业开展套期保值和风险管理业务。我国部分省份已经开展了"保险＋期货"试点，民族地区可以参考现有的成功经验尝试，提高中小企业特别是涉农企业的风险防范能力；大力引入期货经营机构在民族地区开设分支机构，减免期货经营机构试点项目的手续费，支持满足条件的仓储企业在民族地区设立期货交割仓库。

　　积极在民族地区发展为创业企业服务的股权投资基金，支持民族地区的企业和民间资本发挥示范效应，作为发起人设立或者参与私募股权投资基金，还要加强民族地区基金管理团队的培养，引进先进的经营和管理理念。

　　最后要加强对民族地区投资者保护的工作，健全金融消费权益保护机制，做好民族地区投资者金融基础知识和风险防范的教育工作，建立高效率的资本市场监管队伍，加大对非法证券活动和各类违法行为的监管和打击力度，推进社会信用体系的建设和扩大支付清算网络在民族地区的辐射范围。

三　提高保险业务的渗透率和普及率

　　保险业在少数民族地区有很大的发展空间和潜力。首先要增强民族地区民众的保险意识和更新保险观念，当地政府和金融机构通过宣传、培训等途径增进民族地区居民对保险业的了解，从医疗保障、人身财产安全、农业风险抵御等多方面提高当地居民参保的意愿，充分发挥保险风险转移和财产补偿的功能。其次要鼓励保险公司开发和推出多个险种满足民族地区的保险需求，增进民生福祉和服务实体经济。可以在部分地区先行试点，然后再由点到面逐步覆盖更多地区，例如已经得到广大农民认可的"期货＋保险"试点，提高了涉农企业的风险防范能力。最后要维护金融安全，加强地方监管部门的监管力度，特别是管控好销售行为，抓好舆论引导，落实行业自律，为保险行业队伍补充新鲜血液,切实维护民族地区民众的权益和利益。

四 金融与经济相互促进、协调发展

民族地区要实现经济的可持续发展必须从根本上转变经济增长方式。银行业、证券业、保险业占据了经济发展的半壁江山,金融业发展质量的优劣影响经济增长的速度与质量,经济的高质量发展呼唤金融更多的服务实体经济。无论金融如何创新、监管如何变化,金融总归要服务于实体经济、服务于经济活动本身。我国地方政府已经具有推动地方经济发展的便利条件和支配地区经济发展的权力,应灵活运用国家金融市场的多种政策,逐步发挥出传统金融业和新兴互联网金融行业的优势,提高对经济增长的促进作用,同时经济的发展也会反哺金融业,为其发展提供更雄厚的基础,最终促进民族地区金融业与经济之间的相互协调发展和良性互动。

第八章

民族地区创新驱动发展

　　创新作为新时代"创新、协调、绿色、开放、共享"五大发展理念之一的首要部分，是一个区域经济社会发展的根本动力，创新包含的内涵广泛，除了传统意义的技术创新外，还包括思想观念上的创新和制度上的创新。民族地区大多处于边疆内陆地区，与东部地区相比在创新方面存在很多不足，因此，研究民族地区的创新驱动发展，就是研究如何从根本上促进民族地区经济发展。本部分首先介绍关于创新驱动的基本概念及相关理论，其次从民族八省区的宏观角度概述民族地区在创新方面的整体状况，再次以内蒙古自治区为例对民族地区创新驱动发展进行实证分析，最后对民族地区如何实现创新驱动发展提出对策建议。

第一节　区域创新系统和全要素生产率

一　创新

　　创新的概念最早由熊彼特提出。创新是在现有的思想和物质条件下创造出新的结果，表现在思想、产品、方法等各个方面。创新在传统观念和模型里主要表现为产品的创新，但是在现代理论中，创新不再始于理论和实验室，创新处于一个循环往复的过程中，在生产者和消费者间形成对流，不断的反馈和回应产生了创新。创新者作用于创新的各个阶段，而不再只存在于创新初始阶段。

　　创新一部分作为专利体现出来，另一部分是隐藏在经验之中，只有相互学习交流才能够获取，因此各区域要加强沟通和学习。由于创新会导致当地知识溢出效应的存在，区域化程度显著，同时也由于惯性和路径依赖性的存在，导致全国创新水平差异较大，东部城市经济发达，创新较好地集聚了当地经济发展，而作为边疆地区和后发展地区的民族地区而言，创新水平较低且难以受益于其他地区的创新，因此只有在当地着手创新方面的发展，才能够促进民族地区的经济发展。创新有利于民族地区形成独特竞争优势，为民族企业和民族品牌开辟道路。

二 创新组成部分

创新不仅表现在成果上，还需要一个地区有良好的创新环境，这是一个区域创新不断发展的基础性条件，同时还需要创新主体的培育，各种创新活动的存在，最终形成区域创新体系。只有各环节各部分的存在和配合，才能最终实现区域创新水平的提高。民族地区在各方面资源条件有限的情况下，可以优先在部分地区建立创新型试点区域或城市，从点出发，逐渐形成系统。虽然创新组成部分大致相同，但是对于不同区域也有不同的创新模式，作为民族地区，应该形成自己独特的创新体系，根据地方优劣势，做到充分发挥民族区域的独特性。

创新环境包括多个方面，但是概括起来主要是硬件方面和软件方面。硬件方面涉及民族地区的人力资本、资金水平、技术条件以及配套设施，软件方面包括民族文化、风俗习惯、制度体系、政府政策等。创新环境的好坏是决定一个地区创新水平的关键因素，民族地区独特的区域条件是形成创新的有利方面，区域特殊性可以形成独特的竞争力，因此针对民族地区创造出良好的创新环境是提升当地创新实力的重要领域。

创新主体包括科研机构、高校、政府或企业科研部门。创新主体最易发展成为科学技术增长极，虽然经济社会各组成部分均为反馈创新的主体，但此处强调的是主要部门，这些部门是高新技术人才培养的地方，也是创新集中讨论和极易出现成果的地方，民族地区在这些部门加大投入和培养力度，有利于创新水平的提高。创新服务部门也是创新的组成部分，例如金融部门为创新主体和活动提供资金支持，创新企业孵化器是创新发展的助推器和重要部分。除了以上主体部分，中小企业也是近年来国家重点关注的主体，对于民族地区来说，大型企业较少，但是规模较小的中小企业在民族政策下发展较为顺利，在中小企业中培养创新能力，有利于民族区域创新水平的提升。

创新体系是将创新主体、创新活动同创新环境融合在一起的体系或系统，是将各部分相互作用、相互影响、相互连接的一个网络，是区域内形成良性循环的必要条件。在这个体系内，知识溢出效应减少了学习和交流的成本，有利于优势企业的集聚，也加快了上下游产业的集聚，各部分通过合作交流，增加了互相依赖和信任的程度，有利于体系的完善与升级。创新体系不仅利于内部发展，同时还是兼收并蓄、包容开放的网络，不断吸引外部资本和技术进入，丰富整体，实现扩大与发展。

三　区域创新系统

弗里德曼首先提出区域创新系统概念，后经纳尔逊和克鲁格曼等人完善并研究发现，区域比国家更适合建立区域创新系统，因此民族地区作为国家的一个部分，适合根据各地区具体形态，形成民族地区创新系统。民族区域内的空间溢出性有利于技术增长极带动周边部门和地区的创新发展，有利于形成以技术增长极为核心的良好的学习氛围与文化。

虽然有区域和国家间易于形成创新系统的对比，但是两种模式都有其存在的原因和作用原理。以国家作为区域创新系统的载体，有利于自上而下的实施创新推广和创新传播，有利于强化整体创新水平的提升，但是作用力度逐渐减弱。以区域作为创新载体，属于横向扩散并形成地区内水平提升的态势，但易导致各地区间差异扩大，不利于创新方面的协调发展。另外，区域创新系统还存在其他的分类，例如按行政区位划分，省市县划分的区域创新系统；按区域范围划分，东中西部创新系统；以及按城市群划分，在城市或区域内部形成高新产业开发区，这些都是区域创新系统划分和存在的形式。

四　全要素生产率（TFP）

传统的发展模式只重视资本的投入，为不断开发地区自然资源的劳动密集型发展模式。而当代发展模式更加强调创新和技术的重要性，新的战略模式更适应时代发展要求。为测算技术创新如何促进经济增长，我们从新古典模型开始分析。其生产函数表示如下：

$$Y(t) = F[K(t), A(t)L(t)]$$

式中，Y 表示生产总值，K 表示资本，L 表示劳动力，A 表示技术水平，t 表示时间。以规模报酬不变，忽略土地和其他资源对产出的投入，要素投入为正且呈边际报酬递减以及生产函数满足稻田条件为假设条件下，通过测算资本投入和劳动力投入对经济增长的影响，发现促进经济持续增长的根本动力是技术的进步，因此通过一系列方法计量技术进步显得十分重要。美国经济学家罗伯特·索洛于 1957 年提出了测算技术进步的方法，即索洛模型，其方法主要是将产出增长分为要素投入（包括资本和劳动力）的贡献和技术进步的贡献，由此寻找经济增长的源泉。

索洛模型的公式为：

$$Y(t) = A(t) \cdot F[K(t), L(t)]$$

其中，Y 表示产出，K 表示资本的要素投入，L 表示劳动的要素投入，$A(t)$ 表示技术水平，也称为全要素生产率（Total Factor Productivity，TFP）。

经过系列推导，我们可以得出全要素生产率增长率为：

$$A'/A = Y'/Y - \alpha(t) \cdot K'/K + 1 - \alpha(t) \cdot L'/L$$

A'/A 也通常被称为索洛余值，即从 Y'/Y 中减去 K 和 L 增长率的部分。

因此民族地区经济增长要依赖于全要素生产率水平的提高，现阶段全要素生产率的测量主要体现为技术进步，巴丁杰等研究发现，技术水平的提升一方面来自区域内部学习研究实现的成果，另一方面是通过"后发优势"实现的发展，充分利用转移过来的技术，实现区域内的发展，即内生增长和技术赶超。

五 新增长理论

相对于上文讲述的新古典增长理论而言，新增长理论把技术进步看作是内生性的，是可控的内生变量，而不是外生性，所以新增长理论又称为内生增长理论。分析问题的假设也变为规模报酬递增以及不完全竞争状态，更加符合现实中的经济发展状况。在罗默等的贡献下，内生技术变化增长模型恰当地解释了经济摆脱报酬递减并实现持续发展的原因。该模型把技术作为区域内创新主体主动追求的目标，将其内生化，技术进步体现在产品质量和种类两个方面的改善，产品质量改善会增加产品附加值，产品种类增加会间接产生相应的产业和生产线，这些都是新增长理论解释的内容。这里我们引入 AK 模型：

$$Y = AK$$

Y 表示生产总值，K 表示资本存量，A 是常数项，表示技术。资本积累可以表示为：

$$\Delta K = sY - \delta K$$

s 表示生产总值中用于储蓄投资的部分，δ 表示折旧率，ΔK 表示资本存量变化量。将上述两式结合得：

$$\Delta Y/Y = \Delta K/K = sA - \delta$$

只要保持 $sA>\delta$，不需要外生的技术进步，资本存量就能持续增加，经济就能够持续增长。

六　制度创新

制度创新是创新中必不可少的部分，如果只有技术创新而缺乏制度创新，那么创新水平将会停滞不前，技术创新也难以前进发展。同时，在技术水平不变的前提下，制度创新会促进经济社会的进步，促进民族地区的发展，即制度创新一方面对区域内技术创新产生影响，另一方面对区域内的经济社会发展也产生影响，科学合理的制度安排对各方面起到促进作用，相反，不合理的制度对各方面都起到抑制作用，严重阻碍了科技和社会的进步。

制度创新是由两方面需求推动的：制度创新在外在需求上是经济社会各方面要求其改变以适应整体环境，内在要求则是区域内部要求做出改变，以追求更好的制度安排。制度作为规范区域内主体行为的准则，对于区域内各部门的安排有其合理性，使得各主体成员能发挥自己最大的优势，同时高效的制度能够使得区域内有限的资源得到最优化的配置，使得各创新主体获取最大的资源支持。

进行制度创新的主要原因是，某一地区率先实施某项政策，会产生相对于未实施该政策地区的先发优势，这种优势带来区域经济社会的向前迈步，因此民族区域要抓住制度创新带来的优势，积极推进制度创新，实现民族地区的跨越式发展。

制度创新对民族地区经济社会发展的影响机制主要包括以下几点。第一，制度创新产生的激励作用，一方面促进民族地区区域内创新主体利益得到保障并实现相应的物质回报，另一方面把创新主体同区域发展命运相通，作为一个整体实现共同进步，这是合理先进的制度所赋予的价值。第二，制度创新有利于降低区域内各主体间的沟通交流成本，还有利于经济发展中加强合作，对于区域经济发展有着带动作用，在制度完善的地区，区域内部经济主体更专注于发展，而在不完善的地区，主体更费心于运行和维持，难以实现合作发展，影响区域整体进步。第三，制度创新也为区域经济贸易自由提供支持，民族地区加强了对内对外经济贸易合作，会增加区际合作机会，直接促进经济增长，间接促进技术水平和创新水平的提高。当然，民族地区经济发展对制度创新也有反作用的影响，这主要体现在不同区域的经济发展状况不同，因而同样的制度创新会产生不同的效果，因此更加强调了要根据区域差异实施不同的制度政策。

第二节　民族地区创新驱动发展概况

中国民族地区通常指民族八省区，包括内蒙古自治区、宁夏回族自治区、新疆维吾尔自治区、西藏自治区和广西壮族自治区五大少数民族自治区和少数民族分布集中的贵州、云南和青海三省。这里我们主要以民族八省区为研究对象，通过横向比较和纵向比较分析方法，了解民族地区创新驱动发展概况。

如表 8-1 所示，2017 年民族八省区在规模以上工业企业研究与试验发展（R&D）活动及专利情况方面，显著低于全国各省区平均水平，大企业在科研方面的贡献较显著，但民族地区在各方面数据中均表现欠缺。虽然与全国相比较落后，但是在民族地区内部，研发人员方面内蒙古自治区和云南省较为充足，在研发经费方面内蒙古自治区、广西壮族自治区和云南省较为充裕，在研发项目数上云南省居于首位，在专利申请中发明专利部分和有效发明专利数上广西壮族自治区、云南省和贵州省居于前列。从民族地区间相比较可以发现，研发人员、研发经费的多少与研发项目、专利申请数目成正相关，研发投入多的地区其成果也较为显著。值得注意的是，在八个省区中，西藏自治区严重落后于其他地区，其次就是青海省，因此对各地区帮扶过程中，在帮扶少数民族地区的同时，更要加强对西藏和青海规模以上工业企业科研方面的帮助，当然，各项指标数值较低也与两地规模以上工业企业数量较少有关。

表8-1 2017年民族地区规模以上工业企业研究与试验发展（R&D）活动及专利情况

地区	R&D人员（人）	R&D经费（万元）	R&D项目数（项）	专利申请数（件）	专利申请中发明专利部分（件）	有效发明专利数（件）
全国	2736244	120129589	445029	817037	320626	933990
全国各省份平均数	88266	3875148	14356	26356	10343	30129
内蒙古	23243	1082640	2353	3796	1733	3837
广西	16163	935996	2795	5428	2502	6557
贵州	18786	648576	2758	5344	2542	6805
云南	21393	885588	4122	5389	1891	6510
西藏	202	3186	32	20	12	96
青海	1799	83276	310	729	271	399
宁夏	6392	291101	1404	1978	937	1633
新疆	6191	400468	1161	3022	961	2565

资料来源：《中国统计年鉴2018》。

　　在分析民族地区规模以上工业企业研发状况和专利申请状况后，从创新驱动的角度，我们更应注意各省区新产品开发和生产情况，如表8-2所示，在新产品开发数目上，民族八省区加总数量为14144项，不足全国各省平均数，同时民族八省区新产品开发经费支出总额为4095791万元。新产品销售额以及新产品出口额都显示出民族地区创新实力不足，这直接导致创新对民族地区经济社会发展的促进作用不显著，间接导致民族地区发展状况落后于全国其他地区。在民族地区内部，新产品开发项目依旧是云南省处于领先地位，但是在新开发经费支出上以及新产品销售收入和出口销售收入上，广西壮族自治区占据了领先地位，究其原因可能是广西地处我国南部沿海，对外贸易和交流机会相对于内陆地区而言具有较大优势。而西藏自治区、青海省和新疆维吾尔自治区在区域政策制定和国家帮扶上应给予更多的关注，重点帮助这三个省区加快创新方面的发展。

表 8-2　2017 年民族地区规模以上工业企业新产品开发及生产情况

地区	新产品开发项目数（项）	新产品开发经费支出（万元）	新产品销售收入（万元）	新产品销售收入中出口部分（万元）
全国	477861	134978371	1915686889	349447537
全国各省份平均数	15415	4354141	61796351	11272501
内蒙古	1606	672557	11244704	352483
广西	3232	1120030	22492207	984717
贵州	2537	577811	6055568	357346
云南	4208	1026693	8086166	364647
西藏	22	3270	94173	—
青海	369	87570	1027045	3302
宁夏	1194	182203	3352269	424094
新疆	976	425657	3938875	165505

资料来源：《中国统计年鉴 2018》。

　　相对于其他地区而言，民族地区规模以上工业企业在数量上相对较少，这是民族地区创新状况不足的原因。从民族地区发明专利、实用新型专利、外观设计专利三种申请数和授权数来看，如表 8-3 所示，民族地区专利申请总数为 159107 件，高于全国各省份平均水平，专利申请授权总数为 62668 项，也高于全国平均水平，相对于表 8-1 和表 8-2，民族地区创新情况有部分改善。但在占全国总量比重上仍旧处于劣势，民族地区专利申请总数占全国总量 4.5%，专利授权总数占全国总量 3.64%，这样看来民族地区创新水平仍需提高。从衡量创新较为客观的专利授权数量上看，民族地区发明专利占全国总量的 3.49%，实用新型专利占全国总量的 4.2%，外观设计专利占全国总量的 2.5%，其中作为创新驱动经济发展主要是发明和实用新型专利，因此民族地区创新水平还存在很大的发展和改善空间。从民族地区内部来看，仍旧是广西壮族自治区、云南省和贵州省创新水平相对较强，而西藏自治区、青海省和宁夏回族自治区创新实力相对较弱，需要重点关注。

表 8-3 **2017 年民族地区国内三种专利申请数和授权数**

单位：件

地区	专利申请				专利授权			
	总数	发明	实用新型	外观设计	总数	发明	实用新型	外观设计
全国	3536333	1245709	1679807	610817	1720828	326970	967416	426442
全国各省份平均数	114075	40184	54187	19704	55511	10547	31207	13756
内蒙古	11701	2845	7468	1388	6271	848	4453	970
广西	56988	37976	14595	4417	15270	4553	7755	2962
贵州	34610	13885	16898	3827	12559	1875	7986	2698
云南	28695	7801	17867	3027	14230	2259	10085	1886
西藏	1097	273	652	172	420	42	257	121
青海	3181	949	1946	286	1580	240	1079	261
宁夏	8575	2561	5633	381	4244	657	3345	242
新疆	14260	3207	8927	2126	8094	950	5630	1514

资料来源：《中国统计年鉴 2018》。

　　民族地区的创新水平除了从规模以上工业企业科研机构方面进行衡量，还可以通过高等院校的科研水平进行衡量，包括民族地区高等院校的招生毕业情况以及学校师资情况，都能从一个侧面反映各省区的创新发展潜力。如表 8-4 所示，在校学生数方面，广西壮族自治区、云南省、贵州省相较于其他民族地区人数较多，一方面是由于这 3 个省区高校数量较多，如表 8-5 所示，分别为 74 所、77 所、70 所，相应的 3 个省区高校专任教师数量也最多，分别为 43246 人、39271 人、35072 人；另一方面是由于学校规模较大，这也在某种程度上反映各地高校的科研水平。在毕业生人数方面，广西壮族自治区人数较多，虽然不能确定多少比例毕业生留在当地工作，但高数量的毕业生提高了当地高校毕业生就业的比重，客观上为地区创新潜力的提高打下基础。但是民族地区整体创新实力较弱也可以从毕业生中本科和专科构成比例看出，在绝大多数民族地区，专科毕业生数量近似于或高于本科毕业生数量，专科对于创新方面的贡献程度较低，这也是民族地区创新水平提升后续动力不足的原因。

表 8-4　2017 年民族地区普通本专科学生情况

单位：人

地区	招生计划			在校学生数			毕业学生数			授予学位数
	总数	本科	专科	总数	本科	专科	总数	本科	专科	
全国	7614893	4107534	3507359	27535869	16486320	11049549	7358287	3841839	3516448	3771039
全国各省份平均数	245642	132501	113141	888254	531817	356437	237364	123930	113434	121646
内蒙古	122078	62360	59718	448092	252161	195931	117798	57501	60297	55965
广西	266945	117893	149052	866716	456835	409881	210666	88932	121734	87376
贵州	199747	86696	113051	627672	317072	310600	149037	75025	74012	71164
云南	202091	103172	98919	705854	413831	292023	175254	96365	78889	94580
西藏	9667	5802	3865	35643	24212	11431	9020	5493	3527	5317
青海	19626	9857	9769	66974	37502	29472	14661	7937	6724	7709
宁夏	34728	20432	14296	121051	78519	42532	31563	17205	14358	16477
新疆	103662	48327	55335	346044	179797	166247	78686	35679	43007	32921

资料来源：《中国统计年鉴 2018》。

表 8-5　2017 年民族地区普通高等学校（机构）情况

单位：人

地区	学校数（所）	教职工数	校本部教职工数				
			总数	专任教师	行政人员	教辅人员	工勤人员
全国	2631	2442995	2336980	1633248	343226	220791	139715
全国各省份平均数	85	78806	75386	52685	11072	7122	4507
内蒙古	53	39598	38888	26408	5976	4076	2428
广西	74	66934	59699	43246	8426	4650	3377
贵州	70	47896	47273	35072	6839	3536	1826
云南	77	53533	52542	39271	6560	3990	2721
西藏	7	3707	3623	2484	586	352	201
青海	12	6911	6644	4671	817	729	427
宁夏	19	11695	11321	8196	1568	929	628
新疆	47	30349	30013	20601	4368	2501	2543

资料来源：《中国统计年鉴 2018》。

根据上文所述，技术进步体现在产品质量改善和种类增多两个方面，如

表 8-6 所示，在 2017 年民族地区产品质量情况中，优等品率仅有广西壮族自治区、云南省和西藏自治区超过全国平均水平，产品质量合格率仅有内蒙古自治区、贵州省和宁夏回族自治区超过全国平均水平，因此提高民族地区生产的技术水平、提高民族地区产品质量是改善民族地区创新水平的重要部分。

表 8-6　2017 年民族地区产品质量情况

单位：%

地区	优等品率	质量损失率	产品质量合格率
全国	57.10	2.03	93.77
内蒙古	54.60	1.61	96.05
广西	57.50	2.55	93.35
贵州	51.90	2.69	95.68
云南	58.20	1.37	93.89
西藏	60.80	0.55	92.78
青海	49.70	1.32	91.84
宁夏	42.20	2.38	96.03
新疆	49.80	3.43	92.15

资料来源：《中国统计年鉴 2018》。

上述各表均是 2017 年民族地区的横截面数据，我们通过内部与外部横向比较，发现民族地区创新驱动发展方面存在的不足，下面我们运用面板数据，通过横向分析和纵向分析结合的方法，分析民族地区在 2010～2017 年创新驱动上的发展状况。

技术市场成交额能够从侧面反映区域内的创新能力，同时也能够反映地区产业发展水平。如表 8-7 所示，全国技术市场成交额逐年上升，但是从各民族地区来看，内蒙古自治区呈波动式下降趋势，青海省呈现直线上升趋势，其余省区呈现波动式上升趋势。在各省区 8 年发展中，2010 年内蒙古自治区领先于其他民族地区，2011 年和 2012 年云南省、内蒙古自治区和青海省技术市场成交额迅速提高，在 2013 年后，云南省成为民族省区技术市场成交额最高地区，在此期间，贵州省 2016～2017 年增加额最高，由 2016 年的 204437 万元增加到 2017 年的 807409 万元，这与贵州省大力推动高新技术产业发展有很大关系,在贵州省"十三五"规划中,政府加大对该地区大数据产业技术创新的支持。西藏自治区 2010~2016 年数据缺乏,但仅从现有的 2017 年数据来看,技术市场成交额严重低于其他地区。通过计算,2010~2017 年,民族地区技术市场成交额总值占全国总数分别为 1.71%、1.66%、2.97%、1.84%、1.50%、1.57%、1.67%、2.27%,可以看到 2012 年民族地区创新驱动整体发展情况较好,近年来虽总量比重下降,但呈现波动式上升趋势。

表 8-7 2010~2017 年民族地区技术市场成交额

单位:万元

年份 / 地区	2010	2011	2012	2013	2014	2015	2016	2017
全国	39065753	47635589	64370683	74691254	85771790	98357896	114069816	134242245
全国各省份平均数	1260186	1536632	2076474	2409395	2766832	3172835	3679671	4330395
内蒙古	271464	226719	1060962	387390	139393	153872	120492	196087
广西	41362	56377	25238	73449	115833	73132	339922	394228
贵州	77191	136483	96743	183972	200392	259626	204437	807409
云南	108827	117144	454779	420003	479233	518364	582559	847625
西藏	—	—	—	—	—	—	—	440
青海	114051	168443	192989	268863	291001	468849	569190	677186
宁夏	9972	39447	29135	14289	31823	35202	40526	66679
新疆	45188	43783	53853	29953	28223	30322	42755	57554

资料来源:2011~2018 年《中国统计年鉴》。

上文已分析了 2017 年各民族地区规模以上工业企业研发能力状况,现在引入各地区 2014~2017 年时间序列数据,分析各民族地区创新水平发展趋势。从表 8-8 数据可以看出,内蒙古自治区研发人员虽然在 2015 年、2016 年提高,但 2017 年又骤然下降,广西壮族自治区的研发人员数量自 2014 年一直处于下降趋势,青海省近三年略有提升,但是同 2014 年相比也是呈下降趋势,新疆维吾尔自治区 2017 年同 2014 年相比也略有降低。研发人员作为科研中的支柱,是民族地区创新发展的关键,人员减少一方面有高科技人才流失的原因,另一方面也是工业企业数量减少的原因。在工业企业研发经费上,除青海省外,2017 年研发经费金额相对于 2014,均呈现波动式上升趋势。在研发项目数上,除广西壮族自治区外均在整体上呈上升趋势。所以从整体上看,民族地区同全国平均水平相比仍有差距,但是民族地区内部以及各民族地区与自身相比,仍旧处于发展态势,只是发展速度较为缓慢,需要根据民族地区的实际情况实施相应的政策,从而实现民族地区创新驱动经济社会的发展。

表 8-8 2014~2017 年民族地区规模以上工业企业研究与
试验发展 (R&D) 活动及专利情况

年份	省区	R&D 人员 (人)	R&D 经费 (万元)	R&D 项目数 (项)	专利申请数 (件)	专利申请中 发明专利部分 (件)
2017	全国	2736244	120129589	445029	817037	320626
2016		2702489	109446586	360997	715397	286987
2015		2638290	100139330	309895	638513	245688
2014		2641578	92542587	342507	630561	239925
2017	内蒙古	23243	1082640	2353	3796	1733
2016		30126	1279853	2260	2970	1321
2015		29190	1186261	1801	2585	1031
2014		27068	1080287	2265	2269	974
2017	广西	16163	935996	2795	5428	2502
2016		19402	827248	2664	5555	2660
2015		19000	769190	2397	4613	2005
2014		22793	848808	3260	4840	2423
2017	贵州	18786	648576	2758	5344	2542
2016		15774	556853	2145	4341	2021
2015		14916	457303	1619	3782	1953
2014		15659	410132	1682	4051	1918

年份	省区	R&D 人员 （人）	R&D 经费 （万元）	R&D 项目数 （项）	专利申请数 （件）	专利申请中 发明专利部分（件）
2017	云南	21393	885588	4122	5389	1891
2016		17166	741847	3441	4942	1878
2015		16381	619588	3017	3751	1493
2014		12980	516572	2102	3137	1281
2017	西藏	202	3186	32	20	12
2016		208	4003	29	44	15
2015		43	2602	21	17	14
2014		130	2943	30	18	6
2017	青海	1799	83276	310	729	271
2016		1750	77940	296	612	285
2015		1285	65029	150	305	144
2014		2068	92528	156	384	111
2017	宁夏	6392	291101	1404	1978	937
2016		5686	239624	1342	1757	909
2015		5470	200453	1125	1429	761
2014		5799	186518	1136	1160	611
2017	新疆	6191	400468	1161	3022	961
2016		7310	390946	1002	2546	777
2015		7188	366180	972	2340	788
2014		6688	357812	897	2458	805

资料来源：2015~2018 年《中国统计年鉴》。

第三节　民族地区创新驱动发展实证分析

本节以内蒙古自治区为例，具体研究民族地区创新发展实证分析。首先通过索洛余值分析内蒙古自治区经济发展过程中劳动力、资本和技术对经济发展的影响程度，从实证分析的角度研究民族地区创新水平，再从历年面板数据以及横截面数据分析内蒙古自治区创新现状，从而发现民族地区在创新驱动发展中存在的问题。

根据前文全要素生产率的推导过程，得出下列公式：

$$\dot{A}/A = \dot{Y}/Y - \alpha(t) \cdot (\dot{L}/L) - \beta(t) \cdot (\dot{K}/K)$$

令 $y = \Delta Y/Y$，$\lambda = \Delta A/A$，$l = \Delta L/L$，$k = \Delta K/K$，y、l、k 分别代表生产总值、劳动力、固定资产投资的年平均增长率，得到公式 $y = \lambda + \alpha l + \beta k$，用 El、Ek 和 $E\lambda$ 分别表示劳动力、资本和科技对经济增长的贡献率。即：

$$El = \alpha l/y$$

$$Ek = \beta k/y$$

$$E\lambda = 1 - El - Ek$$

计算得出 α 和 β，从而推算出劳动力、资本和科技对经济发展的影响程度。收集整理 2001 年至 2017 年的相关数据，建立以劳动力总数 L 和固定资产投资 K 为解释变量，以生产总值 Y 作为被解释变量的模型（见表 8-9）。

设计模型为 $LnY = c + \alpha LnL + \beta LnK + \mu_t$，其中 μ_t 为随机误差项。

表 8-9　2001~2017 年内蒙古自治区生产总值、劳动力人数和固定资产投资额

年份	生产总值 （亿元）	LnY	劳动力 （万人）	LnL	固定资产投资额 （亿元）	LnK
2001	1713.81	7.446474241	2381.4	7.775443829	496.43	6.207442487
2002	1940.94	7.570927671	2384.1	7.776576974	687.07	6.532436179
2003	2388.38	7.778370591	2385.8	7.777289777	976.54	6.884015712
2004	3041.07	8.019964706	2392.7	7.780177714	1333.66	7.195682321
2005	3905.03	8.270020745	2403.1	7.78451485	1808.31	7.500147986
2006	4944.25	8.505980564	2415.1	7.789495973	2291.70	7.737049179
2007	6423.18	8.767668601	2428.8	7.795152587	2963.40	7.994092537
2008	8496.20	9.047374284	2444.3	7.801514062	3770.67	8.235007983
2009	9740.25	9.184022064	2458.2	7.807184654	5069.29	8.530956047
2010	11672.00	9.36494809	2472.2	7.812863721	6035.68	8.705443803
2011	14359.88	9.572193486	2481.7	7.816699088	7332.86	8.900120896
2012	15880.58	9.672852258	2489.9	7.819997828	8821.13	9.084905259

续表

年份	生产总值 （亿元）	Ln*Y*	劳动力 （万人）	Ln*L*	固定资产投资额 （亿元）	Ln*K*
2013	16916.50	9.736044756	2497.6	7.823085550	10441.60	9.253553106
2014	17770.19	9.785277613	2504.8	7.825964170	12074.24	9.398829537
2015	17831.51	9.788722396	2511.0	7.828436359	13824.76	9.534216466
2016	18632.60	9.832668014	2520.1	7.832053862	15469.50	9.646625622
2017	16103.20	9.686773289	2528.6	7.835421069	14404.60	9.575302879

资料来源：根据 2002~2018 年《内蒙古统计年鉴》计算得出。

利用 Eviews9.0 软件对上表数据进行回归分析，得到表 8-10 数据。

表 8-10　内蒙古自治区劳动和资本弹性系数的回归分析数据

Dependent Variable：Ln*Y*

Method：Least Squares

Sample：2001 2017

Included observations：17

	Coefficient	Std. Error	t-Statistic	Prob.
c	22.96600	56.36677	0.407439	0.6898
Ln*L*	-2.349189	7.367922	-0.359557	0.7245
Ln*K*	0.802661	0.139954	5.735189	0.0001

R-squared	0.982834	Mean dependent var	8.942958
Adjusted R-squared	0.980382	S. D. dependent var	0.850700
S. E. of regression	0.119152	Akaike info criterion	-1.258050
Sum squared resid	0.198760	Schwarz criterion	-1.111012
Log likelihood	13.69343	Hannan-Quinn criter.	-1.243434
F-statistic	40.7944	Durbin-Watson stat	0.419301
Prob（F-statistic）	0.000000		

估计结果报告：

$$Ln*Y* = 22.966 - 2.349 Ln*L* + 0.802 Ln*K*$$

$$se = （56.36677）（7.367922）（0.139954）$$

$$t = （0.407439）（-0.359557）（5.735189）$$

$$p = （0.6898）（0.7245）（0.0001）$$

$R^2 = 0.982834$　　$\overline{R^2} = 0.980382$　　$df = 14$

$F = 40.7944$　　$p = 0.000000$

α 和 β 为弹性系数，需要满足 $0 \leqslant \alpha \leqslant 1$，$0 \leqslant \beta \leqslant 1$，因此取 β 值 0.802。设显著性水平为 0.05，由于 $p = 0.000000 < 0.05$，说明模型整体而言是显著的。由于 $\overline{R^2} = 0.980382$，说明拟合优度非常高。由于研究前提为规模报酬不变，即要求 $\alpha + \beta = 1$，则 $\alpha = 0.198$。根据计算得出的数据，即表 8-11 所示，我们可以看到，内蒙古自治区 2017 年经济发展技术贡献份额为 59%，而资本贡献份额为 40.7%，比例较为合理。但综观 17 年的数据，可以看到，内蒙古自治区技术贡献份额一直处于较低的状态，而资本则为驱动经济发展的主要部分，这也是导致内蒙古自治区经济发展缓慢的原因。

表 8-11　2001~2017 年内蒙古自治区各要素增长率及其贡献份额

年份	生产总值增长率（%）	劳动力增长率（%）	资本增长率（%）	劳动力贡献份额	资本贡献份额	技术贡献份额
2001	11.35	0.38	15.34	0.006617811	1.083642957	-0.090260768
2002	13.25	0.11	38.40	0.001693942	2.3240233	-1.325717243
2003	23.05	0.07	42.13	0.000612439	1.465680076	-0.466292515
2004	27.33	0.29	36.57	0.00209545	1.073238839	-0.075334289
2005	28.41	0.43	35.59	0.003029311	1.004699074	-0.007728385
2006	26.61	0.50	26.73	0.003715287	0.805603939	0.190680774
2007	29.91	0.57	29.31	0.003754935	0.785853357	0.210391708
2008	32.27	0.64	27.24	0.003915183	0.67694332	0.319141498
2009	14.64	0.57	34.44	0.007689704	1.886347202	-0.894036906
2010	19.83	0.57	19.06	0.005685856	0.770906869	0.223407274
2011	23.03	0.38	21.49	0.003304001	0.748481472	0.248214527
2012	10.59	0.33	20.30	0.006177857	1.537066512	-0.543244369
2013	6.52	0.31	18.37	0.009386726	2.258547826	-1.267934552
2014	5.05	0.29	15.64	0.011310586	2.484898185	-1.496208771
2015	0.35	0.25	14.50	0.142030746	33.6961423	-32.83817305
2016	4.49	0.36	11.90	0.015972246	2.123831921	-1.139804167
2017	-13.58	0.34	-6.88	-0.004925303	0.406689411	0.598235891

资料来源：笔者计算得出。

区域创新活动是决定该地区创新水平的重要组成部分，现在我们根据表8-12 的数据，即 2010~2017 年 8 个年份的数据，分析内蒙古自治区科技活动情况，从而探究影响民族地区创新水平的原因。首先从科技活动人员总量上我们可以看到，2010~2016 年一直处于上升状态，但 2017 年骤然下降，同时在科技活动人员中高学历人数也在 2017 年下降，这反映出民族地区高端人才外流的严重性，人才是创新的保障。同时在研发人员数据栏中，也可以反映出研发人员减少的现象，导致 2017 年研发人员数倒退至 2012 年以前，这十分影响内蒙古自治区创新水平的提升。在研发经费支出部分，我们可以看到，基础研究和应用研究比重提升，而试验发展在 2017 年比重下降，具体通过计算可得 2016 年三部分比例为 2.04：7.09：90.87，而 2017 年的比例为 2.83：7.93：89.24。试验发展是决定创新水平提升的部分，而基础研究和应用研究只是创新提升的前提，因此，试验发展经费比重的减少也是影响民族地区创新发展的原因。在技术市场成交额中，可以看到，同 2015 年水平相比，2016 年和 2017 年略有回升但整体处于下降趋势，这可以从侧面反映技术水平发展缓慢。在专利申请数和授权数上也可以看出近两年在发展专利上数量减少，而在实用新型上数量增加，间接反映出近两年的创新重点在外形上，而不是在根本技术研发上。因此民族地区要重视自身存在的问题，及时解决并深刻落实改进机制。

表 8-12　2010~2017 年内蒙古自治区科技活动基本情况

项目	2010 年	2011 年	2012 年	2013 年	2014 年	2015 年	2016 年	2017 年
科技活动								
科技活动人员（人）	69037	69543	76928	77761	78702	85398	97263	48755
大学本科及以上学历（人）	31875	33570	34712	38135	38828	45735	66470	23607
研究与试验发展折合全时人员（人·年）	24765.4	27603.5	31819	37277	36435	38248	39480	33030
研究人员（人）	14524.7	14972.6	17607	21198	19868	16840	17972	15129
研究与试验发展经费内部支出（万元）	637205	851685.7	1014468	1171877	1221346	1360617	1475124	1323278
基础研究（万元）	11234	16306.2	24501	35923	22368	26073	30113	37402
应用研究（万元）	60283	61626.9	73884	77922	93516	82418	104524	104900

续表

项目	2010 年	2011 年	2012 年	2013 年	2014 年	2015 年	2016 年	2017 年
试验发展（万元）	565688	773749.7	916083	1058032	1105462	1252125	1340487	1180976
研究与试验发展经费支出占地区生产总值比重（%）	0.55	0.6	0.64	0.70	0.68	0.76	0.79	
自治区科技进步奖（项）	100	104						86
国家科学技术进步奖（项）	2		1	1			1	1
技术市场成交额（万元）	868893	734260	2184318	1589334	1576755	1899589	1441900	1627852
专利								
申请受理量（件）	2912	3841	4732	6388	6359	8876	10672	11701
发明（件）	932	1267	1492	1935	1924	2254	2878	2845
实用新型（件）	1406	2034	2566	3213	3562	5609	6401	7468
外观设计（件）	574	540	674	1240	873	1013	1393	1388
授权量（件）	2096	2262	3090	3836	4031	5522	5846	6271
发明（件）	262	364	570	549	458	797	871	848
实用新型（件）	1276	1415	1900	2494	2908	3757	3981	4453
外观设计（件）	558	483	620	793	665	968	994	970

资料来源：2011~2018 年《内蒙古统计年鉴》。

　　在分析民族地区整体创新活动后，我们要从创新主体出发，探究民族地区创新发展的薄弱环节，下面我们分别从内蒙古自治区大中型企业、高校、地方国有单位、政府科研机构进行分析。首先，在表 8-13 中我们可以看到，大中型工业企业数量自 2013 年以来趋于下降，但有研发活动的单位数量除 2016 年至 2017 年下降外，其余年份一直处于上升状态，可以反映出淘汰的大中型工业企业多为没有研发活动的企业，所以民族地区的大中型工业企业要加强自身的研发能力，增强竞争优势。但是研发人员自 2013 年以来呈现出显著的削减趋势，所以民族地区特别是内蒙古自治区要加强科研人员的培养和引进，避免人才流失带来的后续发展动力不足。同样，工业企业研发过程中，试验发展部分对企业的创新可以说是革命性的，因此试验发展科研经费的降低和研发人员的减少，也会导致大中型企业创新水平发展缓慢，因此应加大对试验发展部分人员和资金的投入。

表 8-13　2010~2017 年内蒙古自治区大中型工业企业科技活动基本情况

项目	2010 年	2011 年	2012 年	2013 年	2014 年	2015 年	2016 年	2017 年
单位数（个）	724	798	842	852	829	764	765	584
有 R&D 活动单位数（个）	95	101	129	134	139	157	191	172
R&D 人员（人）	31694	33076	38271	39558	38587	29916	31871	26745
R&D 人员全时当量（人·年）	14363	16959	19830	24814	23258	25614	25235	20065
研究人员（人·年）	7550	8024	10123	13546	11843	9308	9847	7476
按活动类型分								
基础研究（人·年）	112	52	82	38	10	10	37	30
应用研究（人·年）	198	166	590	419	1726	201	1281	599
试验发展（人·年）	14053	16740	19159	24357	21522	25404	23917	19435
R&D 经费内部支出（万元）	474299	661274	794463	902149	899194	927154	1003491	889817
按活动类型分								
基础研究（万元）	973	642	3076	385	143	61	198	363
应用研究（万元）	14975	5138	19628	20490	39552	8483	39079	22033
试验发展（万元）	458351	655495	771759	881274	859499	918609	964214	867421
按支出用途分								
日常性支出（万元）	408623	592436	706913	809012	801794	805045	842541	782429
日常性支出中人员劳务费（人·年）	77164	128090	141585	198196	192216	205647	218418	205946
资产性支出（万元）	65676	68838	87550	93137	97400	122109	160950	107389
资产性支出中仪器和设备（万元）	64599	64979	83240	89654	94654	119959	157182	105153

资料来源：2011~2018 年《内蒙古统计年鉴》。

　　其次，从表 8-14 高等院校科研活动情况可以看出，虽然高等院校单位个数近两年略有减少，但是其中从事研发活动的单位数量处于上升趋势，高等院校是区域创新的重要组成部分，在研发过程中知识溢出效应显著，同时高等院校人才集中，通过团队间的交流合作，能在短时间内展现科研成果。但在科研活动人员上可以看到，2017 年呈现断崖式下降，高校人才的流失是导致创新缓慢的重要原因。民族地区难以形成创新系统，一部分原因就是创新主体较为匮乏，这一点在处于我国边疆地区的民族地区更为显著。再从经费支出和人员投入上，可以看到更多倾向于基础研究和应用研究，这导致试验发展部分发展人员和经费支持不足。

表 8-14　2010~2017 年内蒙古自治区高等学校科技活动基本情况

项目	2010 年	2011 年	2012 年	2013 年	2014 年	2015 年	2016 年	2017 年
单位数（个）	63	62	30	30	32	65	98	94
有 R&D 活动单位数（个）	30	30	30	30	32	54	68	79
科技活动人员（人）	17699	18035	18267	18530	19004	22481	27634	7938
大学本科及以上学历（人）	15177	15762	16162	16413	17134	21042	25760	7015
R&D 人员全时当量（人·年）	3502	3856	3972	4168	4280	3255	3328	3329
研究人员（人·年）	2897	3217	3435	3402	3616	2815	2954	2997
按活动类型分								
基础研究（人·年）	1469	1678	1867	2095	1455	1138	1277	1457
应用研究（人·年）	1635	1783	1697	1666	1964	1608	1714	1634
试验发展（人·年）	397	398	407	407	861	509	337	238
R&D 经费内部支出（万元）	24766	31033	34831	39587	40934	32707	38646	44745
按活动类型分								
基础研究（万元）	5084	9755	10463	14501	10502	8609	10610	14995
应用研究（万元）	11712	16336	17769	20173	20512	18775	21233	22355
试验发展（万元）	7972	4940	6599	4913	9920	5324	6803	7394
按支出用途分								
日常性支出（万元）	21474	24750	31309	35007	37875	31063	35544	40934
人员劳务费（万元）	3864	4172	3536	4276	4546	3921	4800	5639
资产性支出（万元）	3292	6284	3522	4580	3059	1644	3101	3811
仪器和设备（万元）	3292	4036	3522	4580	3059	1644	3101	3811

资料来源：2011~2018 年《内蒙古统计年鉴》。

最后，我们从内蒙古自治区地方国有单位的各方面技术人员数量和构成比例上看，如表 8-15 所示。国有单位技术人员中教学人员占比最多、科学研究人员占比最少，且总体上专业技术人员数量自 2011 年以来一直处于波动式下降趋势。但从各部分人员来看，科研人员数量自 2010 年以来处于波动式上升态势，但是速度较为缓慢，因此应在此基础上，辅助以更多解决措施，让该部分人员增长速度提升。民族地区国有地方单位对创新的贡献虽与高校相比略显薄弱，但也是不可或缺的部分，因此民族地区国有单位更应借助中央对民族地区的政策，加快在技术科研方面的投入，积极实施民族地区人才引进战略，提升国有单位的技术人才储备。

表 8-15　2001~2017 年内蒙古自治区地方国有单位各类专业技术人员情况

单位：人

年份	总计	工程技术人员	农业技术人员	科学研究人员	卫生技术人员	教学人员
2001	497202	69548	18979	2084	69156	257165
2002	486215	64635	18288	1927	68725	260445
2003	514746	68669	22202	2029	72508	274565
2004	532891	65362	26978	2631	80287	286581
2005	534906	62700	27393	2401	81181	291842
2006	536071	59529	27465	1985	81658	300322
2007	553733	70527	27645	2160	82346	303470
2008	559013	67777	32659	2431	86965	302841
2009	556413	64790	32144	2205	88058	305803
2010	543015	60725	27792	1864	87458	304574
2011	559597	63173	33396	2346	90276	306684
2012	559502	65166	31234	2883	92393	308157
2013	553400	63919	28404	3183	90202	311647
2014	545108	64970	24058	3166	89489	302635
2015	540633	62363	25537	3539	90166	301568
2016	546717	65784	24839	3362	91353	301504
2017	546579	63719	24095	3686	92093	298676

资料来源：2002~2018 年《内蒙古统计年鉴》。

第四节　民族地区创新驱动发展路径

探讨民族地区的创新驱动发展路径，要根据民族地区的具体情况和存在的具体问题提出相应发展路径的对策建议，针对上文分析发现的各种问题，我们从以下四个方面进行改善。

一　建立民族地区区域创新系统

建立民族地区的区域创新系统，要根据民族地区存在的问题提出建议，主要从创新主体、创新活动以及技术水平上进行分析。首先从民族地区的创新主体来看，存在主体数量不足的情况，落后于经济社会总体需求。不论是高校、大中型工业企业，还是政府科研机构，技术人员比重和数量都严重削减，这非常不利于民族地区区域创新系统的构建。增加创新主体数量和质量是民族地区需要放在首位、需要首先解决的任务。在创新主体数量上，一方面可以加强对科研人员的培养，加强单位内部的培育或者委托其他专门机构加强对从业人员的培训教学；另一方面，对于培训结束的高端人才，要有相关激励机制，以减少人才再次流失，同时也要有相关管制，控制创新主体减少速度。在创新主体质量上，如何在民族地区实现研发人员自身科研水平的提升，可以加强科技人员外出交流学习，获取创新水平较高地区的资源，在国内或者出国均可，这需要各机构与外界的沟通交流，实现联合培养与委托培养相结合。在民族地区人才引进方面，一方面，加强物质上的给予水平，凸显地区政策优势；另一方面，以民族情感和家乡情感吸引有抱负的高端科研人才，这都是作为民族地区可以汲取的建议。

其次，从民族地区的创新活动上看，从上文分析我们可知，民族地区从事的科研活动多数集中于基础研发上，这是导致创新水平提升缓慢的原因，如何升级民族地区科研层次是研究重点。一方面从根源处改善这一现状，即加大对试验发展部分的人员投入和资金投入，在其他条件不变的前提下，这两方面的投入可以对硬件设施水平有一定的促进作用。另一方面要从软环境上进行改善，要鼓励科研人员和机构更多的投入高端科研领域，虽然短时期内研发成果不显著，但是激励机制和研发热情会促进成果的实现，这需要大环境下整体推进，过程缓慢但效果显著。在创新活动上，由于地处偏远地区，各机构间合作较少，进一步导致各创新活动进行时互相缺乏信任与联系，以致很多创新行为不能互通有无实现共享与合作，这也是民族地区需要注意并改进的地方。

最后，我们从民族地区的科技发展水平来看，民族地区地处偏远，和东部沿海地区的发达程度相差甚远，尤其在科技应用上，更是处于落后的状态。技术落后就要不断更新，不断学习。建立民族地区区域创新系统最重要的问题就是解决民族地区的"锁定"状态，即故步自封的状态。区域间已发展成为互通开放的状态，如果区域内的创新主体满足于现状，不追求卓越，那外在因素满足多少都难以改变民族地区内部发展缓慢的状况。因此，作为民族地区，应凭借地区的后发优势，积极地吸收引进国内外先进技术，努力提高区域内的技术水平，改变技术落后的现状，从而加快民族地区区域创新系统的构建。

二 加快民族地区技术创新和制度创新

通过上文分析可知，技术创新和制度创新相辅相成，共同推进才能促进区域创新驱动发展。根据上文分析我们发现，全要素生产率对内蒙古自治区经济发展的贡献率较低，这一问题在民族地区普遍存在，如何提高民族地区的全要素生产率是关键，首当其冲的是要提高民族地区技术创新水平。在技术创新方面，民族地区在不断提高自身科研水平的基础上，要紧跟创新 2.0时代的步伐，积极推动"互联网+"同民族地区经济发展的嫁接，在经济社会各部门各领域推广学习，这就需要制度创新的配合。政府积极破除原始制度的壁垒，鼓励并奖励先行试点企业部门，利用表率和榜样的作用也是加快技术创新的方法。市场在资源配置中起决定性作用，政府作为"看得见的手"，其宏观调控也对经济社会的运转和资源配置起到辅助促进作用。制度创新需要政府作为推进者，从根源处改革社会创新需要的制度保障，技术创新最重要的就是产权清晰，知识产权保障体系不完善是抑制区域创新发展的一个原因，民族地区作为保障机制不完善的地区，在技术知识产权制度上的完善与创新，可以为民族地区创新驱动发展保驾护航。创新需要区域各部门的交流配合，打破民族地区各部门间的沟通障碍，也是政府制度创新的重要领域。领军企业和主导部门在部分科技创新上的垄断是造成民族区域内部科技普及程度不高的原因，在技术垄断现象上制度创新可以使情况得到改善，有利于民族地区创新系统的构建，也有利于各部门企业间互信互惠。如何管理好民族地区各创新主体，即如何管理高校、大中型企业科研部门和政府科研机构也是制度创新需要考虑的部分，完善这些科研部门的评级机制，研发部门的研发水平应根据民族地区整体状况制定，而不能简单地使用国际或国内普遍应用的标准，这对于民族地区而言是不公允的。制度创新还需要政府积极搭建技术市场成交平台，促进民族地区技术市场成交，积极推动科技基础设施建设。

三　重视民族地区的文化创新

民族地区创新驱动发展最终要落实到产业创新中，最终实现经济发展，产业创新中，围绕民族地区应把文化创新放在首位。民族文化是区别于其他地区的特色，文化创新一方面有利于民族文化的传承，另一方面有利于文化的推广。文化创新体现在产业上就是积极发展文化创意产业，民族文化由于其包含许多传统陈腐的思想，较难被现代社会消费者接受，但是我们在传承过程中，文化创意产业要对传统文化取其精华去其糟粕，保留少数民族文化的瑰宝，使其发扬光大。添加现代元素，使其更易被广大青年消费者接受，在推广文化的同时实现了民族地区经济发展，同时文化创新可以同民族地区非物质文化遗产合作，把民族地区难以维系下去的非遗手艺传承下去。内蒙古自治区集蒙元文化、草原文化、红山文化等于一体，依托地区文化开发文化创意产业，是实现民族地区经济发展的途径，也是促进民族地区创新发展的方式。

四　加强民族地区科技成果转化

民族地区科技成果转化是实现创新驱动对经济发展的带动作用，真正转化为生产力和生产总值，才能实现科技促进民族地区发展。科技成果转化要落实到产业发展的各个步骤当中，落实到企业生产领域。这既是实现民族地区新时代经济发展的必经之路，也是从根本上转变民族地区传统发展模式的关键。科技成果转化第一要发挥政府的作用，调动科技研发供给和需求市场的活力，优化配置科研公共基础设施和完善科研服务配套体系，完善科技成果交易平台，加快实现科研成果转移应用。第二要发挥企业的作用，企业是将研发机构科研成果转化为实际产品并销售的关键部门，民族地区除部分领先企业倾向于使用新技术，其余中小型企业由于资金等实力的约束，不愿也不能尝试使用最新科研成果，这需要政府在政策和资金上的帮扶以及企业家对市场预测后果断的决策。同时，对民族地区科技成果转换较慢的现象，中央到地方可以自上而下贯彻执行，各民族地区可以横向贯通互助推进。第三要从科研部门着手，更多研发以市场需求为主、以企业生产实用为主、以新时代要求为主、以民族地区适用为主的科研成果，加强科研机构与企业的沟通交流。民族地区高校数量较全国平均水平而言较少，因此更要有针对性地培养民族地区所需人才，针对民族企业状况和需求进行专门研究，研发更适宜民族企业应用的技术。同时，科研部门应在民族地区科研平台公开自己的科研成果目录，利于企业查询咨询，以促进科研成果交易形成和转化。在各高校中，要发挥青年学生的研发热情，积极开展创业创新比赛，将学生们青春活力且可实践的思想发挥到极致，汲取新思维，应用到生产实践中去，也是实现科技成果转化的方法之一。第四要加强民族地区"政用产学研"合作，在创新驱动发展的新时代，不能再只专注于"产学研"。作为生产部门的企业、学习研发的高等院校和科研机构相结合已远远不能满足现代社会的需求，政府和市场作为资源配置的辅助和主导作用，在创新的整体供给侧和需求侧也起到了不可或缺的作用，正如理论部分我们提到的，在一个系统中，通过不断的反馈和相互作用，才逐渐形成创新所需要的成果。民族地区不同于其他地区，经济发展水平以及发展环境的特殊性，更需要做到各部门和各方面的交流配合。

第三篇

民族地区经济社会发展趋势

本篇基于民族地区经济发展过程中应关注的重点领域和战略方向等问题，从城镇化建设、精准脱贫、开放发展和绿色可持续发展等四个方面进行研究。新型城镇化是现代化的必由之路，是最大的内需潜力所在，是经济发展的重要动力，也是一项重要的民生工程。民族地区要实现区域经济发展和现代化发展，新型城镇化建设是需要重点研究的部分，尤其是研究民族地区以人为核心的新型城镇化建设。民族地区作为精准扶贫攻坚战的主要区域，研究民族地区在精准扶贫、精准脱贫过程中存在的问题，有利于加快我国精准扶贫步伐，加快实现民族地区全面建成小康社会的愿景。在民族地区经济发展过程中，对内对外开放有利于民族地区全面发展，研究民族地区与国内各区域间的合作以及借助国家发展战略实现与各国之间的合作更能够补充民族地区的发展方向和战略布局。在民族地区经济社会发展过程中，保护生态环境是关键，绿水青山就是金山银山，民族地区薄弱的生态环境需要在发展区域经济的同时格外重视，必须时刻秉承绿色发展和可持续发展理念。因此本篇具体分为"民族地区新型城镇化建设""民族地区精准扶贫""民族地区开放发展""民族地区绿色可持续发展"四个部分。

第九章

民族地区新型城镇化建设

在工业化、信息化、城镇化、农牧业现代化和绿色化"五化"协同发展的今天，民族地区的新型城镇化建设是实现民族地区现代化的必由之路，是促进民族地区经济发展的重要动力。区域是由城市和农村组成的，城市承载着当地经济社会的发展和现代化水平的提升，新时代民族地区经济社会发展需要重点研究新型城镇化建设。

第一节　城市增长理论和城市扩张理论

一　城市与城市化

城市的概念是相对于农村产生的，城市包含内部的硬件与软件两个方面，城市的硬件是相对于农村地区基础设施而言的相对先进便利的基础设施，软件是城市的主体、文化、制度等部分。农村主要是人和土地之间以及简单的生产交换关系，而城市是人和人之间以及复杂的生产交换关系。衡量一个区域是城市还是农村在理论上界限清晰，但是在现实生活中往往界限模糊，因此需要指定一些指标来衡量区域归属于哪一类型。城市发展的过程是由农村变为市镇，再发展为城市，再继续发展成为大城市、特大城市、大都市、城市带，等等。我国的城市是按行政区划划分的，我国行政区划划出的城市是包含城市地区和乡村地区的，而且往往乡村地区的面积大于城市地区，因此衡量城市区域的面积主要是看城市建成区面积，而不是整个行政区划的面积。

城市化是伴随经济社会发展而来的结果，是区域发展的必然过程，包括人口的迁移、城市的扩张、经济社会发展以及制度变迁。城镇化过程也是农村整体向城市转变的过程，务农人口转变为非务农人口，社会中的经济交换由简单变为复杂，产业结构由第一产业为主转变为第二产业和第三产业为主，生产由劳动密集型逐渐转变为技术密集型和资本密集型，区域内的居民生活方式、思想价值观念、思维方式等均发生变化的过程就称为城市化。

二 新型城镇化建设

随着经济社会的不断进步与发展，城市化的发展观念逐渐由传统的城市化转变为新时代的新型城镇化，由关注以往的经济发展逐渐关注城镇化过程中人的发展、文化的发展、城乡协调发展等软件方面，更加人性化、具体化、细节化。新型城镇化的概念是以城乡统筹、城乡一体、产业互动、节约集约、生态宜居、和谐发展为基本特征的城镇化，是大中小城市、小城镇、新型农村社区协调发展、互促共进的城镇化。在新时代中国特色社会主义发展的过程中，我们要把民族地区的新型城镇化与工业化、信息化相结合，每个部分之间都有着紧密的联系，民族地区城乡二元结构可能会更加明显，如何缩小区域间差距，如何在新时代完成民族地区的精准扶贫工作，都需要与新型城镇化紧密结合。民族地区新型城镇化建设要与产业结构升级相辅相成，产业结构是区域经济发展的核心，新型城镇化要依托于科学的产业发展，在以绿色化发展为主题的新时代，民族地区新型城镇化过程中更要注意保护好民族地区脆弱的生态环境。各民族地区的发展程度差异显著，如何在新时代协调好各民族地区的发展状态以及做好资源的均衡配置，是考验民族地区政府和领导者的课题。民族地区在新型城镇化过程中要坚守民族文化的传承，文化是民族地区独有的特色，是民族区域的根和魂，必须在发展过程中做好传承工作，这也是新时代民族地区特色发展的要求。

三 城市增长理论

城市增长包含很多理论，这里我们主要阐述以下五个，分别是内生增长理论、外生增长理论、增长极理论、自发增长理论和理性增长理论。

1. 内生增长理论

内生增长理论强调城市自身的发展带来的经济增长，主要是从区域人力资本、区域经济规模、区域知识溢出等方面带来的增长。知识溢出的存在逐渐使产业和人力资本出现集聚进而产生规模效益，城市是由集聚而产生的。

其中知识溢出和规模经济的存在是城市发展的基础，是城市内生增长理论的核心。人力资本的集聚为城市经济发展提供了必要的前提，人力资本集聚形成综合人才市场保证了经济中各行各业的发展，企业能够通过集聚的劳动力降低招聘成本，企业间的上下游合作能够降低企业生产成本、提高生产效率，对于劳动者而言，就业机会增多，工作中的交流与合作可以提高专业知识技能，收入也会因为竞争的存在而提高，人力资本、企业和城市发展间形成良性循环，成为城市内生增长的源泉。

2. 外生增长理论

城市的外生增长主要来源于政府的管理、基础设施的完善、社会资本的投资等方面。外生增长的各方面通过作用于内生增长的各要素最终实现对城市发展的影响，政府的管理会影响到区域内人力资本的流动和配置，基础设施的发展水平会对企业安置以及人力资本的吸引产生作用，区域发展规模会受到政府财政支出和投资商的影响，政府间的竞争以及社会资本的流动会促进知识溢出的内部化形成，城市化的过程与规模经济的发展是一个互相促进的过程，这也是外生增长理论的一部分，因此外生增长理论和内生增长理论是相互循环相互促进的，共同作用下形成了城市增长理论。

3. 增长极理论

最早的增长极理论是由佩鲁提出的，当时的理论主要针对产业为核心的增长极理论，通过在区域内形成主导产业，对区域经济产生集聚效应和扩散效应。后期经汉森等经济学家改进提出了区域空间的增长极，这是以城市为核心的增长极，区域增长极中通过发展具有增长潜力和溢出效应的城市或城市群带动区域整体发展。以具有增长能力的城市作为增长极的空间增长主要通过城市数量的增加以及城市等级的提高作为发展的两个方面。

4. 自发增长理论

区域间存在区位差异，这主要由于各地区的资源禀赋、地理区位、市场环境等方面存在差异，因此城市发展与增长的形成过程主要是向区位条件具有优势的地区进行集聚，这是城市发展的自发过程，不存在政府的宏观调控，也是城市最初形成的方式，各种资源由低区位流向高区位，在区域城市发展的后期又由于存在溢出效应和集聚不经济，逐渐使城市发展面积扩大形成扩散趋势，城市发展规模不断扩大，这是城市自我组织形成的过程。

5. 理性增长理论

随着城市化发展的推进，集聚效应的不断产生，有限的城市内部逐渐出现集聚不经济，例如交通堵塞、地价升高、环境污染、资源紧缺等不良现象的发生，这就需要地方政府进行引导，通过出台政策制度进行引导，通过财政支出走向进行调整，例如新型城镇化建设就是理性增长的方向，主要目的是转变城市不良增长现象，以更加科学的发展方式实现城市转型升级，绿色城市、智慧城市等概念的提出是实现城市理性增长的合理规划。再如城市布局的规划、产业发展的规划、城市居民生活方式的引导、城市文化的形成等，只有在自发增长基础上根据新时代发展理念作指导，才能促进城市的健康发展，实现新时代民族地区经济的发展。

四 城市扩张理论

城市扩张主要是空间上的扩展和地域面积上的增长，首先是核心城市的发展，再到周边外围地区的发展，中国城市发展的模式很多，包括核心同心圆发展模式、点轴扩张模式、卫星城发展模式、城市群城市带发展模式，当然除了水平扩张外还有垂直扩张，主要表现在城市中建设向地下或空中扩张，这需要未来在城市规划中进行探索。然而在大多数地区主要还是蔓延式扩张的城市发展模式，主要表现在低密度扩张和松散发展的状态，一方面是产业转移导致工业园区向城市郊区延伸，另一方面是农村地区的就地城市化发展模式，导致未进行高精度规划的城市发展模式出现，这种模式由于现有土地利用效率低、交通耗费时间较长、环境治理难度加大导致城市病更加严重，因此在城市扩张过程中要注意防止蔓延式扩张的出现，城市扩张要合理规划布局。最后要重视交通基础设施对城市扩张的影响作用，很多城市都是沿交通线发展起来的，交通轴线走向往往也是城市扩张的方向，城市的空间布局是根据主要交通干道进行规划的，同时城市的规模也取决于交通发达的程度，轻轨和地铁等绿色出行方式的使用对城市规模增大起到促进作用。

五 城市规模经济

城市规模依据不同的标准会有不同的衡量结果，从人口角度看是人口规模，从区域面积看是城市用地规模，从经济发展角度看是区域生产总值，各种要素决定城市规模的含义。根据西方经济学关于企业最优生产规模的定义，边际成本与边际收益相等即达到最佳规模，城市最佳规模也具有同样道理，但是城市的边际成本和边际收益还需要根据不同的标准寻找不同的指数进行衡量，而且不同城市具体情况也存在差异，区域间的相互联系也必须考虑，这就为确定最优规模增加了难度。我们从以下几个方面分析影响城市最优规模的各种因素：首先是城市的功能定位，包括城市的行政职能定位，这是决定城市规模大小的关键因素，也是影响城市规模的重要因素，省会城市的规模一般相对较大，地级市的规模一般要大于县级市，但这种影响并不是绝对的；其次是城市发展的短板因素，城市规模能否达到某一标准并非完全取决于某项最优指标，往往是综合各项要素决定的，这就需要最劣势的部分实现突破性发展；最后是市场对城市发展的调节作用，市场对经济的调节也是在调节城市的发展，对于经济效益较好的城市自然有更多优质要素流入，当出现成本过高的发展时也会导致要素流出城市，最终依靠市场调节决定了城市发展的最优规模。

六　城市体系

城市体系即成为城市群或城市带，这是区域内各城市互相协调发展而形成的体系，需要各城市的分工协作，通过规模效益实现区域内各级城市的发展。城市群内部的城市大小不一，形成各种生产和发展的层次。由于城市间没有明确的界限且发展交流广泛，地理上的邻近更容易形成城市群和城市体系，人力资本的自由流动、各产业间相互合作是城市群内部发展的标配，既有利于内部成本的降低也有利于应对外部的机遇与挑战。城市体系建设过程中要重点研究城市与区域之间的关系，根据不同城市的规模和定位进行发展，一般的规律是规模越大职能越高的城市，影响范围普遍较广，但相应的在区域内部数量则较少。根据城市的优势条件分为综合型城市、交通城市、港口城市、旅游城市等，在区域内部除了各城市之间交流畅通更要实现城乡发展的协调，只有各组成部分均衡发展了，城市体系才能实现整体的发展。城市体系的空间组织理论中克里斯塔勒和勒施的中心地城市体系空间组织最为著名，这两种观点既有相同点也有差异，研究了城市体系内部结构和整体功能两方面的关联。

第二节　民族地区新型城镇化建设概况

我国整体城镇化率已达到 58.5%，第六次全国人口普查数据显示，民族地区人口城镇化率平均为 46.6%。本节首先通过《中国城镇化质量综合评价报告》的权威调查数据评价民族地区整体新型城镇化水平，再通过各民族地区数据分析存在的问题。如表 9-1 所示，《中国城镇化质量综合评价报告》中的城镇化质量评价指标体系包含三个部分，分别是城市发展质量、城镇化效率以及城乡协调指数，涉及经济、社会、生态、收入等各个方面，通过各指标折算权重计算得出最终的城镇化质量，其中城市发展质量指数占比为40%，城镇化效率和城乡协调指数各占30%。

表 9-1 城镇化质量评价指标体系

单位：%

一级指标 （权重）	二级指标 （权重）	三级指标		指标 类型
		指标	权重	
城市发展质量 指数 （40）	经济发展质量 （30）	全市人均 GDP	20	正向
		全市非农产业比重	20	正向
		城镇居民人均可支配收入	20	正向
		全市人均可支配收入占 GDP 比重	20	正向
		市辖区人均地方财政一般预算内收入	20	正向
	社会发展质量 （35）	城镇恩格尔系数	25	逆向
		城镇登记失业人员比重	25	逆向
		科教文卫：		
		市辖区人均财政科技支出	6	正向
		市辖区人均财政教育支出	6	正向
		市辖区百人公共图书馆藏书	6	正向
		全市千人拥有病床位数	7	正向
		基础设施：		
		市辖区万人拥有公交车辆数	8	正向
		市辖区万人互联网用户数	8	正向
		市辖区人均生活用水量	9	适中
	空间发展质量 （35）	生活：		
		市辖区居住用地占城市建设用地面积比重	17	适中
		市辖区人均居住面积	18	适中
		生产：		
		市辖区人均道路与交通面积	18	适中
		工业用地占城市建设用地面积比重	17	适中
		生态：		
		建成区绿化覆盖率	7	正向
		生活垃圾无害化处理率	7	正向
		城镇生活污水处理率	8	正向
		工业固体废物综合利用率	8	正向

续表

一级指标 （权重）	二级指标 （权重）	三级指标		指标 类型
		指标	权重	
城镇化效率指数 （30）	经济社会效率 （50）	单位劳动力实现的 GDP	25	正向
		单位固定资产投资实现的 GDP	25	正向
		单位建成区面积实现的 GDP	25	正向
		单位建成区面积吸纳的城镇人口数量	25	正向
	生态环境效率 （50）	单位 GDP 的耗电量	33	逆向
		单位 GDP 的耗水量	33	逆向
		单位 GDP 的 SO_2 排放量	34	逆向
城乡协调指数 （30）	收入消费协调 （25）	城乡居民收入差异系数	50	逆向
		城乡恩格尔系数差值	50	适中
	公共服务协调 （25）	市辖区与全市中小学师生比的比值	33	适中
		市辖区与全市人均公共图书馆藏书的比值	33	逆向
		市辖区与全市人均床位数之比	34	逆向

资料来源：《中国城镇化质量综合评价报告》。

　　城镇化率和城镇化质量并不是一致的概念，城镇化率可能比较高但是质量却不高。根据《中国城镇化质量综合评价报告》结果，从 286 个地级市数据中整理列出我国民族地区的各地级市城镇化率和城镇化质量排名，如表 9-2 所示。由于西藏自治区的数据缺失，评价结果中没有该地区的数据。根据统计数据，我国民族地区城镇化率排前 100 名的地级市有 12 个，分别是西宁市、银川市、石嘴山市、乌鲁木齐市、克拉玛依市、昆明市、贵阳市、呼和浩特市、包头市、乌海市、呼伦贝尔市和鄂尔多斯市，我国民族地区城镇化质量指数排前 100 名的地级市有 10 个，分别是银川市、中卫市、乌鲁木齐市、克拉玛依市、玉溪市、贵阳市、呼和浩特市、包头市、乌海市和鄂尔多斯市，其中只有 8 个地级市是城镇化率和城镇化质量指数均排名靠前。从各省区综合排名来看，根据新疆维吾尔自治区的两个地级市调查指标，该民族区域的新型城镇化建设较好，但也不能涵盖为整个自治区的状况，其次是内蒙古自治区九个地级市的数据中有 5 个排名靠前，整体状况最不好的是广西壮族自治区和云南省，数据显示的广西壮族自治区 14 个地级市和云南省的 8 个地级市很多都排名靠后甚至是倒数。从平均数来看，民族地区城镇化率平均 46.66%，平均排第 166 名，城镇化质量平均指数为 0.4622，平均排第 177 名，因此民族地区城镇化率整体发展缓慢且城镇化质量相对不高。

表 9-2　民族地区地级及以上城市城镇化质量评价结果

省区	城市	城镇化率（%）		城镇化质量指数		城市发展质量指数		城镇化效率指数		城乡协调指数	
		数值	排序	数值	排序	数值	排序	数值	排序	数值	排序
青海省	西宁市	63.7	54	0.4495	197	0.5559	187	0.2363	191	0.5208	169
宁夏回族自治区	银川市	60.2	73	0.5411	59	0.6650	48	0.2753	131	0.6418	69
	石嘴山市	59.6	77	0.4235	245	0.4351	283	0.1660	277	0.6655	58
	吴忠市	44.0	167	0.4352	227	0.5775	155	0.1480	282	0.5326	155
	固原市	31.0	266	0.4401	216	0.5353	212	0.2167	216	0.5366	151
	中卫市	51.3	114	0.5130	87	0.5395	207	0.3557	64	0.6351	71
新疆维吾尔自治区	乌鲁木齐市	60.2	74	0.6176	20	0.6654	47	0.2760	130	0.8955	3
	克拉玛依市	99.6	2	0.7054	4	0.7284	14	0.4814	17	0.8988	2
云南省	昆明市	63.6	57	0.4698	155	0.6485	60	0.2934	108	0.4078	264
	玉溪市	37.8	218	0.5820	34	0.5574	185	0.5953	2	0.6014	97
	曲靖市	35.5	238	0.4718	149	0.6146	107	0.2832	120	0.4700	219
	昭通市	20.4	285	0.3868	278	0.4557	279	0.2859	116	0.3958	269
	丽江市	27.3	280	0.4236	244	0.5769	157	0.2072	235	0.4356	244
	保山市	22.3	284	0.4171	251	0.4589	277	0.2800	125	0.4984	194
	普洱市	30.2	267	0.3909	276	0.5303	218	0.1788	265	0.4173	256
	临沧市	29.1	275	0.3377	285	0.4603	276	0.1838	255	0.3281	281
贵州省	贵阳市	68.1	39	0.5149	86	0.6291	86	0.1856	254	0.6920	36
	六盘水市	28.7	277	0.4186	248	0.5325	214	0.2310	194	0.4542	232
	安顺市	30.0	268	0.4219	246	0.5215	228	0.1687	274	0.5424	142
广西壮族自治区	南宁市	48.0	135	0.4739	142	0.6178	104	0.2942	107	0.4618	225
	柳州市	51.3	112	0.4507	196	0.6009	119	0.2837	119	0.4172	257
	桂林市	39.0	207	0.4703	153	0.6211	96	0.2593	153	0.4802	210
	梧州市	46.0	148	0.3719	283	0.5491	196	0.1919	252	0.3154	282
	北海市	51.3	113	0.4697	157	0.5978	124	0.2973	104	0.4711	218
	防城港市	46.0	149	0.4857	126	0.5025	253	0.3426	74	0.6064	93

续表

省区	城市	城镇化率（%）		城镇化质量指数		城市发展质量指数		城镇化效率指数		城乡协调指数	
		数值	排序	数值	排序	数值	排序	数值	排序	数值	排序
广西壮族自治区	钦州市	35.5	237	0.4338	228	0.5157	242	0.2593	152	0.4991	193
	玉林市	38.5	211	0.4142	256	0.5763	160	0.2526	164	0.3597	278
	贵港市	39.2	205	0.4420	211	0.5170	234	0.2109	228	0.5731	118
	百色市	33.5	254	0.4086	262	0.5775	154	0.1690	273	0.4230	253
	来宾市	35.2	242	0.4517	194	0.5019	254	0.2487	169	0.5878	105
	崇左市	34.0	253	0.4749	140	0.4834	266	0.2563	157	0.6821	43
	贺州市	35.3	241	0.4146	255	0.4637	275	0.2462	173	0.5175	170
	河池市	33.0	256	0.3784	282	0.5380	209	0.1755	269	0.3684	275
内蒙古自治区	呼和浩特市	61.0	69	0.5218	78	0.6798	38	0.3468	71	0.4860	204
	包头市	77.9	17	0.5552	46	0.6804	37	0.3533	67	0.5900	103
	乌海市	94.1	3	0.5371	62	0.7001	29	0.2082	233	0.6488	66
	赤峰市	40.0	194	0.4454	205	0.5161	239	0.2665	141	0.5300	158
	通辽市	40.3	193	0.4605	175	0.5394	208	0.2509	166	0.5649	124
	呼伦贝尔市	66.6	44	0.4302	234	0.5068	248	0.3059	96	0.4523	234
	鄂尔多斯市	67.8	41	0.5532	48	0.6592	51	0.4359	28	0.5293	160
	乌兰察布市	37.2	221	0.3214	286	0.4704	272	0.2023	241	0.2420	286
	巴彦淖尔市	45.9	150	0.4867	125	0.5686	169	0.3111	89	0.5531	134

资料来源：《中国城镇化质量综合评价报告》摘选整理。

　　新型城镇化最核心的是人的城镇化，因此我们首先探究民族地区城镇人口比重。根据表9-3数据，我国各民族地区在2009年至2017年城镇人口比重均呈上升趋势，但是各民族地区增长速度各不相同，2017年相对于2009年全国各省区平均增速21.05%，其中贵州省在民族八省区中增速最高，为53.96%，西藏自治区增速38.52%，云南省增速37.32%，青海省增速26.66%，宁夏回族自治区增速25.77%，广西壮族自治区增速25.54%，新疆维吾尔自治区增速23.91%，内蒙古自治区增速16.14%，绝大多数民族地区城镇人口增速超过全国各省区平均水平。但从2017年各民族地区城镇人口比重的对比来看，除了内蒙古自治区城镇人口比重高于全国各省区均值外，其余地区均低于全国均值，且西藏自治区的城镇人口比重仅为

30.89%，显著低于 2009 年的很多地区，因此人口城镇化增速较高的地区其城镇人口比重相对较低，处于城镇化发展初期和发展前阶段。

表 9-3　2009~2017 年民族八省区年末城镇人口比重

单位:%

地区	2009 年	2010 年	2011 年	2012 年	2013 年	2014 年	2015 年	2016 年	2017 年
全国	48.34	49.95	51.27	52.57	53.73	54.77	56.10	57.35	58.52
内蒙古	53.40	55.50	56.62	57.74	58.71	59.51	60.30	61.19	62.02
广西	39.20	40.00	41.80	43.53	44.81	46.01	47.06	48.08	49.21
贵州	29.89	33.81	34.96	36.41	37.83	40.01	42.01	44.15	46.02
云南	34.00	34.70	36.80	39.31	40.48	41.73	43.33	45.03	46.69
西藏	22.30	22.67	22.71	22.75	23.71	25.75	27.74	29.56	30.89
青海	41.90	44.72	46.22	47.44	48.51	49.78	50.30	51.63	53.07
宁夏	46.10	47.90	49.82	50.67	52.01	53.61	55.23	56.29	57.98
新疆	39.85	43.01	43.54	43.98	44.47	46.07	47.23	48.35	49.38

资料来源：2010~2018 年《中国统计年鉴》。

新型城镇化更加注重城乡协调发展，要破除城乡二元经济结构，因此我们要通过民族地区城乡居民消费水平及可支配收入分析其新型城镇化发展水平。根据表 9-4 数据可知，2017 年民族八省区居民消费水平中，从全体居民消费绝对数上看，只有内蒙古自治区超过全国均值，其余地区绝对数较小，尤其是西藏自治区居民消费水平仅为 10990 元，不足全国均值的 1/2。从城镇居民和农村居民消费水平的绝对数来看，民族地区城镇居民消费水平较一致，但是农村居民消费水平差距很大，由此看来，民族地区城乡二元经济结构明显。根据城乡消费水平对比发现，全国平均比值为 2.2，除内蒙古自治区和青海省外均高于全国均值，尤其是西藏自治区比值达到 3.1，城乡消费差距悬殊。从民族地区居民消费水平增长速度来看，2017 年贵州省全体居民消费水平增速较快，而从城镇居民和农村居民分开来看，普遍存在农村居民消费水平增速快于城镇居民，这也是城乡二元经济差距逐步缩小的表现，因此民族地区虽然在新型城镇化过程中进程缓慢且存在问题，但是也逐步改善现状并趋于完善，因此民族地区仍需要政府给予一定帮助和时间才能够实现新型城镇化建设。

表 9-4　2017 年民族八省区居民消费水平

地区	绝对数（元）			城乡消费水平对比（农村居民＝1）	指数（上年＝100）		
	全体居民	城镇居民	农村居民		全体居民	城镇居民	农村居民
全国	23349	29453	13710	2.2	108.1	106.1	110.2
内蒙古	23909	29971	14184	2.1	104.3	102.7	106.9
广西	16064	22970	9371	2.5	106.5	102.4	113.4
贵州	16349	24230	9879	2.5	112.2	109.4	111.9
云南	15831	23490	9123	2.6	106.8	102.5	108.3
西藏	10990	20643	6676	3.1	110.6	108.0	109.7
青海	18020	23621	11868	2.0	106.6	102.9	111.6
宁夏	21058	27887	11956	2.3	108.0	103.3	118.5
新疆	16736	24230	9573	2.5	107.7	106.7	106.6

资料来源：《中国统计年鉴 2018》。

　　分析民族地区新型城镇化建设存在的问题还需要考察民族地区城市建设情况，城市建设质量存在于各个方面，我们选择民族地区城镇化建设的客观数据来分析问题，通过表 9-5 数据考察各民族地区城市建设。由于城区面积不全是市区面积，因此建成区面积才是衡量城市面积的客观数据，从民族地区建成区面积来看，广西壮族自治区面积最大为 1413.7 平方公里，其次是内蒙古自治区和新疆维吾尔自治区，而建成区面积最小的是西藏自治区，仅为 147.6 平方公里，青海省的建成区面积仅为 199.9 平方公里，建成区面积过小可能会导致该区域城镇化建设的基础设施较少，集中连片的地区难以形成，导致新型城镇化建设进度缓慢。从城市人口密度来看，以全国均值作为对比对象，除云南省外，民族地区大多数属于地广人稀的状况，尤其是西藏自治区和宁夏回族自治区人口密度最小，西藏自治区既属于建成区面积最小的地区也属于城市人口密度最低的地区，这表明在西藏有很大的发展潜力。由于数据欠缺，通过对西藏自治区几个方面的分析，发现该区域新型城镇化发展速度和水平都较低，需要有针对性地对其进行改造，这还需要国家精准扶贫和新型工业化的共同推进，才能够实现西藏自治区和其他民族地区的新型城镇化建设。

表 9-5 2017 年民族八省区城市建设情况

地区	城区面积（平方公里）	建成区面积（平方公里）	城市建设用地面积（平方公里）	本年征用土地面积（平方公里）	城市人口密度（人/平方公里）
全国	198357.2	56225.4	55155.5	1934.4	2477
内蒙古	4884.5	1269.2	1202.7	74.4	1824
广西	5789.4	1413.7	1372.1	118.5	1950
贵州	3184.4	986.4	945.3	18.7	2302
云南	3157.4	1142.1	1087.7	51.1	3000
西藏	603.2	147.6	124.8	12.0	1232
青海	688.2	199.9	178.7	5.4	2777
宁夏	2159.2	458.1	402.6	14.4	1388
新疆	3093.7	1243.6	1230.8	15.0	2436

资料来源：《中国统计年鉴 2018》。

第三节 民族地区新型城镇化案例分析

内蒙古自治区地处我国北部边疆地区，该民族区域内边境、牧区和老区较多，发展条件恶劣，到目前为止，内蒙古自治区共有边境旗市 19 个、牧区旗市 33 个、半牧区旗市 21 个以及山区老区旗市 47 个，新型城镇化建设形势较为严峻。

分析内蒙古自治区新型城镇化建设，我们首先从人口进行分析。据表 9-6，2000 年至 2017 年内蒙古自治区年末总人口数及其构成中，总人口一直处于上升趋势，按城乡划分可以看出，市镇人口处于上升趋势而乡村人口处于下降趋势，2006 年以前是乡村人口多于市镇人口，2007 年及以后变为市镇人口多于乡村人口且比例逐年上升。2000 年市镇人口和乡村人口比例为 42.2：57.8，而 2017 年比例变为 62.0：38.0，可以看出人口城镇化率逐渐升高。2017 年相比于 2000 年，市镇人口增速为 56.65%，乡村人口增速为 -29.96%。相比于民族地区平均人口城镇化率 46.6%，内蒙古自治区人口城镇化发展较好。

表 9-6　2000~2017 年内蒙古年末总人口数及城乡人口构成

单位：万人

年份	年末总人口	按城乡分	
		市镇人口	乡村人口
2000	2372.4	1001.1	1371.3
2001	2381.4	1036.8	1344.6
2002	2384.1	1050.3	1333.8
2003	2385.8	1067.4	1318.4
2004	2392.7	1097.3	1295.4
2005	2403.1	1134.3	1268.8
2006	2415.1	1174.7	1240.4
2007	2428.8	1218.0	1210.8
2008	2444.3	1264.1	1180.2
2009	2458.2	1312.7	1145.5
2010	2472.2	1372.9	1099.3
2011	2481.7	1405.2	1076.5
2012	2489.9	1437.6	1052.3
2013	2497.6	1466.3	1031.3
2014	2504.8	1490.6	1014.2
2015	2511.0	1514.2	996.9
2016	2520.1	1542.1	978.1
2017	2528.6	1568.2	960.4

资料来源：2001~2018 年《内蒙古统计年鉴》。

　　人口城镇化过程中还需要分析城乡就业人员数量及比重，通过表 9-7 数据所示，内蒙古自治区 1995 年至 2017 年就业人员数量增长了近 400 万人，增长率为 38.42%，其中城镇就业人员增长了约 239 万人，增长率为 54.23%，乡村从业人员增长了约 157 万人，增长率为 26.62%，因此从增速来看，城镇就业人员增长较快。但是从整体城乡就业人员占全部就业人员比重来看，1995 年城镇和乡村就业人员比例为 42.74∶57.26，到 2005 年达到差距最大时期，城镇和乡村就业人员比例为 33.65∶66.35，虽然在 2015 年时稍有缓解，各占约 50% 的比例，但 2017 年城镇就业人员比重相对于 2015 年仍处于下降趋势，乡村从业人员比例增多，不均衡发展导致新型城镇化发展进程滞缓，因此在就业方面要合理配置城乡人力资源，加快实现民族地区的新型城镇化建设。

表 9-7 内蒙古历年城乡就业人员数量及比重

单位：万人，%

项目	1995 年	2000 年	2005 年	2010 年	2015 年	2017 年
就业人员总计	1029.40	1061.60	1041.10	1184.70	1463.80	1424.90
城镇就业人员	440.00	430.10	350.30	465.20	725.70	678.60
城镇就业人员占比	42.74	40.51	33.65	39.27	49.58	47.62
乡村从业人员	589.40	631.50	690.80	719.50	738.10	746.30
乡村从业人员占比	57.26	59.49	66.35	60.73	50.42	52.38

资料来源：《内蒙古统计年鉴 2018》。

新型城镇化建设过程中居民生活状况是考察城镇化质量的重要指标，通过分析表 9-8 数据，即内蒙古自治区 2000 年至 2013 年（由于统计数据缺失，只更新到 2013 年）城乡居民家庭收入状况，我们以 2000 年作为基准测算各年增长指数。根据表 9-8 数据，2000 年城镇居民人均可支配收入为 5129.1 元，其次是牧民收入为 3354 元，再次是农牧民收入 2038 元，最低是农民收入 1869 元。至 2013 年，城镇居民人均可支配收入达到 25496.7 元，农牧民人均收入也得到了相应的提高，但增速并不相同，城镇居民相对于 2000 年收入增长了近 4 倍，指数最高为355.0。其次是农民收入，相对于 2000 年收入增长了 3.3 倍，指数为290.2，再次是农牧民，最后是牧民。相对比来看，城镇居民收入增长速度显著快于农村居民，收入绝对数也显著高于农村居民，城乡收入差距存在扩大趋势。仅观察农牧区情况，牧民收入一直处于较高水平，其次是农牧民，农民则是收入最低的群体，主要是由于内蒙古自治区农牧业尤其是牧业发展具有资源和区位优势，发展牧业能够增加农牧区居民收入，而农业由于自然条件不够优越而发展缓慢，因此在新型城镇化建设过程中应注重缩小各地区收入差距、因地制宜、均衡发展、协调发展、和谐发展。

表 9-8　2000~2013 年内蒙古城乡居民人均收入及指数

| 年份 | 农村居民人均收入 | | | | | | 城镇居民人均收入 | |
| | 农牧民 | | 农 民 | | 牧 民 | | | |
	绝对数（元）	指数（2000 年=100）	绝对数（元）	指数（2000 年=100）	绝对数（元）	指数（2000 年=100）	绝对数（元）	指数（2000 年=100）
2000	2038	100.0	1869	100.0	3354	100.0	5129.1	100.0
2001	1973	96.2	1784	94.9	3277	97.1	5535.9	106.8
2002	2086	100.7	1948	102.8	3052	88.9	6051.0	115.8
2003	2268	106.8	2133	109.5	3201	92.0	7012.9	132.1
2004	2606	116.0	2465	119.4	3571	97.8	8123.1	149.3
2005	2989	128.7	2813	131.9	4341	115.1	9136.8	163.9
2006	3342	141.6	3188	147.1	4502	117.3	10358.0	183.6
2007	3953	160.3	3750	165.6	5510	137.6	12378.0	210.4
2008	4656	177.6	4457	185.2	6194	145.4	14433.0	232.7
2009	4938	188.7	4656	193.9	7071	166.3	15849.2	256.2
2010	5530	204.2	5222	210.1	7851	178.4	17698.2	277.7
2011	6642	232.0	6299	239.7	9109	195.8	20407.6	303.5
2012	7611	259.5	6968	258.8	12257	257.2	23150.3	333.3
2013	8596	285.1	8032	290.2	12668	258.5	25496.7	355.0

资料来源：《内蒙古统计年鉴 2018》。

　　下面我们通过五个表格数据分析内蒙古城市公用事业的建设情况，从各个角度分析内蒙古新型城镇化建设情况。表 9-9 数据显示的是城市建设基本情况，城区面积从 2011 年开始迅速下降，2017 年略有上升，但相比 2011 年仍表现为较低水平，这主要是划分依据变化导致的。城镇化水平要通过建成区面积测算，通过建成区面积变化可知，2011~2017 年建成区面积逐渐扩大，但是增速较缓慢，尤其在 2014 年仍有下降趋势，因此在建成区面积上应加快发展速度。城市人口密度逐年增大，近两年呈放缓趋势，2011~2015年人口密度增加了 1 倍，这是农牧区人口大量涌入城市导致的，虽然人口进入市区，但是户籍以及生活并没有完全城市化，因此不能仅仅注重城市化数字上的发展，还要关注城市化过程的质量和效率。

表 9-9 2011~2017 年内蒙古城市公用事业之城市建设基本情况

项 目	2011 年	2012 年	2013 年	2014 年	2015 年	2016 年	2017 年
城区面积 （平方公里）	10996.70	8500.97	8355.93	6764.56	5372.72	4871.72	4884.54
建成区面积 （平方公里）	1077.04	1132.78	1206.21	1184.81	1225.21	1241.59	1269.16
城市建设用地面积 （平方公里）	1179.53	1198.84	1187.54	1265.68	1164.76	1174.59	1202.73
城市人口密度 （人/平方公里）	764.00	1032.00	1059.00	1291.00	1629.00	1822.00	1824.00

资料来源：2012~2018 年《内蒙古统计年鉴》。

社会发展质量部分也是城镇化质量的反馈，内蒙古自治区城市供水、供气及供热状况反映了其社会发展质量，通过表 9-10 数据显示，2017 年用水普及率达 99.1%，燃气普及率达 96.01%，家庭用水和燃气均在合理范围内，说明内蒙古自治区新型城镇化发展质量较好，能够保证居民日常生活所需，但用水及燃气普及率仍需进一步提高。

表 9-10 2011~2017 年内蒙古城市公用事业之供水、供气及供热基本情况

项目	2011 年	2012 年	2013 年	2014 年	2015 年	2016 年	2017 年
自来水年供水量 （万立方米）	62761.79	64869.58	71577.73	73863.63	74788.02	77591.71	82590.82
居民家庭用水量 （万立方米）	26490.29	27556.48	30283.38	32267.84	33577.32	22762.11	23503.16
平均每人日生活 用水（升）	94.48	91.12	97.47	103.49	106.71	103.44	114.51
用水普及率 （%）	91.39	94.43	96.23	97.79	98.47	98.98	99.10
煤气供气量 （万立方米）	2805.69	2785.50	3500.00	3500.00	3090.00	6800.00	4581.19
家庭用量 （万立方米）	2803.00	2603.00	2944.00	2944.00	2240.00	6200.00	2720.24
天然气供气量 （万立方米）	127724.05	113039.52	104731.85	110922.09	133207.34	152198.01	181191.41
家庭用量 （万立方米）	11346.54	17325.16	19651.23	18819.70	22595.34	36505.41	86047.06

续表

项目	2011 年	2012 年	2013 年	2014 年	2015 年	2016 年	2017 年
液化石油气供气量 （吨）	113189.86	98495.63	69174.24	63069.43	57950.05	69198.18	52364.34
家庭用量 （吨）	92512.00	89889.23	60932.44	57504.89	53755.19	58289.06	46980.81
燃气普及率 （%）	82.23	84.39	87.93	92.28	94.09	94.90	96.01
集中供热面积 （万平方米）	29737.00	32921.23	39020.20	41967.39	44869.08	50537.49	54002.50

资料来源：2012~2018 年《内蒙古统计年鉴》。

　　"要想富、先修路"的观念使发展交通基础设施成为民族地区发展经济的首要选择，因此市政工程中道路长度和道路面积是衡量交通基础设施发展的参考指标，从表 9-11 数据可知，7 年间，铺装道路长度增加了 3252.54 公里，万人均拥有道路长度增加 3.2 公里，人均城市道路面积增加了 8.12 平方米，因此内蒙古自治区市政工程一直处于发展并完善的过程中，且全国每万人拥有道路长度为 8.1 公里，人均城市道路面积为 16.1 平方米，内蒙古自治区已经领先于全国人均水平，因此在新型城镇化建设过程中市政工程部分应继续保持发展，同时保证政府对该部分的财政支出。

表 9-11　2011~2017 年内蒙古城市公用事业之市政工程基本情况

项目	2011 年	2012 年	2013 年	2014 年	2015 年	2016 年	2017 年
铺装道路长度 （公里）	6782.37	7299.27	8222.74	8612.28	9281.14	9708.52	10034.91
平均每万人拥有 道路长度（公里）	8.07	8.32	9.30	9.86	10.60	10.94	11.27
铺装道路面积 （万平方米）	13256.94	15502.40	17417.79	18432.34	19793.10	20664.46	21276.74
人均城市道路面积 （平方米）	15.77	17.67	19.69	21.10	22.61	23.29	23.89
排水管道长度 （公里）	9314.00	10012.00	11208.00	12123.00	12542.00	12971.00	12923.00

资料来源：2012~2018 年《内蒙古统计年鉴》。

　　通过表 9-12 数据分析内蒙古自治区公共交通发展状况，反映了城镇化过程中居民生活质量，可以看到公共汽车总量数 2011 年至 2017 年呈上升趋势，出租汽车数量 2011 年至 2016 年呈波动式上升趋势，但是在 2017 年却大幅度下降，回落到 2012 年的数据水平。从每万人拥有公共汽车数量来看，2017 年达到 9 辆，从全国平均水平来看，全国每万人拥有公共汽车数量为 14.7 辆，因此内蒙古自治区公共交通发展相对缓慢，在提升城镇化质量过程中应注重公共交通方面的发展。

表 9-12　2011~2017 年内蒙古城市公用事业之公共交通基本情况

项目	2011 年	2012 年	2013 年	2014 年	2015 年	2016 年	2017 年
公共汽车总数（辆）	5612	5705	6676	6782	6822	7542	8013
每万人拥有公共汽车数量（辆）	6.68	6.50	7.55	7.76	7.79	8.50	9.00
出租汽车数量（辆）	38788	39047	39391	39616	39309	43039	39063

资料来源：2012~2018 年《内蒙古统计年鉴》。

新型城镇化建设过程中要保持绿色化发展，要更加生态宜居，因此还要关注公用事业中的城市绿化部分，从表 9-13 数据可知，园林绿地面积 2017 年较 2011 年增加了 26112 公顷，人均公园绿地面积也增加了 5.19 平方米。由于数据缺失，只有 2014~2017 年的建成区绿化覆盖率，我国 2017 年城市建成区绿化覆盖率为 30.2%，内蒙古自治区 2014 年已达到 39.79%，2017 年增加到 40.22%，远超过全国水平，这与内蒙古自治区总体地广人稀的区位条件有关，在绿色化发展方面内蒙古自治区起到了领先表率作用。

表 9-13　2011~2017 年内蒙古城市公用事业之城市绿化基本情况

项目	2011 年	2012 年	2013 年	2014 年	2015 年	2016 年	2017 年
园林绿地面积（公顷）	41059	46727	49333	57372	63090	65552	67171
人均公园绿地面积（平方米）	14.47	15.52	16.90	18.80	19.28	19.77	19.66
公园个数（个）	193	200	220	260	254	265	296
公园面积（公顷）	9617	10440	11539	12090	13725	13821	14929
建成区绿化覆盖率（%）	—	—	—	39.79	39.18	39.85	40.22

资料来源：2012~2018 年《内蒙古统计年鉴》。

通过上述指标可以看出内蒙古自治区在民族八省区中是发展相对较好的地区，下面通过表14中各盟市城市建设情况分析内蒙古区域内各地区发展状况。通过城市建成区面积可以看到，呼和浩特市、包头市、赤峰市和鄂尔多斯市是面积较大的城市，从市区人口密度来看，人口密度较高的地区有乌海市、呼和浩特市、通辽市、丰镇市、巴彦淖尔市等。通过对比可以发现，许多地区建成区面积较小但是人口密度却很高，例如丰镇市建成区面积仅25平方公里，人口密度却达到5516人/平方公里，阿尔山市建成区面积仅11.4平方公里，人口密度为3104人/平方公里。还有许多地区城区面积很大但建成区面积却很小，例如额尔古纳市城区面积是建成区面积的28.9倍，满洲里市城区面积是建成区面积的27.1倍，根河市和扎兰屯市均为20倍，这也说明当地的城市化水平发展缓慢。通过表9-14数据可以发现，内蒙古自治区各盟市发展水平差距较大、发展速度不均衡，在今后的新型城镇化建设过程中应引起重视。

表 9-14　2017 年内蒙古各盟市城市建设情况

地区	建成区面积 （平方公里）	市区人口密度 （人／平方公里）	城区面积 （平方公里）	城市建设用地面积 （平方公里）
合计	1269.16	1824	4884.54	1202.73
呼和浩特市	260.00	7734	265.05	239.37
包头市	210.02	2157	885.00	195.79
呼伦贝尔市	59.46	1387	252.00	59.46
通辽市	61.20	5976	75.63	62.50
赤峰市	106.07	1728	560.00	104.39
乌兰察布市	70.00	4270	70.00	53.26
鄂尔多斯市	116.42	2488	199.42	116.42
巴彦淖尔市	51.00	4791	80.51	50.59
乌海市	62.30	8188	67.17	40.78
满洲里市	27.06	290	732.44	27.00
扎兰屯市	19.20	349	385.00	18.92
牙克石市	27.70	3387	39.00	25.81
根河市	17.50	184	350.00	12.83
额尔古纳市	10.48	126	303.00	10.49

续表

地区	建成区面积 （平方公里）	市区人口密度 （人／平方公里）	城区面积 （平方公里）	城市建设用地面积 （平方公里）
乌兰浩特市	44.30	3085	86.10	38.23
阿尔山市	11.40	3104	15.40	11.43
霍林郭勒市	17.00	3560	36.04	16.82
二连浩特市	30.00	1542	48.78	48.78
锡林浩特市	43.05	521	409.00	43.05
丰镇市	25.00	5516	25.00	26.81

资料来源：《内蒙古统计年鉴 2018》。

第四节 民族地区新型城镇化发展路径

根据上文民族地区特别是内蒙古自治区在新型城镇化过程中出现的各种问题，我们从以下五个方面为民族地区新型城镇化建设提出对策建议。

一 发展民族地区特色经济

民族地区之所以区别于其他地区，就在于它具有民族文化、民族旅游、民族产业和民族手工艺等特色的存在，只有依托于民族特色经济，才能够走出一条具有民族特色的新型城镇化道路。

以内蒙古自治区为例，内蒙古是全国蒙古族人口最多的区域，是蒙元文化、草原文化、红山文化等民族文化的聚集地，具有丰富的矿产资源、旅游资源以及中国最大的陆路口岸——满洲里口岸。内蒙古在新型城镇化发展过程中，需要依靠科技创新升级民族经济，利用比较优势和竞争优势加快民族地区城市的转型升级。但是内蒙古作为整体区域，内部各盟市的特色经济也存在较大差异，在以当地特色经济为基础的城市转型过程中需要具体问题具体分析，不能一概而论。内蒙古的矿产资源城市，例如呼伦贝尔市的伊敏煤矿、通辽市的霍林郭勒煤矿、赤峰市的元宝山煤矿，一般生态环境比较脆弱，在城市转型发展过程中，必须运用技术转变矿产区的生产效率，减少对环境的污染，保证城市的绿色化转型；内蒙古的旅游资源城市，例如扎兰屯市、阿尔山市等，积极发展生态旅游，在不改变旅游区环境的基础上进行开发，保持原有的生态资源，同时运用"互联网+旅游"进行旅游城市的智能化转型；内蒙古的畜牧业地区，例如兴安盟和锡林郭勒盟，要运用现代化技术加快发展绿色养殖畜牧业，打造民族地区特色农畜产品品牌。

我国民族地区具有独特的少数民族文化和风土人情，依赖于当地得天独厚的优势，可以加快发展特色小镇，将原本以农牧业为主的农村地区转变为以特色农业、特色旅游等产业发展的民族新型城镇化建设。第一，要根据当地具体情况精准定位，挖掘有成为主导产业潜力的发展项目，通过专业考察测评将其定位为民族地区发展的主要特色产业；第二，依托于具有战略眼光的企业家或政府领导，将特色产业深入发展，延伸产业链条，真正成为区域内能够转化为经济发展的生产链；第三，动员区域内全体居民转变生产方式，围绕特色产业发展为主，这需要政府引导，同时需要建立起龙头企业或者具有带头作用的居民，转变传统惯性思维、勇于尝试和改变，通过特色产业发展实现民族地区的新型城镇化建设；第四，以特色旅游业发展的民族地区，需要领导者制定成熟的整体规划，有步骤有制度地开展各行各业，管理和运行需要系统监督并保证有序进行；第五，要对转变生产生活方式的农村居民展开相关岗位培训，保证其工作水平和能力，能够较为顺利地从事特色产业工作，实现生产生活的城镇化；第六，加大对民族地区特色小镇的宣传，扩大影响力和知名度，运用"互联网+"带动民族地区特色产业的发展。

二 加快民族地区智慧型城市建设

在现代化和信息化迅速发展的时期，民族地区新型城镇化建设应以智慧型城市建设作为目标。智慧型城市建设首先要加快当地的科技创新水平，以内蒙古自治区为例，其技术水平提高缓慢，为改善这一状况，可以充分发挥后发展地区的后发优势，引进先进的科学技术和经验并吸收利用、再创新，利用邻近蒙俄以及京津冀经济圈的优势，与国内国外两个市场的企业进行合作，发挥内蒙古的比较优势，吸引技术投资进入区内城市。其次，构建区域创新系统需要积极培育区域内生产并供应创新产品的企业和相应的知识基础设施，内蒙古应积极建设创新企业孵化器，有序提高孵化企业的数量及成功率，同时提高高等院校和科研机构的自主研发能力，从根本上提高民族地区内部的技术水平。最后，要加强区域内各创新主体的互动交流，知识中的不可编码知识或隐含性知识，只有通过学习交流的互动以及共享才能够进行传播，而这种传递性由于存在边际效益随距离递减的效应，因此要加强区域内的知识信息交流共享。制度创新是构建区域创新系统的保障，也是创新型城市建设的基石。良好的制度可以对区域内各城市的资源进行合理配置，保障区域创新系统发展的最大效益，适时地进行制度创新也是获取区域发展"制度租"的途径，民族地区需要这种先发优势契机带动城市转型升级。

三　加快民族地区城市群建设

城市群有利于各城市间开展分工与合作，在部分领域起到减少沟通交流阻力的作用，从而形成具有核心竞争力的城市群、带动城市群内各组成部分的发展，更好地迎接外部的机遇与挑战。民族地区各城市间在新型城镇化过程中应有目的和有意识地建立城市群。一方面，民族地区各城市间发展水平不均衡，形成城市群有利于各地区在发展上形成互补；另一方面，民族地区作为发展较为落后的地区，竞争实力较弱，形成城市群有利于共同应对外来的风险，也有利于内部的合作。首先，各民族地区应该根据各自内部的发展状况进行评估，考察如何开展合作，这需要以省区作为主体进行统筹规划，各城市也要积极参与，衡量组成城市群后的利弊，再做定夺和结论。其次，城市群的建设不能只局限于相同省区内城市，可以跨越省区，只要目标有利于城市间发展，一切方案都是可以讨论交流的。再次，城市群建设后不能舍本逐末造成未组成的城市间交流合作难度升级，应该在建立城市群的基础上规划好各区域间合作机制，要以城市群为依托促进各区域进一步沟通合作。最后，城市群建设需要政府机构出台制度政策保证合作交流，城市间利益需要合理的制度保障，同时需要国家出台鼓励政策促进民族地区城市群的建立，从而加快民族地区新型城镇化发展进程。

四　构建合理的区域城市体系

城市体系的构建是城市转型发展的前提，合理的区域城市体系有利于内部城市的转型发展和整体新型城镇化建设。城市体系是指在一定区域内形成的城市群体，内部由分工明确、优势互补、协作发展的各类城市组成，该部分以内蒙古东部地区为例，构建合理的城市体系主要从以下两个方面进行。一方面，要明确内蒙古各城市的分工与定位，培育区域内核心城市增长极，形成民族地区新型城市群。通过上述概括对比，内蒙古东部地区可以建立多中心城市体系，向北以通辽市为主要增长极，呼伦贝尔市为次增长极，带动兴安盟的发展，向南以赤峰市为增长极，带动锡林郭勒盟的发展，整个内蒙古东部地区形成以通辽市和赤峰市为主要增长极的新型城市群。另一方面，城市体系是一个开放的系统，民族地区各个城市的发展不是孤立的，处理好城市与区域的关系，有利于促进各城市协调互动发展，共同应对外部的机遇与挑战。内蒙古东部地区整体发展落后于内蒙古西部地区，政策倾斜是一方面的原因，但最主要的是区域内没有形成良好的整体发展模式，区域内部各盟市只注重功能性发展而忽略了整体性发展。因此，需要各盟市政府进行商议合作，在区域内部形成合作共赢模式，形成区域城市共同体。同时，内蒙古东部地区是"一带一路"北线建设的重要节点区域，其中满洲里市、阿尔山市和二连浩特市是"一带一路"节点城市，面对发展的机遇与挑战，需要各盟市共同面对，才能够借助契机推动内蒙古东部地区的整体发展，进而推动区域内各城市的转型发展。

五　加快城市绿色化转型发展

绿色化发展是新时期五大发展理念的要求，是区域可持续协调发展战略的需要，是"五化"协同发展的引领部分，是民族地区新型城镇化发展的永恒底色。内蒙古在新型城镇化进程中，城市转型不但要向智慧型城市转化，同时也要注重绿色化的发展。内蒙古自治区经济发展主要以第二产业发展为主，能源消耗较高，因此传统产业仍旧是内蒙古的主导产业，不仅不利于民族地区的环境保护，同时也阻碍着城市的转型发展，传统产业转型升级为智慧产业势在必行。首先，要加快发展循环经济，充分利用工业生产的废水废料，减少对环境污染的排放；其次，要运用新技术改善传统加工工艺，延伸产业链，增加产品附加值，减少废料的产生；最后，运用云计算、大数据、物联网等集成智能平台改造传统产业，实现管理、生产、售后的高效率运作。为了更好地衡量民族地区在绿色城市转型过程中的发展水平，需要各城市建立绿色 GDP 核算体系，更需要在一定的区域内建立统一标准的绿色 GDP 核算方法，这样才能够通过比较看出各地区发展程度。区域内各城市可以通过商议选择使用可持续收入法或综合国民收入法或卫星账户法等现行较为适用的方法,而绿色 GDP 核算方法在各地区的推广还需要加强政府的扶持力度,内蒙古各盟市政府可以联合成立综合监管部门,在计算 GDP 之外核算绿色 GDP,以督促民族地区各城市绿色化转型发展。

第十章

民族地区精准扶贫

我国民族地区多处于边疆地区，经济发展水平较落后，习近平总书记2013年首次提出精准扶贫概念时，就是在湖南湘西，那里是我国苗族和土家族聚居的地区。民族地区作为精准扶贫攻坚战的主要区域，研究民族地区在精准扶贫、精准脱贫过程中存在的问题，全面贯彻落实"实事求是，因地制宜，分类指导，精准扶贫"十六字方针，并提出建设性的对策，有利于加快我国精准扶贫的步伐，加快实现民族地区和全国全面建成小康社会的愿景。

第一节　精准扶贫与区域协调发展

1. 精准扶贫

精准扶贫，关注的应该是"精准"二字，什么是精准，为什么要精准，如何精准，是我们研究民族地区精准扶贫前需要明确的概念。

"精准"的字面含义就是"精确定位、准确实施"，精确定位贫困的界限和标准、贫困的区域，准确实施扶贫政策，准确落实扶贫战略。"精准"的提出，就是相对于以往扶贫工作中出现的过于粗放管理、资源错配现象，虽然国家在扶贫脱贫项目上扶持力度较大，但有限的资源不能真正落实，是导致扶贫进展缓慢的重要原因。精准就是为了让工作落实、提高效率、效果显著，扶贫工作是一项战线长且需要基层实践的工作，只有把"精准"作为扶贫工作的准则，才能让这项战略切实惠及贫困民众。

如何做到精准，这需要从工作方针、政策制度、管理策略上逐一阐述。在工作方针上，这是指导精准扶贫的宏观指导方案，必须要做到从中央到地方细致的规划，每一层级都要参与，中央负责宏观指导，地方负责根据实际情况进行微观指导，同时还需要加强上下级互动反馈，切实做出适合各区域的精准扶贫政策指导。在政策制度上，要有偏有重，民族地区或者重度贫困区域必须要有相应政策制度辅助帮扶，政策出台才是下级政府落实工作的保护伞，才能真正为贫困地区做好实际工作，而制度的完善是贯彻落实的保障。在管理策略上，需要专业人才进行指导，做出科学的扶贫策略。时代变换思想也逐渐活跃，必须重视在扶贫项目上对年轻有为管理干部的任用，同时也要配合了解扶贫地区情况的有经验的干部，双向结合共同探讨科学有效的扶贫策略。同时，精准扶贫还要在资金流动上透明化，管理不但涉及落实，还要在资源上合理管理，扶贫物资资金的合理安排、合理监管，都是精准扶贫中需要精确落实的部分。

精准脱贫是精准扶贫最终目标，精准脱贫除了物质上的脱贫，更重要的是在思想和精神上脱贫。党的十九大报告提出要在 2020 年全面建成小康社会，全国范围内特别是民族地区实现精准脱贫是关键。从长远策略上看，要从教育入手，但从短期目标来看，要切实改变贫困地区生活状况才是关键。做到各地区都以摘除贫困标签和帽子作为工作动力，积极探索适合各地区的脱贫模式，有借鉴参考地进行学习、实践并应用。

2. 区域协调发展与区域经济差异

协调发展是五大发展理念的重要组成部分。研究精准扶贫，在理论部分不可忽略的是区域协调发展，与之相对的理论则是区域差异。区域协调发展早在十六届三中全会中就提出，主要是提及我国各区域间，即东中西部三个地区的统筹规划。在经济发展更加均衡以及信息交流更迅速的今天，区域协调既要关注大范围区域，也要关注小范围区域，例如民族地区。解决地区间的区域差异，实现区域发展，精准扶贫是众多工作中的重要一环。

区域差异是民族经济学和区域经济学研究的重点问题，正是因为区域差异的存在，才需要根据各地区具体情况制定发展对策，才需要区分出民族地区、贫困地区等具有共同特点的区域。区域差异的形成，从发展速度看，存在发展迅速和缓慢的地区；从区域某一数据对比来看，包含生产总值、产业结构、收入水平等各个领域，即在各方面数量和质量上存在的差异。区域差异既可以从先天资源禀赋条件产生差别，也可以由于后期发展规划产生差距，民族地区精准扶贫涉及的地区，既有资源条件的约束，又有经济发展严重落后于其他地区的原因。区域差异包括差异绝对值和相对值，绝对值是各地区之间在某项指标上的实际差距，相对值是根据平均衡量指标计算出来的，相对数值因为一般是比例等百分数，易于横向动态间的比较。例如，我国对贫困的定义就分为绝对贫困和相对贫困。然而，最科学的衡量数据是建立综合指标，衡量差异的综合性，比如下文我们要介绍的基尼系数、广义熵和泰尔指数等。在区域差异的基础上，更要重视区域协调发展。在全面实现小康社会的攻坚期，民族地区特别是贫困地区是区域协调重点关注的领域。

不平衡增长理论也是区域差异的相关理论，赫希曼（1958）首先提出不平衡增长理论，不平衡思想是政府主导部分地区和部分产业优先发展，选择关键部门进行投资，实现增长极式的发展模式。正是不平衡增长的出现，才导致区域发展差异，逐渐陷入循环，出现马太效应，经济发展较快的地区越来越好，经济发展缓慢的地区越来越差，最终出现贫困地区和经济发达地区。当然，贫困地区一部分是由于自然资源禀赋缺陷，但绝大部分原因是区域差异发展所带来的结果。在精准扶贫过程中也要汲取不均衡发展的理论，在贫困地区选取可优先发展的产业，帮扶有发展潜力的部门，这样才能够以有限资源带动贫困地区实现脱贫致富。

3. 基尼系数

精准扶贫中对贫困的界定指标就是收入水平，研究国民收入差异的理论中，洛伦茨曲线是研究收入分配不平等程度的理论，基尼系数是研究贫富差距的理论。基尼系数计算建立在洛伦茨曲线（Lorenz curve）基础上，洛伦茨曲线是洛伦茨（1905）最早提出的。如图 10-1 所示，横轴 OY 是人口累计数，这里的人口按收入水平高低排序，纵轴 OP 是收入累计数，这里的 OE 为斜对角线，OE 虚线为洛伦茨曲线。从图 10-1 中可以看出，20% 的最低收入人口仅为收入累计数的 3%，80% 的人口收入仅为全部收入的 30%，在这个图中反映的区域是一个收入严重不均衡的区域，即该 OE 虚线弧度越大，反映收入不均衡水平越高。最严重的情况是该曲线与 OYE 折线重合，即收入完全集中在一个人手中，而相反极端情况则为 OE 虚线与实线重合，即收入完全均衡分配在每个人手中。这两种情况都极少发生，多数情况是收入状态居于两者之间。洛伦茨曲线弧度越大，收入分配越不均衡，洛伦茨曲线弧度越小，收入分配越均衡。

洛伦茨曲线与完全均衡状态之间的面积设定为 A，定义为不均衡状态，而完全不均衡状态下，洛伦茨曲线与均衡状态之间的面积则为 A+B，基尼系数则是不均衡状态与完全不均衡状态之比，即 A/A+B。基尼系数处于 0~

1 之间，当收入分配绝对均衡时，A 为 0，基尼系数为 0，当收入分配绝对不均衡时，A＝A＋B，基尼系数为 1，所以基尼系数越大，收入分配越不均衡，贫富差距越大，基尼系数越小，收入分配越均衡，贫富差距越小。

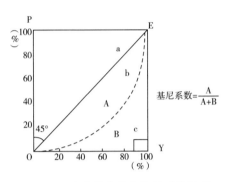

图 10-1　洛伦茨曲线和基尼系数示意

中国基尼系数近两年有上升趋势，2008 年为 0.49，达到历史最高，2008~2015 年一直处于下降趋势，但 2016 年上升至 0.465，2017 年再至 0.467，同时，由于我国部分隐性收入的存在，基尼系数要比实际再高一些。而国际上公认的警戒线为 0.4，因此中国尤其要重视收入差距的存在。在中国收入不均衡的现状下更要关注贫困人口的状况，精准扶贫，缩小收入差距，提高国家内部的收入均衡水平，实现全面小康社会的建成。

4. 区域趋同

趋同概念源于数学中的收敛 "convergence" 一词，在区域发展甚至收入水平上，趋同则为收入差距减小，趋异则为收入差距扩大，因此研究精准扶贫要研究好区域趋同的理论知识。

首先我们介绍新古典增长中的趋同。我们从新古典模型开始推算：

$$\dot{k}(t)=sf(k)-(n+g+\delta)k(t)$$

其中 k 为每单位有效劳动的资本存量，$\dot{k}(t)$ 为资本存量的变动比值，s 是投资和储蓄的比例，n 和 g 分别是劳动力和技术水平的变动比值，δ 是折旧率，因此等式右边的第一部分 $sf(k)$ 代表投资，等式右边的第二部分 $(n+g+\delta)k(t)$ 代表折旧。将上式两边均除以 k，得到下式：

$$\gamma=\dot{k}/k=sf(k)/k-(n+g+\delta)$$

γ 表示资本存量的增长率，等式右边第一部分表现在图 10-2 中是曲线，等式右边第二部分则为水平线，两者交点则为稳定交点，由此可以发现，经济初始状态最终会实现趋同，即收敛于某一数值附近。同时，γ 随 k 减小而减小，所以得出每单位有效劳动的资本较低的区域，该地区人均资本增长速度更快，因此经济发展较落后的地区经济发展速度高于经济发达地区。这也是实现缩小区域经济差距的理论依据。

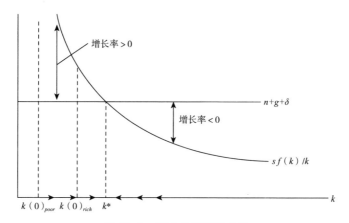

图 10-2　新古典模型的动态

除了新古典趋同理论，还有绝对 β 趋同、条件 β 趋同、σ 趋同以及群体趋同理论，其中绝对 β 趋同也是主张经济发展水平和经济增长速度成反比，但是它的前提假设为各区域有较相似的初始条件，这与现实情况相背离；但条件 β 趋同有所改进，取消了这个假设，主张不同区域有其内在的稳定状态；σ 趋同在现实中与我国相差很大，而在美国、日本出现了 σ 趋同，即地区间人均收入随时间逐渐减少，各地区逐渐趋同，中国各地区间并没有出现这种趋同。群体趋同则类似于绝对 β 趋同，同时初始条件包含收入条件，这同小范围区域内部情况相类似，如我国的东中西三个地区的划分，在区域内部则表现出群体趋同状况。

区域趋同的影响机制可以从以下几点进行分析。第一是边际报酬递减规律，边际生产效率随着生产的累积出现报酬递减的趋势，因此生产积累较少的地区具有较高的增长率，而经济发达区域由于资本存量较高，增长速度降低，因而实现区域趋同。第二是技术水平的提高，技术同资本一样，作为要素投入具有报酬递减的规律，但经济发展缓慢的地区同时还存在后发优势，知识溢出效应让落后地区受益更多。第三是区域内的资源优化配置，我们在上文分析的公式中体现较少，但在经济社会中可以有明显改善区域差异的作用，例如贫困地区多以农牧业等第一产业为主，劳动力也多集中于劳动密集型产业，如果适宜当地发展情况而发展技术密集型产业或者生产率较高的行业，通过转移部分劳动力，则能够明显改善经济发展状况，实现区域趋同。第四是区域经济一体化，通过一体化，可以促进区域内要素流动，通过市场合理配置资源，贫困地区在土地和劳动力成本上相对较低，而发达地区又逐渐出现集聚不经济，在一体化过程中实现经济发展速度趋同。

第二节　民族地区精准扶贫概况

中央对民族地区精准扶贫十分重视，一方面我国民族地区贫困人口的数量较多，另一方面民族地区贫困程度较深，因此民族地区的精准扶贫是我国全面实现小康社会应重点关注的领域。

首先我们先通过一组数据调查了解中央对民族地区贫困扶持的情况，再介绍一下民族地区脱贫的成效。如图 10-3 所示，2016～2018 年中央财政专项扶贫资金总量逐年上升，且用于民族八省区的资金也在增加，比重在2018 年更是相较于 2017 年上升了 3.1 个百分点，且 2018 年用于民族八省区的资金占全国总量的近 50%，足以看出中央对民族地区精准扶贫的帮扶力度。同时，如图 10-4 所示，民族地区和全国精准脱贫方面，2011～2014 年速度放缓，但 2015 年至 2017 年，速度一直处于提高趋势，但民族八省区速度一直低于全国速度，侧面反映民族地区脱贫状态棘手，贫困程度较重。

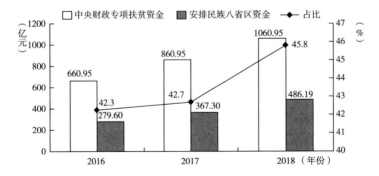

图 10-3　中央财政专项扶贫资金"十三五"时期安排民族八省区示意

资料来源：财政部官方网站。

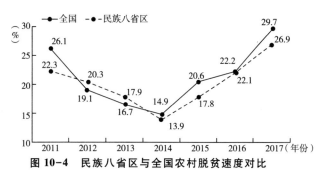

图 10-4 民族八省区与全国农村脱贫速度对比

资料来源：国家统计局住户收支与生活状况调查。

基于民族地区贫困情况较为严重的背景，我们通过表 10-1 数据，具体了解一下民族八省区与全国农村贫困人口以及贫困发生率，通过表 10-1 我们绘制图 10-5，以便更直观地研究贫困现状和趋势。表 10-1 列出了 2010~2017 年各年贫困标准，根据每年标准，我们判断各地区的贫困状况。通过表 1 数据我们可以看出，贫困人口方面，民族八省区和全国范围内都处于下降趋势，但是从民族八省区占全国比重来看，民族八省区比重是处于波动式上升趋势。从贫困发生率方面看，民族地区相较于全国概率更高，值得欣慰的是高出的百分点部分数额在逐年减少，但仍然能说明民族地区贫困状态的严峻性。与此同时，要注意一组调查数据，全国 832 个贫困县中，民族自治地方的贫困县达 421 个，占总数的一半以上，14 个集中连片特困地区中的 11 个属于民族自治地区，以及我国深度贫困的"三区三州"，即西藏、新疆南疆四地州、四省藏区和四川凉山州、云南怒江州、甘肃临夏州都属于民族八省区范围之内。民族地区贫困状况之恶劣，贫困范围之广阔，脱贫任务之巨大，应引起我们民族经济研究者的重视。

表 10-1　2010~2017 年民族八省区与全国农村贫困人口及贫困发生率

指标	2010 年	2011 年	2012 年	2013 年	2014 年	2015 年	2016 年	2017 年
贫困标准（元）	2300	2536	2625	2736	2800	2855	2952	2952
民族八省区贫困人口（万人）	5040	3917	3121	2562	2205	1813	1411	1032
全国贫困人口（万人）	16567	12238	9899	8249	7017	5575	4335	3046
八省区占全国比重（%）	30.4	32	31.5	31.1	31.4	32.5	32.5	33.9
民族八省区贫困发生率（%）	34.1	26.5	20.8	17.1	14.7	12.1	9.3	6.9
全国贫困发生率（%）	17.2	12.7	10.2	8.5	7.2	5.7	4.5	3.1
民族八省区比全国高（%）	16.9	13.8	10.6	8.6	7.5	6.4	4.8	3.8

资料来源：国家统计局住户收支与生活状况调查。

图 10-5 2010~2017 年民族八省区和全国农村贫困状况

资料来源：国家统计局住户收支与生活状况调查。

了解全局趋势后，我们应从八个民族省区的具体情况分析各地区的贫困状况。通过表 10-2 数据所示，截止到 2017 年，在民族八省区中，贵州是贫困人口最多的地区，一方面源于贵州省原本贫困人口基数大，另一方面当地的区域环境和生存条件，都是导致当地贫困严重的原因。其次是云南省和广西壮族自治区，而西藏自治区、青海省和宁夏回族自治区以及内蒙古自治区贫困人口规模较小。从 2010 年到 2017 年的趋势可以看出，各地区贫困人口规模都处于减少趋势，因此在贫困状态逐渐改善的情况下，更要注重分区域分情况有针对性地攻克贫困难题。贫困人口规模的大小同贫困发生概率大小并不相同，如表 10-3 所示，2017 年，新疆维吾尔自治区是贫困发生概率最高的地区，其次是贵州省、西藏自治区和云南省。通过八年的数据对比，可以看到西藏自治区从 2010 年贫困发生率最高的指数 49.2%，降到 2017 年的7.9%，实现了较大的改善，降低了 41.3%。其次是贵州省，从 45.1% 降到8.5%，减少了 36.6 个百分点，这都是各民族地方同党中央共同努力的结果。但同时我们仍要重视民族地区较全国整体而言较高的贫困发生率，要积极地探索民族地区脱贫致富的模式，保障民族贫困地区在脱贫后能够继续发展，实现永久脱贫。

表 10-2 2010~2017 年民族八省区农村贫困人口规模

单位：万人

地区	2010 年	2011 年	2012 年	2013 年	2014 年	2015 年	2016 年	2017 年
全国	16567	12238	9899	8249	7017	5575	4335	3046
民族八省区	5040	3917	3121	2562	2205	1813	1411	1032

续表

地区	2010 年	2011 年	2012 年	2013 年	2014 年	2015 年	2016 年	2017 年
内蒙古	258	160	139	114	98	76	53	37
广西	1012	950	755	634	540	452	341	246
贵州	1521	1149	923	745	623	507	402	295
云南	1468	1014	804	661	574	471	373	279
西藏	117	106	85	72	61	48	34	20
青海	118	108	82	63	52	42	31	23
宁夏	77	77	60	51	45	37	30	19
新疆	469	353	273	222	212	180	147	113

资料来源：国家统计局住户收支与生活状况调查。

表 10-3　2010~2017 年民族八省区农村贫困发生率

单位：%

地区	2010 年	2011 年	2012 年	2013 年	2014 年	2015 年	2016 年	2017 年
全国	17.2	12.7	10.2	8.5	7.2	5.7	4.5	3.1
民族八省区	34.1	26.5	20.8	17.1	14.7	12.1	9.3	6.9
内蒙古	19.7	12.2	10.6	8.5	7.3	5.6	3.9	2.7
广西	24.3	22.6	18.0	14.9	12.6	10.5	7.9	5.7
贵州	45.1	33.4	26.8	21.3	18.0	14.7	11.6	8.5
云南	40.0	27.3	21.7	17.8	15.5	12.7	10.1	7.5
西藏	49.2	43.9	35.2	28.8	23.7	18.6	13.2	7.9
青海	31.5	28.5	21.6	16.4	13.4	10.9	8.1	6.0
宁夏	18.3	18.3	14.2	12.5	10.8	8.9	7.1	4.5
新疆	44.6	32.9	25.4	19.8	18.6	15.8	12.8	9.9

资料来源：国家统计局住户收支与生活状况调查。

各民族地区出现上述不同贫困状况的原因是什么呢？我们需要通过各项指标来分析民族八省区的经济状况，从而发现各地区精准扶贫过程中应注意的问题。

我们先分析一下民族地区居民消费水平，如表 10-4 所示，从城市居民和农村居民对比看。在绝对数的对比上，民族地区城镇居民消费水平高于农村地区，但各地区同全国平均值比较发现，农村居民平均消费水平除内蒙古自治区高于全国水平外，其余民族地区均低于全国水平，其中西藏自治区农村居民消费水平最低。类似表现在城乡消费水平对比中可以看到，西藏自治区为3.1，即城乡消费差距过大，农村贫困地区占比较多，城乡消费差距大于全国水平的还有广西壮族自治区、贵州省、云南省、宁夏回族自治区和新疆维吾尔自治区。从增长水平上可以看到，除新疆维吾尔自治外，农村地区消费水平增长速度普遍高于城镇地区，这也验证了我们在上文提到的趋同理论，高于全国平均值的仅有广西壮族自治区、贵州省、青海省和宁夏回族自治区四个省区，民族地区有一半低于全国平均值。民族地区消费水平的不足，尤其是农村居民消费水平不足，这表明更应关注民族地区的精准扶贫。表10-5所示的是2017年民族八省区农村居民人均消费支出及各部分占比，可以发现，民族地区食品、居住和交通通信占消费支出的绝大部分，分地区来看，西藏自治区在食品烟酒支出比重上高达49.08%，近一半的收入用来温饱，可见西藏地区农村居民生活水平的困难，其次是广西壮族自治区和云南省，均高于全国农村平均水平，同时在居住支出中可以看到，广西壮族自治区和贵州省地区显著高于全国均值，在教育文化娱乐方面，新疆维吾尔自治区和西藏自治区支出占比过低，民族地区在教育方面的投入也是改善贫困状态的措施。

表 10-4　2017 年民族八省区居民消费水平

地区	绝对数（元）			城乡消费水平对比（农村居民＝1）	指数（上年＝100）		
	全体居民	城镇居民	农村居民		全体居民	城镇居民	农村居民
内蒙古	23909	29971	14184	2.1	104.3	102.7	106.9
广西	16064	22970	9371	2.5	106.5	102.4	113.4
贵州	16349	24230	9879	2.5	112.2	109.4	111.9
云南	15831	23490	9123	2.6	106.8	102.5	108.3
西藏	10990	20643	6676	3.1	110.6	108.0	109.7
青海	18020	23621	11868	2.0	106.6	102.9	111.6
宁夏	21058	27887	11956	2.3	108.0	103.3	118.5
新疆	16736	24230	9573	2.5	107.7	106.7	106.6
全国平均值	23349	29453	13710	2.14	108.1	106.1	110.2

资料来源：《中国统计年鉴 2018》。

表 10-5 2017 年民族八省区农村居民人均消费支出及各部分占比

单位：元

地区	消费支出	食品烟酒	衣着	居住	生活用品及服务	交通通信	教育文化娱乐	医疗保健	其他用品及服务
全国	10954.5	3415.4	611.6	2353.5	634	1509.1	1171.3	1058.7	200.9
		31.18%	5.58%	21.48%	5.79%	13.78%	10.69%	9.66%	1.83%
内蒙古	12184.4	3384.7	842.3	2194.3	522.1	2055.6	1638.6	1288.4	258.4
		27.78%	6.91%	18.01%	4.28%	16.87%	13.45%	10.57%	2.12%
广西	9436.6	3042.8	286.7	2119.8	495.2	1288.5	1127.9	931	144.8
		32.24%	3.04%	22.46%	5.25%	13.65%	11.95%	9.87%	1.53%
贵州	8299	2505.2	416.1	1942.6	449.9	1080.6	1183.3	602.5	118.9
		30.19	5.01	23.41	5.42	13.02	14.26	7.26	1.43
云南	8027.3	2612.8	320.6	1509.1	459.6	1308.6	1044	681.5	91.1
		32.55%	3.99%	18.80%	5.73%	16.30%	13.01%	8.49%	1.13%
西藏	6691.5	3283.9	735.7	947.5	433.6	794.2	238.6	147.5	110.6
		49.08%	10.99%	14.16%	6.48%	11.87%	3.57%	2.20%	1.65%
青海	9902.7	2944.7	670	1739.1	488.3	1629.3	897.1	1270.4	263.8
		29.74%	6.77%	17.56%	4.93%	16.45%	9.06%	12.83%	2.66%
宁夏	9982.1	2522.2	718.6	1958.7	574.4	1675.2	1212.4	1131.2	189.3
		25.27%	7.20%	19.62%	5.75%	16.78%	12.15%	11.33%	1.90%
新疆	8712.6	2667.3	710.3	1659.8	408.5	1421.4	747.5	970.7	127.1
		30.61%	8.15%	19.05%	4.69%	16.31%	8.58%	11.14%	1.46%

资料来源：《中国统计年鉴 2018》。

下面从民族地区农村居民可支配收入进行分析，消费水平较低主要是由于收入不足，但在收入各来源方面可以寻找不足的原因，根据表 10-6 数据可知，民族地区农村居民人均可支配收入虽然在 2013~2017 年逐年递增，但是一直低于全国农村均值水平，在各地区之间比较发现，贵州省一直处于较低水平，这与贵州省当地恶劣的自然条件有关，内蒙古自治区一直是相对较好的民族地区。表 10-7 数据显示 2017 年民族八省区人均可支配收入来源，其中经营性收入是民族地区农村居民的主要收入，在经济下行趋势下，民族地区农村居民从事的生产性经营活动更举步维艰，精准扶贫要努力保证并提高农村居民这部分收入，同时工资性收入也要适当提高，以改善农村居民生活水平。

表 10-6　2013~2017 年民族八省区农村居民人均可支配收入

单位：元

地区	2013 年	2014 年	2015 年	2016 年	2017 年
全国	9429.6	10488.9	11421.7	12363.4	13432.4
内蒙古	8984.9	9976.3	10775.9	11609.0	12584.3
广西	7793.1	8683.2	9466.6	10359.5	11325.5
贵州	5897.8	6671.2	7386.9	8090.3	8869.1
云南	6723.6	7456.1	8242.1	9019.8	9862.2
西藏	6553.4	7359.2	8243.7	9093.8	10330.2
青海	6461.6	7282.7	7933.4	8664.4	9462.3
宁夏	7598.7	8410.0	9118.7	9851.6	10737.9
新疆	7846.6	8723.8	9425.1	10183.2	11045.3

资料来源：2014~2018 年《中国统计年鉴》。

表 10-7　2017 年民族八省区农村居民人均可支配收入来源

单位：元

地区	可支配收入	工资性收入	经营净收入	财产净收入	转移净收入
全国	13432.4	5498.4	5027.8	303.0	2603.2
内蒙古	12584.3	2649.3	6384.6	514.8	3035.6
广西	11325.5	3242.4	5103.1	185.1	2794.9
贵州	8869.1	3635.7	3285.2	92.0	1856.2
云南	9862.2	2794.9	5412.5	176.5	1478.2
西藏	10330.2	2428.1	5735.4	175.0	1991.6
青海	9462.3	2704.1	3763.6	326.4	2668.2
宁夏	10737.9	4224.0	4252.0	323.8	1938.0
新疆	11045.3	2796.5	6037.0	232.9	1979.0

资料来源：《中国统计年鉴 2018》。

　　通过分析收入和消费仅能从直观角度分析民族地区贫困状态的表现，但究其内部原因，我们可以从民族地区耕地面积中得到部分答案，因为民族地区的贫困地区多为以耕地为主的地区，靠天吃饭是当地居民收入的唯一来源，因此耕地多少会直接影响当地贫困与否，从表 10-8 可以看出，西藏自治区、青海省是耕地面积相对较小的民族地区，其次是宁夏回族自治区，而内蒙古自治区则是耕地面积最大的民族地区，从这组数据可以发现，民族地区贫困状况和当地耕地面积有很大关系，面积较小的区域，贫困状况较为显著。

表 10-8 2012~2017 年民族八省区耕地面积

单位：千公顷

地区	2012 年	2013 年	2014 年	2015 年	2016 年	2017 年
全国合计	135158.4	135163.4	135057.3	134998.7	134920.9	134881.2
内蒙古	9186.9	9199.0	9230.7	9238.0	9257.9	9270.8
广西	4414.2	4419.4	4410.3	4402.3	4395.1	4387.5
贵州	4552.2	4548.1	4540.1	4537.4	4530.2	4518.8
云南	6224.9	6219.8	6207.4	6208.5	6207.8	6213.3
西藏	442.2	441.8	442.5	443.0	444.6	444.0
青海	588.5	588.2	585.7	588.4	589.4	590.1
宁夏	1282.7	1281.1	1285.9	1290.1	1288.8	1289.9
新疆	5148.1	5160.2	5169.5	5188.9	5216.5	5239.6

资料来源：2013~2018 年《中国统计年鉴》。

除此之外，民族地区的交通设施状况也是决定当地能否改善贫困状况的因素，"要想富先修路"，从表 10-9 数据可以看到，西藏自治区、青海省和宁夏回族自治区铁路营业里程和公路里程数都处于最低水平，因此，交通运输水平低也是导致民族地区贫困状态严峻的原因之一。

表 10-9 2017 年民族地区分地区运输线路长度

单位：公里

地区	铁路营业里程	内河航道营业里程	公路里程
内蒙古	12675	2403	199423
广西	5191	5707	123259
贵州	3285	3664	194379
云南	3682	3979	242546
西藏	785	—	89343
青海	2349	674	80895
宁夏	1352	130	34561
新疆	5947	—	185338

资料来源：《中国统计年鉴 2018》。

第三节　民族地区精准扶贫案例分析

通过上文民族地区整体数据来看，内蒙古自治区经济状况相对于其他民族地区较好，近年来政府在扶贫方面也有显著成效，但在阶段性成果背后我们仍要关注存在的问题。

自治区政府在精准扶贫上做出很大努力，2018 年 7 月，内蒙古 13 个旗县市退出自治区贫困旗县市。分别是乌兰浩特市、阿巴嘎旗、苏尼特左旗、镶黄旗、正蓝旗、丰镇市、杭锦旗、乌拉特中旗、五原县、杭锦后旗、磴口县、阿拉善左旗和阿拉善右旗。2018 年内蒙古发放扶贫小额信贷 19.53 亿元，全年累计放款 75036 笔。①

内蒙古自治区剩余贫困旗县脱贫任务仍很艰巨，截止到 2018 年 2 月，全国共有 585 个国家级贫困县，其中内蒙古 30 个，占全区 103 个旗县总数的近 1/3。分别列出各盟市国家级贫困旗县：呼和浩特市的武川县，赤峰市的宁城县、林西县、喀喇沁旗、巴林左旗、敖汉旗、翁牛特旗、巴林右旗和阿鲁科尔沁旗，通辽市的库伦旗、奈曼旗和科尔沁左翼后旗，呼伦贝尔市的鄂伦春自治旗和莫力达瓦达斡尔族自治旗，兴安盟的科尔沁右翼中旗、扎赉特旗、阿尔山市、科尔沁右翼前旗和突泉县，锡林郭勒盟的太仆寺旗、苏尼特右旗和正镶白旗，乌兰察布市的商都县、化德县、察哈尔右翼前旗、察哈尔右翼中旗、察哈尔右翼后旗、四子王旗、卓资县和兴和县。由于 2017 年数据缺失，表 10-10 列出 2016 年各贫困县在内蒙古自治区人均国内生产总值排名，以及占全国人均生产总值比重。可以通过在内蒙古自治区内排名看到，国家级贫困县大多排名处于 103 个旗县的后面，从统计分位数角度考察，30 个国家级贫困县在 103 个旗县中位于 75% ~ 100% 的分位数有 23 个。同时，根据各地区人均生产总值与全国人均生产总值相比，除锡林郭勒盟苏尼特右旗、呼和浩特市武川县、锡林郭勒盟正镶白旗外，均低于全国均值，且最后 6 个旗县不足全国均值的一半，贫困程度十分严峻。

---

① 资料来源于内蒙古自治区扶贫开发办公室。

表 10-10　2016 年内蒙古国家级贫困县人均生产总值情况

单位：元,%

序号	在内蒙古自治区内排名	内蒙古国家级贫困县	地区人均国民生产总值	全国人均生产总值	地区与全国之比
1	37	锡林郭勒盟苏尼特右旗	93195	53980	172.65
2	44	呼和浩特市武川县	80787	53980	149.66
3	59	锡林郭勒盟正镶白旗	64708	53980	119.87
4	69	锡林郭勒盟太仆寺旗	48826	53980	90.46
5	70	赤峰市巴林右旗	48204	53980	89.30
6	72	通辽市科尔沁左翼后旗	46034	53980	85.28
7	76	赤峰市阿鲁科尔沁旗	44299	53980	82.07
8	77	通辽市库伦旗	44201	53980	81.88
9	78	乌兰察布市察哈尔右翼前旗	42563	53980	78.85
10	80	赤峰市林西县	42020	53980	77.84
11	81	赤峰市巴林左旗	41146	53980	76.22
12	82	通辽市奈曼旗	38908	53980	72.08
13	83	赤峰市翁牛特旗	36859	53980	68.29
14	84	乌兰察布市察哈尔右翼后旗	35003	53980	64.85
15	85	赤峰市宁城县	34353	53980	63.64
16	87	兴安盟科尔沁右翼前旗	33908	53980	62.82
17	88	呼伦贝尔市莫力达瓦达斡尔族自治旗	33362	53980	61.80
18	89	赤峰市敖汉旗	33360	53980	61.80
19	91	乌兰察布市卓资县	32319	53980	59.87
20	92	乌兰察布市化德县	32300	53980	59.84
21	94	兴安盟突泉县	28576	53980	52.94
22	95	乌兰察布市察哈尔右翼中旗	28215	53980	52.27
23	96	赤峰市喀喇沁旗	27442	53980	50.84
24	97	呼伦贝尔市鄂伦春自治旗	27305	53980	50.58
25	98	乌兰察布市四子王旗	26929	53980	49.89
26	99	兴安盟科尔沁右翼中旗	26576	53980	49.24
27	100	兴安盟阿尔山市	25749	53980	47.71
28	101	兴安盟扎赉特旗	24019	53980	44.50
29	102	乌兰察布市兴和县	20606	53980	38.17
30	103	乌兰察布市商都县	18378	53980	34.05

资料来源：《内蒙古统计年鉴 2017》。

同时我们再分析 30 个国家级贫困县的粮食产量情况，一方面粮食产量代表该地区收入情况，另一方面也代表该地区粮食生产水平。从粮食产量排名来看，各旗县大体呈正态分布。2017 年内蒙古自治区粮食总产量 2768.4 万吨，全国粮食总产量 61791 万吨，通过衡量各旗县占内蒙古自治区和全国总量的比重发现，有一半的旗县产量不足全区的 1%，且均不足全国产量的 0.4%，说明各贫困旗县粮食产量过低。

表 10-11　2017 年内蒙古国家级贫困县粮食产量情况

单位：吨，%

序号	各旗县粮食产量区内排名	内蒙古国家级贫困县	粮食产量	占内蒙古自治区粮食总量比重	占全国粮食总量比重
1	2	呼伦贝尔市莫力达瓦达斡尔族自治旗	1887266	6.8172	0.3054
2	4	兴安盟扎赉特旗	1600001	5.7795	0.2589
3	6	兴安盟科尔沁右翼前旗	1199429	4.3326	0.1941
4	9	通辽市科尔沁左翼后旗	1128227	4.0754	0.1826
5	10	兴安盟突泉县	1098484	3.9679	0.1778
6	11	通辽市奈曼旗	985419	3.5595	0.1595
7	13	赤峰市敖汉旗	830902	3.0014	0.1345
8	14	兴安盟科尔沁右翼中旗	811215	2.9303	0.1313
9	15	赤峰市宁城县	802823	2.9000	0.1299
10	17	赤峰市翁牛特旗	767340	2.7718	0.1242
11	18	呼伦贝尔市鄂伦春自治旗	711281	2.5693	0.1151
12	21	赤峰市阿鲁科尔沁旗	562533	2.0320	0.0910
13	24	通辽市库伦旗	510965	1.8457	0.0827
14	25	赤峰市巴林左旗	508865	1.8381	0.0824
15	32	赤峰市喀喇沁旗	336020	1.2138	0.0544
16	37	赤峰市林西县	245709	0.8875	0.0398
17	38	赤峰市巴林右旗	226761	0.8191	0.0367
18	40	锡林郭勒盟太仆寺旗	215983	0.7802	0.0350
19	43	呼和浩特市武川县	166748	0.6023	0.0270
20	46	乌兰察布市四子王旗	133716	0.4830	0.0216
21	49	乌兰察布市察哈尔右翼中旗	109454	0.3954	0.0177

续表

序号	各旗县粮食产量区内排名	内蒙古国家级贫困县	粮食产量	占内蒙古自治区粮食总量比重	占全国粮食总量比重
22	54	乌兰察布市商都县	85973	0.3106	0.0139
23	55	乌兰察布市察哈尔右翼后旗	84816	0.3064	0.0137
24	57	乌兰察布市察哈尔右翼前旗	83437	0.3014	0.0135
25	60	乌兰察布市兴和县	82007	0.2962	0.0133
26	64	乌兰察布市卓资县	62495	0.2257	0.0101
27	65	兴安盟阿尔山市	60000	0.2167	0.0097
28	69	乌兰察布市化德县	55472	0.2004	0.0090
29	87	锡林郭勒盟正镶白旗	5094	0.0184	0.0008
30	95	锡林郭勒盟苏尼特右旗	333	0.0012	0.0001

资料来源：《内蒙古统计年鉴2017》。

在全国 14 个集中连片特困地区中，在内蒙古自治区范围内有 2 个，分别是大兴安岭南麓山区和燕山—太行山区，包括兴安盟的五个国家级贫困县和乌兰察布市的三个国家级贫困县。2018 年 8 月，内蒙古自治区扶贫开发领导小组公布深度贫困旗县、深度贫困嘎查村和贫困人口，如表 10-12 和表 10-13 所示。其中兴安盟和乌兰察布市是深度贫困的重灾区，集中连片地区深度贫困人口达 67952 人，占全自治区深度贫困人口的 52.65%，高达一半以上，因此集中连片特困地区是精准扶贫的主战场。赤峰市的巴林左旗贫困嘎查村最多，达 30 个，兴安盟的科右前旗深度贫困人口最多，达 17249 人，如此严峻的贫困状况与当地生态环境和居民自身素质有很大关系。

表 10-12 内蒙古深度贫困旗县名单

盟市	国家级深度贫困旗县（15 个）
兴安盟	科尔沁右翼前旗、扎赉特旗、科尔沁右翼中旗、突泉县
乌兰察布市	察哈尔右翼前旗、察哈尔右翼中旗、察哈尔右翼后旗、兴和县、卓资县、四子王旗、商都县、化德县
呼伦贝尔市	鄂伦春旗
赤峰市	巴林左旗
锡林郭勒盟	正镶白旗

资料来源：内蒙古自治区扶贫开发办公室。

表 10-13　内蒙古深度贫困嘎查村、贫困人口统计

单位：个，人

序号	旗县	贫困嘎查村	贫困人口
	合计	258	129062
1	扎赉特旗	21	12859
2	科右前旗	21	17249
3	科右中旗	28	6349
4	突泉县	20	9649
5	察右前旗	21	7316
6	察右中旗	27	9750
7	察右后旗	3	6320
8	兴和县	13	8486
9	卓资县	10	9555
10	四子王旗	13	4832
11	商都县	7	7057
12	化德县	21	6303
13	鄂伦春自治旗	19	5019
14	巴林左旗	30	17085
15	正镶白旗	4	1233

资料来源：内蒙古自治区扶贫开发办公室。

　　基于内蒙古的贫困现状，我们应分析这些贫困存在的原因，从而有针对性地根据问题提出精准扶贫的策略，为民族地区脱贫提出建设性的路径分析。我们分别从内蒙古自治区的生态环境尤其是自然灾害情况、农村农牧区人口及教育、农村农牧区发展状况、粮食产量情况进行分析。

　　首先，从表 10-14 内蒙古自治区自然灾害情况可以看到，农作物受灾面积居于较高水平，其中旱灾是内蒙古农作物受灾的主要原因，这与当地气候条件有很大关系，内蒙古农牧区大多气温高、降水少，易发生极端干旱天气，严重损失了农村居民的收入，近年来由于环境破坏严重，旱灾导致的农作物受灾数量更是逐年增多，同时农作物绝收面积也绝大部分源于旱灾，这是导致贫困状况改善缓慢的客观因素，严重制约了内蒙古自治区的脱贫进程和速度。除了旱灾外，还要注意洪涝灾害、风雹灾和低温冻灾对作物的影响，注意做好防范措施，以保证农村居民的财产安全。

表 10-14　2010~2017 年内蒙古自然灾害面积

单位：万公顷

项目	2010 年	2011 年	2012 年	2013 年	2014 年	2015 年	2016 年	2017 年
农作物受灾面积	203.27	203.66	206.07	173.31	321.6	274.2	362.99	410.65
旱灾	143.41	113.12	45.36	58.26	266.10	222.50	277.05	345.71
洪涝灾	21.56	38.99	96.55	54.91	22.10	14.40	25.62	18.29
风雹灾	26.78	34.64	24.35	46.96	20.60	29.10	41.87	25.46
低温冷冻灾	11.52	16.91	39.81	13.18	12.80	8.20	18.45	21.19
农作物绝收面积	61.63	30.76	37.8	23.26	35.2	40.2	54.74	36.25
旱灾	51.11	12.90	1.05	2.43	29.50	32.80	48.94	24.69
洪涝灾	3.53	13.00	28.36	13.11	2.80	2.40	1.47	2.15
风雹灾	6.37	4.48	2.07	7.68	2.40	4.70	2.31	3.81
低温冷冻灾	0.62	0.38	6.32	0.04	0.50	0.30	2.03	5.60

资料来源：2011~2018 年《内蒙古统计年鉴》。

其次，从表 10-15 内蒙古人口构成来看，2000 年以来，农业人口一直高于非农业人口，但是从城乡划分，市镇人口在 2007 年后一直高于乡村人口，说明很多农村人口到市镇打工，而没有务农，人口没有真正地实现城镇化，导致贫困地区劳动力减少，留守人员多为老弱病幼，再加上内蒙古农村地区自然环境差，更是加重了农村的贫困程度，因此加快新型城镇化建设也是实现脱贫的必经之路。

表 10-15　2000~2017 年内蒙古年末人口及构成

单位：万人

年份	年末总人口	按农业、非农业分		按城乡分	
		农业人口	非农业人口	市镇人口	乡村人口
2000	2372.4	1535.4	837.0	1001.1	1371.3
2001	2381.4	1528.4	853.0	1036.8	1344.6
2002	2384.1	1518.0	866.1	1050.3	1333.8
2003	2385.8	1504.5	881.3	1067.4	1318.4
2004	2392.7	1477.8	915.0	1097.3	1295.4
2005	2403.1	1446.2	956.9	1134.3	1268.8

续表

年份	年末总人口	按农业、非农业分		按城乡分	
		农业人口	非农业人口	市镇人口	乡村人口
2006	2415.1	1449.3	965.8	1174.7	1240.4
2007	2428.8	1448.5	980.3	1218.0	1210.8
2008	2444.3	1455.1	989.2	1264.1	1180.2
2009	2458.2	1458.9	999.3	1312.7	1145.5
2010	2472.2	1462.0	1010.2	1372.9	1099.3
2011	2481.7	1469.2	1012.5	1405.2	1076.5
2012	2489.9	1464.6	1025.3	1437.6	1052.3
2013	2497.6	1466.9	1030.7	1466.3	1031.3
2014	2504.8	1468.9	1035.9	1490.6	1014.2
2015	2511.0	1469.3	1041.7	1514.2	996.9
2016	2520.1	1471.0	1049.1	1542.1	978.1
2017	2528.6	1471.6	1057.0	1568.2	960.4

资料来源：2001~2018年《内蒙古统计年鉴》。

通过分析内蒙古农村牧区常住居民人均收支情况可以看到，如表10-16所示，相对于2015年，2016年和2017年第一产业净收入中的农业净收入大幅减少，相对于2015年，2016年第二产业净收入也在大幅度减少，这一方面是由于近年来自然灾害对农业的影响，另一方面也反映出农村中务农人员减少，贫困程度加重。因此，提高农业发展水平、增加务农人员的收入是加快精准扶贫的路径之一。但是从三次产业收入比重上来看，第一产业是主要收入来源，其中农业是第一产业的主要收入来源，如何优化农村居民的收入来源比重，也是实现脱贫的研究方向，如何加大第二产业和第三产业净收入，如何提高农业净收入，改变下降趋势，都是研究内蒙古自治区精准扶贫的重要领域。

表10-16　2015~2017年内蒙古农村牧区常住居民人均收支情况

单位：元,%

项目	2015年	2016年	2017年	2015年比上年增长	2016年比上年增长	2017年比上年增长
第一产业净收入	5500	5477	5542	4.8	-0.4	1.2
农业净收入	3598	3469	3307	5.3	-3.6	-4.7

项目	2015 年	2016 年	2017 年	2015 年比 上年增长	2016 年比 上年增长	2017 年比 上年增长
牧业净收入	1833	1930	2164	0.5	5.3	12.1
第二产业净收入	50	47	66	-47.9	-6.0	40.4
第三产业净收入	636	692	777	20.0	8.8	12.3

资料来源：2016~2018 年《内蒙古统计年鉴》。

分析完各产业的净收入，最后我们再研究内蒙古农村劳动力分行业从业人员和比例，如表 10-17 所示，2016 年和 2017 年相对于 2015 年表现为农林牧渔业从业人员减少，但行业从业人员占总数的比重却上升了，工业和建筑业从业人员减少，从业人员比重降低，其余第三产业从业人员较稳定，从三产从业人员占比来看，依旧是第一产业从业人员最多，尤其是农业从业人员 2017 年占全体劳动者的 60% 以上，其次是牧业从业者，占比达 12% 以上，因此加强对农牧业的帮扶是精准扶贫的重点，同时提高农牧业的现代化水平，提高农牧业生产率，转移部分剩余劳动力到第三产业，是增加农村居民收入的重要方向，也是有效提高贫困地区生活水平的方法。

表 10-17 2015~2017 年内蒙古乡村劳动力各行业从业人员及比例情况

单位：万人，%

指标	2017 年	2017 年各行业 从业人员占 总数比重	2016 年	2016 年各行业 从业人员占 总数比重	2015 年	2015 年各行业 从业人员占 总数比重
农林牧渔业 从业人员	562.53	75.38	561.47	74.54	566.40	74.38
农业从业人员	452.92	60.69	422.28	56.06	429.98	56.46
牧业从业人员	99.33	13.31	97.66	12.96	97.64	12.82
工业从业人员	35.58	4.77	38.01	5.05	37.41	4.91
建筑业从业人员	52.29	7.01	53.67	7.13	56.08	7.36
交通运输仓储业和 邮政业从业人员	16.73	2.24	18.08	2.40	18.17	2.39
信息传输计算机服务 和软件业从业人员	4.68	0.63	4.56	0.60	4.54	0.60

续表

指标	2017 年	2017 年各行业从业人员占总数比重	2016 年	2016 年各行业从业人员占总数比重	2015 年	2015 年各行业从业人员占总数比重
批发和零售业从业人员	30.86	4.14	31.73	4.21	31.65	4.16
住宿和餐饮业从业人员	21.30	2.85	21.76	2.89	21.96	2.88
其他非农行业人员	22.30	2.99	23.98	3.18	25.32	3.33
总计	746.2706		753.2614		761.5354	

资料来源：2016~2018 年《中国统计年鉴》。

第四节　民族地区精准扶贫路径

根据上述对民族地区整体精准扶贫状况以及内蒙古自治区贫困状况的分析，本节从六个方面分别阐述如何实现民族地区精准脱贫，即民族地区的精准扶贫路径。

一　探索民族地区适宜的扶贫模式

各民族地区具体情况不同，因此要依据民族地区特色，探索适宜当地的扶贫模式，例如"湖南十八洞村模式""宁夏盐池模式""西藏曲水模式"等，都是依托于当地情况，通过探讨、实践、反馈和再实践摸索出的发展模式。根据上文对内蒙古自治区情况的分析，内蒙古自治区是蒙古族人口最多，蒙元文化、草原文化汇集，农业灾害多发地区，连片贫困地区较集中，深度贫困地区较多。在民族地区要充分发挥民族地区特色，利用当地文化和历史，结合成功精准扶贫案例，进行合理嫁接。发展特色产业是民族地区独具优势的模式，同时根据调查数据，民族地区的落后多表现出"等、靠、要"的思想，封建守旧的理念严重制约了村民的进步，因此要加强民族地区思想扶贫，必须从教育入手。民族贫困地区多为少数民族聚居地，首先是语言不通，很多村民基本不会说汉语，因此要加强对村民的培训，让他们可以走出贫困地区，外出打工学习。在民族地区应该以一些典型乡村为首要实施政策的试点，成功实现脱贫后再在相似区域大范围有组织有系统地实施扶贫政策，做到典型案例让村民信服，以实现脱贫作为工作的目标。在扶贫的同时，还要加强民族地区的生态环境保护，民族地区多为生态脆弱地区，内蒙古自治区旱灾的严重正是脱贫过程中应重视的部分。在脱贫过程中还要有配套的体制机制和金融支持，这需要政府和社会各机构的帮扶与支持。因此，必须在精准扶贫过程中做到"精准"二字，必须根据情况做出合适的扶贫规划，这既是帮助民族地区更好地摆脱贫困，也是以最高的效率帮助村民实现脱贫。

二　积极发展民族贫困地区特色产业

我国民族地区资源禀赋各不相同，依赖各自的特点发展特色产业是民族地区脱贫的模式之一，我们以内蒙古自治区为例阐述其特色产业发展路径。根据上文分析，内蒙古自治区贫困地区多从事农业和牧业，因此发展特色农牧业就是实现贫困地区脱贫致富的路径。农业方面，可以积极发展电商同农业的结合，推动"互联网+"的普及，拓宽销售市场，把农村地区生产出来的有限粮食销售出更高的价格，从生产到销售主打无污染、绿色健康理念，精细化打理，实现现有基础上农民的增收，同时在提高产量上要积极探索适合当地农业状况的种植方式，利用先进的科学技术，机械化管理，提高农民防御自然灾害的能力，增加粮食产量也是增加农民收入的关键。同时农业方面可以根据市场需要进行种植，例如除了粮食，可以根据蒙医药产业的需求种植药材，根据市场需求转变种植的品种，例如村民把种植玉米改为种植草莓，一年收入提高了五六倍，实现了脱贫。另一方面是牧业，可以推进深加工行业，在现有养殖数量的基础上获得收入的增加。在养殖-加工-销售方面可以进行合作化养殖，不仅减少因竞争而带来的损失，还可以实现规模效应，大批量大范围的生产销售，接受大量的订单，保证生产的稳定和效率的提高。

三　加强民族贫困地区的教育和培训

脱贫除了在物质上帮助贫困地区村民，还要从精神上、思想观念上帮助村民实现脱贫。贫困的根源是外在客观环境带来的，但从根本上说是自身懒惰并不想改变现状导致的。不想改变现状一方面是根深蒂固的思想让人们不想放弃现有的一切，另一方面不想去探索更多的事物，这也是脱贫难的关键所在。同时脱贫模式中例如易地搬迁脱贫模式，许多村民都难以接受，也是封建传统的思想在阻碍，因此思想上的脱贫，扶贫与扶志相结合十分关键。

在针对成年的贫困居民，政府要做好思想工作，循序渐进的引导，不能强硬实施，必须让村民从内心支持并履行政策。针对未成年人，政府要加强对贫困户子女教育的投资，让下一代依靠知识改变自己贫困的现状，保障贫困户子女正常学习，提供相应的资金补助政策。在产业扶贫过程中，由于贫困地区居民的文化水平有限，应加强对其技能的培训，让他们掌握一项技能，授人以鱼不如授人以渔，让他们可以依靠自己的本领吃饭，走出贫困，创造财富。在易地搬迁模式中，很多村民除了种地什么都不会，因此培训一方面让搬迁居民找到归属感，另一方面也为当地发展相应产业培养高水平劳动力，提高生产效率。

四　保护民族贫困地区的生态环境

脆弱的生态环境是民族贫困地区的普遍现状，在资源贫瘠的地区，由于乱砍滥伐、过度放牧等一系列监管不到位的问题，导致贫困地区自然灾害频发，贫困状况更加严重。正如上文分析的内蒙古自治区农作物灾害情况所述，旱灾、洪涝灾害、风雹灾和低温冻灾对农作物的影响十分巨大，内蒙古自治区土地沙漠化和水土流失情况严重，沙化的土地不但减少了可耕种土地的面积，带来的沙尘天气更是严重损害了农作物的生长；退耕还林、退牧还林还草都是在精准扶贫过程中应加以重视的。坚持在精准扶贫过程中保持绿色发展和可持续发展，才能给子孙后代们一个蔚蓝的天空和舒心的环境。保护好生态环境，才能实现良性循环，在农牧区种养殖过程中才能不被恶劣的生态环境所影响，才能在青山绿水中实现脱贫致富。必须建立完善的生态监管机制，加强民众和政府的双重监管，建立奖惩机制，必须严惩对生态破坏的生产行为，对退耕还林的农户实行补偿机制，必须平衡村民的利益，不能产生不良的情绪和氛围，要让精准扶贫在和谐的环境稳定前行。

五　加快民族地区新型城镇化建设

通过上文分析可知，内蒙古自治区一直处于农业人口高于非农业人口，但城市人口高于乡村人口，可以反映出城镇化速度进程缓慢，多数农村人口进城打工，但是并没有安家落户在城市地区。新型城镇化和精准扶贫是双向互动的。一方面，加快新型城镇化建设可以促进精准脱贫的快速实现。尤其是易地搬迁模式下，基本从贫困地区脱离出来，相应的配套基础设施和产业帮助村民实现了致富之路。新型城镇化道路就是实现人的城镇化，帮助贫困地区居民获得技能和知识，真正把农村剩余劳动力实现向城镇化转移，在农村地区的居民利用高新技术发展农业，共同实现发展。通过对农村贫困地区在物质和基础设施上的扶持，在村落周边展开城镇化建设，有秩序分批次地进行劳动力转移，适宜发展农牧业的地区保持一定数量的劳动力，不适宜发展的地区渐进式转移，既保留了各地区的特色，又能根据各地区具体情况进行调整，具有较大的弹性。另一方面，精准扶贫也能促进新型城镇化建设。精准扶贫要加强对农户在资金和基础设施上的投入，同时还要在教育和培训上帮助贫困村民，这些都有利于新型城镇化进程的加快，相辅相成地发展，两个成效相得益彰。

六　完善民族地区精准扶贫体制机制

首先在扶贫资金上要加大监管力度，资金去向必须全程透明，防止贪污腐败的发生，也是贫困居民利益的保障。在贫困户的确定上要完善各项条件，在统一标准下考虑到各地区实况，做到在合理范围内具有一定弹性。政策实施过程中要有一定的考核机制，对扶贫前、扶贫时和扶贫后分别监督考核，防止一时完成任务式的脱贫，防止返贫情况的发生，做到彻底脱贫。对参与精准扶贫的政府官员设定相应约束机制，必须按照政策执行，不能在地方一言堂，也要以身作则约束其他工作人员。定期根据精准扶贫的实践情况进行开会探讨，适当调整扶贫计划，要灵活根据各地情况给予灵活政策，但是体制机制必须保持健全完整。由于各地区贫困状况不同，政府要在有限资源的情况下，把政策和资金更多地投到深度贫困地区，根据各地区情况做到有的放矢。同时在精准扶贫过程中，有意识地培养领头企业、领军行业、种植和养殖大户，在这些标杆的带领下更好地推进精准扶贫工作。

第十一章

民族地区开放发展

第一节 对内对外开放及理论

一 基本概念

（一）对外开放

对外开放一方面是指国家积极主动扩大对外经济交往；另一方面是指放宽政策，放开或者取消各种限制，不再采取封锁国内市场和国内投资场所的保护政策，发展开放型经济。"对外开放"是中国一项基本国策。开放是中国经济腾飞的一个秘诀，也是中国全面建成小康社会的一件法宝。"十三五"规划建议指出："开放是国家繁荣发展的必由之路。必须顺应我国经济深度融入世界经济的趋势，奉行互利共赢的开放战略。"习近平总书记指出："中国开放的大门永远不会关上。"

2018 年 3 月 5 日，李克强总理在 2018 年《政府工作报告》中提出：①推进"一带一路"国际合作，带动中国制造和中国服务走出去，加大西部、内陆和沿边开放，拓展经济新空间；②下调汽车、部分日用消费品等进口关税，促进产业升级和贸易平衡；③2018 年还将全面放开一般制造业，扩大电信、医疗、教育、养老、新能源等领域开放，有序放开银行卡清算等市场，放宽保险经纪、银行、券商等外资股比限制，简化外资企业设立程序，全面推广、复制自贸区经验。这些举措将进一步扩大对外开放的范围和层次，以高水平开放推动高质量发展。

对外开放是我国一项长期的基本国策。为了正确地坚持这一国策，必须特别注意掌握开放的原则。实行对外开放，关键是要正确地对待资本主义社会创造的现代文明成果。邓小平明确表示："我们要有计划、有原则地引进技术和其他对我们有益的东西，但是我们决不学习和引进资本主义制度，决不学习和引进各种丑恶颓废的东西。对外开放必须坚持社会主义原则，坚持党的领导，坚持社会主义道路，反对资产阶级自由化，反对走资本主义道路。既不能因噎废食，对国外的东西一概加以拒斥，从而放慢对外开放的步伐，也不能对国外的东西不加批判地全盘接受，甚至以各种形式主张全盘西化。"我国实行对外开放，发展对外经济关系始终要坚持的原则是独立自主、自力更生和平等互利原则。

（二）对内开放

中国的改革开放在广泛意义上还包括对内开放。开放不仅只是对外国开放，也包括对体制外的机构或人员开放，即对内开放。2012 年，有学者提出：今日之中国，经济要继续发展，更应逆其道而行之：对外改革，对内开放。

在邓小平理论关于改革开放总方针的论述中已经提到"对内开放"：改革，包括经济体制改革，即把高度集中的计划经济体制改革成为社会主义市场经济体制；政治体制改革，包括发展民主，加强法制，实现政企分开、精简机构，完善民主监督制度，维护安定团结。开放，主要指对外开放，在广泛意义上还包括对内开放。改革开放是中国共产党在社会主义初级阶段基本路线的基本点之一，是我国走向富强的必由之路。

2012 年 3 月，北京大学国家发展研究院副教授余淼杰曾撰文《对外改革，对内开放》。他提出："改革开放"无疑是中国在过去三十年中最耳熟能详的一个词组。1979 年以来中国经济的发展最重要的保证也在于坚持"对内改革，对外开放"这八字方针。如今中国经济面临转型压力，全国"两会"等多次谈及转变生产模式，实现"更长时期、更高水平、更好质量发展"。

对内开放不是说不要改革，而是说国内市场应该更开放。

对内开放的第一点是减少地区贸易壁垒，降低地区贸易成本。大多数企业老板都有感受，在国内做生意比在国外难得多，成本也要高。国外虽然距离较远，直接成本较高，但毕竟标准化。而国内市场，地理距离虽然有限，但无数的"过桥费"也使直接运输成本居高不下，更不用说生意背后无数的应酬和跑关系。所以，对内开放的第一步就是要取消省际、市际的"过路费""买路钱"。

对内开放的第二点则是开放企业融资渠道。目前中小企业发展面临的最大问题之一是融资渠道贫乏、融资成本较高。中小企业一方面无法直接在资本市场上融资,另一方面也不容易向国有银行贷款,普遍面临着较严重的信贷约束,而这又限制了企业的出口。所以,对内开放的第二点在于应向中小企业开放融资渠道。一个可能的办法则是鼓励建立中小银行,专门处理中小企业借贷。

对内开放的第三点则不妨开放"城门",逐步限制并取消户口管理制度。户籍管理制度自 1958 年生效以来,已有半个世纪,作为保证重工业优先发展的计划经济必要的配套政策,时至今日已全然丧失最初的目的,因此有必要进行改革。

二 理论基础

(一) 国际贸易理论

国际贸易理论试图解释为什么有国际贸易,以及作为一个国家应当如何对待国际贸易。国际贸易理论的发展大致经历了古典、新古典、新贸易理论以及新兴古典国际贸易理论四大阶段。

古典和新古典国际贸易理论以完全竞争市场等假设为前提,强调贸易的互利性,主要解释了产业间贸易。二战后,以全球贸易的新态势为契机,新贸易理论应运而生,从不完全竞争、规模经济、技术进步等角度解释了新的贸易现象。新兴古典国际贸易理论则以专业化分工来解释贸易,力图将传统贸易理论和新贸易理论统一在新兴古典贸易理论的框架之内。

(二) 绝对优势理论

绝对优势理论亦称"绝对成本理论""绝对利益说"。由英国古典经济学家亚当·斯密于 1776 年在其《国民财富的性质与原因的研究》一书中提出。他认为国际贸易的原因是国与国之间的绝对成本的差异,如果一国在某一商品的生产上所耗费的成本绝对低于他国,该国就具备该产品的绝对优势,从而可以出口,反之则进口。各国都应按照本国的绝对优势形成国际分工格局,各自提供交换产品。该理论解释了产生国际贸易的部分原因,但不能解释各种产品生产上都具有绝对优势的国家与不具有绝对优势的国家之间的贸易往来。

亚当·斯密因此成为自由贸易理论的首先倡导者和鼻祖。亚当·斯密

（1723～1790）是英国产业革命前夕工场手工业时期的经济学家。产业革命是指资本主义生产完成了从工场手工业向机器大工业的过渡，在这一过程中封建主义和重商主义是实现这一变革的障碍。亚当·斯密代表工业资产阶级的要求，在他1776年出版的代表作《国民财富的性质和原因的研究》（简称《国富论》）中反对重商主义，要求自由放任，系统地提出了绝对成本说。

所谓绝对成本，是指两个国家之间生产某种产品的劳动成本的绝对差异，即一个国家所耗费的劳动成本绝对低于另一个国家。

亚当·斯密的绝对成本说主要阐明了如下内容。

（1）分工可以提高劳动生产率，增加国民财富。斯密认为，交换是出于利己心并为达到利己目的而进行的活动，是人类的一种天然倾向。人类的交换倾向产生分工，社会劳动生产率的巨大进步是分工的结果。他以制针业为例说明其观点。根据斯密所举的例子，分工前，一个粗工每天至多能制造20枚针；分工后，平均每人每天可制造4800枚针，每个工人的劳动生产率提高了几百倍。由此可见，分工可以提高劳动生产率，增加国民财富。

（2）分工的原则是成本的绝对优势或绝对利益。斯密进而分析道，分工既然可以极大地提高劳动生产率，那么每个人专门从事他最有优势的产品的生产，然后彼此交换，则对每个人都是有利的。即分工的原则是成本的绝对优势或绝对利益。他以家庭之间的分工为例说明了这个道理。他说，如果一件东西购买所花费用比在家里生产的少，就应该去购买而不要在家里生产，这是每一个精明的家长都知道的格言。裁缝不为自己做鞋子，鞋匠不为自己裁衣服，农场主既不打算自己做鞋子，也不打算缝衣服。他们都认识到，应当把他们的全部精力集中用于比邻人有利地位的职业，用自己的产品去交换其他物品，会比自己生产一切物品得到更多的利益。

（3）国际分工是各种形式分工中的最高阶段，在国际分工基础上开展国际贸易，对各国都会产生良好效果。斯密由家庭推及国家，论证了国际分工和国际贸易的必要性。他认为，适用于一国内部不同个人或家庭之间的分工原则，也适用于各国之间。国际分工是各种形式分工中的最高阶段。他主张，如果外国的产品比自己国内生产的要便宜，那么最好是输出在本国有利的生产条件下生产的产品，去交换外国的产品，而不要自己去生产。他举例说，在苏格兰可以利用温室种植葡萄，并酿造出同国外一样好的葡萄酒，但要付出比国外高30倍的代价。他认为，如果真的这样做，显然是愚蠢的行为。每个国家都有其适宜于生产某些特定产品的绝对有利的生产条件，如果每个国家都按照其绝对有利的生产条件（即生产成本绝对低）去进行专业化生产，然后彼此进行交换，则对所有国家都是有利的，世界的财富也会因此而增加。

（4）国际分工的基础是有利的自然禀赋或后天的有利条件。斯密认为，有利的生产条件源于有利的自然禀赋或后天的有利条件。自然禀赋和后天的条件因国家而不同，这就为国际分工提供了基础。因为有利的自然禀赋或后天的有利条件可以使一个国家生产某种产品的成本绝对低于别国而在该产品的生产和交换上处于绝对有利的地位。各国按照各自的有利条件进行分工和交换，将会使各国的资源、劳动和资本得到最有效的利用，将会大大提高劳动生产率和增加物质财富，并使各国从贸易中获益。这便是绝对成本说的基本精神。

（三）比较优势理论

大卫·李嘉图在其代表作《政治经济学及赋税原理》中提出了比较成本贸易理论（后人称为"比较优势贸易理论"）。比较优势贸易理论认为，国际贸易的基础是生产技术的相对差别（而非绝对差别），以及由此产生的相对成本的差别。每个国家都应根据"两利相权取其重，两弊相权取其轻"的原则，集中生产并出口其具有"比较优势"的产品，进口其具有"比较劣势"的产品。比较优势贸易理论在更普遍的基础上解释了贸易产生的基础和贸易利得，大大发展了绝对优势贸易理论。

比较优势理论是在绝对成本理论的基础上发展起来的。根据比较优势原理，一国在两种商品生产上较之另一国均处于绝对劣势，但只要处于劣势的国家在两种商品生产上劣势的程度不同，处于优势的国家在两种商品生产上优势的程度不同，则处于劣势的国家在劣势较轻的商品生产方面具有比较优势，处于优势的国家则在优势较大的商品生产方面具有比较优势。两个国家分工专业化生产和出口其具有比较优势的商品，进口其处于比较劣势的商品，则两国都能从贸易中得到利益。这就是比较优势原理。也就是说，两国按比较优势参与国际贸易，通过"两利取重，两害取轻"，两国都可以提升福利水平。

（四）比较优势理论与绝对优势理论的对比

比较优势理论与绝对优势理论都认定对外贸易可以使一国的产品销售市场得以迅速扩张，因而十分强调对外贸易对促进一国增加生产扩大出口供给的重要作用。或者反过来说，斯密和李嘉图站在当时新兴的产业资本家阶级的立场上，为了给产业资本所掌握的超强的工业生产能力以及由此产生的大量剩余产品寻找出路，从供给的角度，论证了开拓国际市场推进国际贸易的重要性，以及推行自由贸易政策的必要性和合理性。从这个意义上来说，可以将斯密和李嘉图的贸易思想归于贸易理论研究上的"供给派"（School of Supply）。

但就绝对优势理论与比较优势理论各自涵盖的研究对象而论，对此两者进行比较，人们也可以清楚地看到，无论一国是否拥有绝对低成本的优势商品，只要存在相互间的比较优势，国际间的自由贸易就可以使贸易双方都获得贸易利益。这就是说，实际上，从理论分析的角度考察，比较优势理论分析研究的经济现象涵盖了绝对优势理论分析研究的经济现象，而不是相反。这说明，斯密所论及的绝对优势贸易模型不过是李嘉图讨论的比较优势贸易模型的一种特殊形态，是一个特例。绝对优势理论与比较优势理论是特殊与一般的关系。将只适用于某种特例的贸易模型推广至对普遍存在的一般经济现象的理论分析，正是李嘉图在发展古典国际贸易理论方面的一大贡献。

第二节　民族地区开放发展概况

民族地区涵盖的范围很广，通常包括内蒙古自治区、宁夏回族自治区、新疆维吾尔自治区、西藏自治区和广西壮族自治区五大少数民族自治区以及少数民族分布集中的贵州、云南和青海三省等八省区。通过分析我国对外贸易的基本情况，以民族八省区为研究重点，采用横向和纵向比较法，了解民族地区开放发展概况。

如表 11-1 所示，我国对外贸易在 2013~2017 年得到持续发展。以亿美元作为统计单位，就进出口而言，我国货物进出口总额从 2013 年的41589.9 亿美元到 2017 年的 41071.6 亿美元，具有一定的波动性。出口总额从 22090.0 亿美元增长到 22633.7 亿美元，其中初级产品出口总额由 1072.7亿美元增为 1177.3 亿美元，工业制成品出口总额从 21017.4 亿美元增长到21456.4 亿美元；进口总额由 19499.9 亿美元下降到 18437.9 亿美元，其中初级产品进口总额从 6580.8 亿美元降为 5796.4 亿美元，工业制成品从12919.1 亿美元降为 12641.5 亿美元。进出口差额为正，且从 2590.2 亿美元增长到 4195.8 亿美元。这些数据表明，在我国改革开放和"一带一路"倡议的持续影响下，我国对外贸易发展态势良好，开放程度增强，"对外贸易"这驾马车带动经济持续稳定发展。对外贸易的发展还使得我国外向型产业实现结构性调整，出口盈利方面初级产品所占比例逐渐下降，工业制成品的比例不断提高，实现"中国制造"向"中国质造"的转变。在利用外资方面，我国也取得了长足的发展。外商直接投资合同项目从2013年的22773个增长到35652个，实际使用外资额由1187.2亿美元上升至1310.4亿美元，且从2015年开始外资的形式都是外商直接投资。外资企业登记户数也直线增长，外资企业投资总额和注册资本分别增长了33816.3亿美元和16826.9亿美元。外资企业对中国的发展潜力认可度高，在经济相对低迷的今天，中国仍是最具投资前景的地区，世界银行将中国评价为"世界经济增长的火车头"。经济结构的调整和高精端技术的研发成功带动了中国的对外经济合作，对外承包工程合同金额和对外承包工程完成营业额直线上升。

表 11-1 2013~2017 年我国对外贸易基本情况

指标	2013 年	2014 年	2015 年	2016 年	2017 年
货物进出口总额（亿元人民币）	258168.9	264241.8	245502.9	243386.5	278101.0
出口总额	137131.4	143883.8	141166.8	138419.3	153311.2
进口总额	121037.5	120358.0	104336.1	104967.2	124789.8
进出口差额	16094.0	23525.7	36830.7	33452.1	28521.4
货物进出口总额（亿美元）	41589.9	43015.3	39530.3	36855.6	41071.6
出口总额	22090.0	23422.9	22734.7	20976.3	22633.7
初级产品出口总额	1072.7	1126.9	1039.3	1051.9	1177.3
工业制成品出口总额	21017.4	22296.0	21695.4	19924.4	21456.4
进口总额	19499.9	19592.4	16795.6	15879.3	18437.9
初级产品进口总额	6580.8	6469.4	4720.6	4410.5	5796.4
工业制成品	12919.1	13122.9	12075.1	11468.7	12641.5
进出口差额	2590.2	3830.6	5939.0	5097.1	4195.8
外商直接投资合同项目（个）	22773	23778	26575	27900	35652
实际使用外资额（亿美元）	1187.2	1197.1	1262.7	1260.0	1310.4
外商直接投资	1175.9	1195.6	1262.7	1260.0	1310.4
外商其他投资	11.3	1.4			

续表

指标	2013 年	2014 年	2015 年	2016 年	2017 年
外资企业基本情况					
年底登记户数（户）	445962	460699	481179	505151	539345
投资总额（亿美元）	35176.1	37977.3	45390.2	51240.1	68992.4
注册资本（亿美元）	20280.3	21835.1	26681.6	31243.4	37107.2
外方	16077.1	17413.9	20756.7	23918.5	28266.2
对外经济合作（亿美元）					
对外承包工程合同金额	1716.3	1917.6	2100.7	2440.1	2652.8
对外承包工程完成营业额	1371.4	1424.1	1540.7	1594.2	1685.9

资料来源：《中国统计年鉴 2018》。

　　在分析我国对外贸易的基本情况之后，以 2017 年分地区货物进出口总额横截面数据为依据，从收发货人所在地和境内目的地及货源地两个角度出发，分析民族八省区开放发展状况。如表 11-2 所示，按收发货人所在地统计，民族地区货物进出口总额中广西位居第一，云南第二，新疆第三，西藏、青海最低。广西虽总额第一，但其出口额小于进口额，即净出口为负值。净出口为正值的民族地区有四个：贵州、青海、宁夏、新疆。值得注意的是新疆的出口额远远大于进口额，表现相对突出。按境内目的地和货源地统计，虽然数值有所调整，但整体和按收发货人所在地统计的数值基本一致，差额相对缩小。通过数据分析，可以得出以下结论：即便是进出口总额位居第一的广西，其数值仍不足全国各省份平均数的一半，说明民族地区的开放程度较小，开放潜力巨大，且开放地区的进口额多大于出口额，民族地区的产品结构需要进行调整，需要寻找经济增长点和优势产业。

表 11-2　2017 年分地区货物进出口总额

单位：亿元人民币

地区	按收发货人所在地分			按境内目的地和货源地分		
	进出口	出口	进口	进出口	出口	进口
全国	278101.0	153311.2	124789.8	278101.0	153311.2	124789.8
全国各省份平均数	8971.0	4945.5	4025.5	8971.0	4945.5	4025.5
内蒙古	940.9	330.9	609.9	1076.7	393.6	683.1

续表

地区	按收发货人所在地分			按境内目的地和货源地分		
	进出口	出口	进口	进出口	出口	进口
广西	3912.4	1899.1	2013.3	3558.6	975.4	2583.1
贵州	551.3	391.3	160.0	548.5	371.5	177.0
云南	1582.5	774.6	807.9	1443.6	652.6	791.0
西藏	58.6	29.3	29.3	41.5	25.0	16.5
青海	44.5	28.8	15.7	30.5	19.1	11.4
宁夏	341.5	247.7	93.8	292.7	180.7	112.0
新疆	1392.3	1194.1	198.2	2057.5	1100.2	957.3

资料来源:《中国统计年鉴 2018》。

在利用外资方面,如表 11-3 所示,民族地区表现也相对较差。2017 年分地区外商投资企业进出口总额中广西位列第一,贵州第二,内蒙古第三,青海、西藏最低,全国各省的数值是西藏的 25000 多倍。出口总额中广西第一,贵州第二,西藏为 0。进口总额中广西第一,贵州第二,西藏最少。贸易顺差的省(自治区)有:贵州、云南、青海、宁夏。数据表明,民族地区吸引外资能力较差,利用外资能力较弱,外资企业带动当地企业经济发展的程度有待提升。

表 11-3 2017 年分地区外商投资企业进出口总额

单位:万元,万美元

地 区	人民币			美元		
	进出口	出 口	进 口	进出口	出 口	进 口
全国	1244938762	661928620	583010142	183913510	97755948	86157562
全国各省份平均数	40159315	21352536	18806779	5932694	3153418	2779276
内蒙古	709314	345098	364216	104594	50898	53696
广西	9569189	3772075	5797114	1414062	558177	855885
贵州	1734142	910559	823583	258047	136016	122031
云南	297682	210656	87026	43903	31053	12850
西藏	372	0	372	55	0	55
青海	9617	9035	582	1426	1341	85
宁夏	429868	244963	184905	63658	36328	27330
新疆	97969	47174	50795	14483	6951	7532

资料来源:《中国统计年鉴 2018》。

第三节 民族地区开放发展实证分析

本节以内蒙古自治区为例，以点带面，对民族地区开放发展进行实证分析。首先分析内蒙古地区对外贸易发展状况，运用国内生产总值（GDP）核算方法研究对外贸易对内蒙古地区生产总值的贡献，其次从实证分析的角度研究内蒙古利用外资对内蒙古地区生产总值的影响，最后从"一带一路"倡议下内蒙古与沿线国家海关进出口和进出口货物种类两个角度分析内蒙古对外开放的对象和优势产业，从而找出内蒙古开放发展过程中存在的问题。

如表 11-4 所示，2000 年至 2017 年内蒙古自治区进出口总额增长将近 4.57 倍，说明内蒙古的经济呈现快速发展的势头。外商投资企业进出口额也经历了 6.69 倍的增长，增长过程中进出口额发生变化，从 2000 年的出口总额是进口总额的 5 倍多到 2017 年进口总额大于出口总额 2000 多万美元，从一个侧面反映内蒙古的外商投资企业整体发展势态良好，但出口产品的质量和增值能力较弱。虽然对外签订利用外资协议（合同）项目的数量呈波动下降趋势，但实际利用外资额的数量从 2000 年的 54819 万美元快速增长到 2017 年的 314951 万美元，外商投资企业的登记户数也增幅较大，投资总额和注册资本也变为原来的 18.13 倍和 12.07 倍，可以看出内蒙古的开放程度逐渐增强，吸引大量的外商投资和外资企业进驻，将会成为内蒙古经济发展的一大助力。

表 11-4　内蒙古对外经济贸易情况

指标	2000 年	2005 年	2010 年	2015 年	2017 年
进出口总额（万元人民币）	1687811	4165757	5774292	7925407	9408596
出口总额	847114	1666408	2208571	3515123	3309115
进口总额	840697	2499349	3565721	4410284	6099481
进出口总额（万美元）	203596	516190	871894	1278391	1387352
出口总额	102185	206489	333485	567344	487796
进口总额	101411	309701	538409	711047	899556
外商投资企业进出口额（万美元）	13597	82872	161034	132100	104591
出口总额	11535	41547	96009	70500	50898
进口总额	2062	41325	65025	61600	53693

续表

指标	2000 年	2005 年	2010 年	2015 年	2017 年
对外签订利用外资协议（合同）项目（个）	127	209	71	52	50
对外借款	32	12			
外商直接投资	95	197	71	52	50
对外签订利用外资协议（合同）金额（万美元）	51273	161700			
对外借款	25475	23369			
外商直接投资	25798	138331			
外商其他投资					
实际利用外资额（万美元）	54819	140007	355876	336629	314951
境外筹资转贷款	43583	21430	17420		
外商直接投资	11236	118577	338456	336629	314951
外商其他投资					
外商投资企业基本情况					
年底登记户数（户）	874	914	3693	2967	3453
投资总额（万美元）	253634	1264645	2324266	3514212	4597937
注册资本（万美元）	171773	627138	1223998	1730106	2072599
外方	84084	407333	910119	1061594	1328693
对外经济合作（万美元）					
对外承包工程、设计咨询					
新签合同额				703	
完成营业额				656	60
对外劳务合作					
新签劳务人员合同工资总额				531	
劳务人员实际收入总额				83	

资料来源：《内蒙古统计年鉴 2018》。

核算的 GDP 方法一般有三种：收入法、支出法和生产法，国际上较为通用的方法是支出法，支出法的核算较为简单、容易统计。支出法核算 GDP 包括四个部分：消费、投资、政府购买和净出口（出口额－进口额）。结合表 11-5 所示的内蒙古改革开放后地区生产总值和表 11-6 中内蒙古改革开放后至今外贸进出口贸易总额，先计算出内蒙古历年的净出口总额，然后统计出内蒙古净出口总额在地区生产总值中所占的比例（见表 11-7）。如表 11-7 所示，总体而言，在内蒙古地区生产总值中净出口所占的比例很小，最高值不足 4%，1980 年到 2000 年内蒙古地区净出口总额还是正值，自 2001 年开始净出口总额就变为负值。2001~2016 年内蒙古地区生产总值持续增长且涨幅较大，但对外贸易一直处于进口额大于出口额的状态，可以看出内蒙古经济虽然持续增长，但多立足于国内市场，对国外市场的开拓不足，究其原因，可能是产品多为初级产品，增值能力弱，产品的质量不高，创新程度不足，对外吸引力较小，需要进行产业结构的调整和升级改造。

表 11-5　内蒙古改革开放后地区生产总值　　单位：亿元

年份	地区生产总值（按人民币计算）	年份	地区生产总值（按人民币计算）
1980	68.40	1999	1379.31
1981	77.91	2000	1539.12
1982	93.22	2001	1713.81
1983	105.88	2002	1940.94
1984	128.20	2003	2388.38
1985	163.83	2004	3041.07
1986	181.58	2005	3905.03
1987	212.27	2006	4944.25
1988	270.81	2007	6423.18
1989	292.69	2008	8496.20
1990	319.31	2009	9740.25
1991	359.66	2010	11655.00
1992	421.68	2011	14359.00
1993	537.81	2012	15988.34
1994	695.06	2013	16832.38
1995	857.06	2014	17769.50
1996	1023.09	2015	18032.80
1997	1153.51	2016	18632.60
1998	1262.54	2017	16103.20

资料来源：《内蒙古统计年鉴 2018》。

表 11-6 内蒙古改革开放后至今外贸进出口贸易总额

单位：万元，万美元

年份	按人民币计算			按美元计算		
	进出口总额	出口总额	进口总额	进出口总额	出口总额	进口总额
1980	6555	3970	2585	4397	2663	1734
1981	10676	8100	2576	6008	4558	1450
1982	15733	13881	1852	8173	7211	962
1983	17615	11176	6439	9001	5711	3290
1984	28557	20661	7896	10912	7895	3017
1985	59053	43880	15173	18448	13708	4740
1986	89086	63656	25430	23937	17104	6833
1987	113130	84310	28820	30398	22654	7744
1988	141303	109390	31913	37968	29393	8575
1989	161191	125158	36033	43312	33630	9682
1990	252898	169483	83415	48430	32456	15974
1991	321692	224597	97095	59964	41865	18099
1992	507068	319168	187901	93555	58887	34668
1993	1041650	561843	479807	120283	64878	55405
1994	914685	513373	401312	106128	59565	46563
1995	937671	506785	430886	112310	60840	51470
1996	1038914	569132	469782	124981	68590	56391
1997	1086188	609458	476730	131027	73519	57508
1998	1147173	681635	465538	138581	82343	56238
1999	1330986	750028	580958	160786	90605	70181
2000	1687811	847114	840697	203596	102185	101411
2001	2109035	943996	1165039	254819	114056	140763
2002	2487279	1134776	1352503	300494	137095	163399
2003	2576975	1192581	1384394	311353	144089	167264
2004	3350865	1391710	1959155	404865	168152	236713
2005	4165757	1666408	2499349	516190	206489	309701
2006	4643967	1672155	2971812	594717	214140	380577
2007	5657121	2152965	3504156	774460	294741	479719

续表

年份	按人民币计算			按美元计算		
	进出口总额	出口总额	进口总额	进出口总额	出口总额	进口总额
2008	6105451	2446445	3659006	893315	357950	535365
2009	4618493	1581088	3037405	676395	231556	444839
2010	5774292	2208571	3565721	871894	333485	538409
2011	7522708	2953377	4569331	1193910	468723	725187
2012	7074817	2495428	4579389	1125667	397045	728622
2013	7311689	2495199	4816490	1199247	409257	789990
2014	8940400	3928200	5012200	1455400	639500	815900
2015	7925407	3515123	4410284	1278391	567344	711047
2016	7727800	2952600	4775300	1170100	447100	723000
2017	9408596	3309115	6099481	1387352	487796	899556

资料来源：《内蒙古统计年鉴 2018》。

表 11-7　内蒙古改革开放后净出口总额在地区生产总值中所占比例

单位：万元,%

年份	净出口总额	地区生产总值	净出口总额在地区生产总值中所占比例
1980	1385	684000	0.202485
1981	5524	779100	0.709023
1982	12029	932200	1.290388
1983	4737	1058800	0.447393
1984	12765	1282000	0.995710
1985	28707	1638300	1.752243
1986	38226	1815800	2.105188
1987	55490	2122700	2.614124
1988	77477	2708100	2.860936
1989	89125	2926900	3.045031
1990	86068	3193100	2.695437
1991	127502	3596600	3.545070
1992	131267	4216800	3.112953
1993	82036	5378100	1.525371
1994	112061	6950600	1.612249

续表

年份	净出口总额	地区生产总值	净出口总额在地区生产总值中所占比例
1995	75899	8570600	0.885574
1996	99350	10230900	0.971078
1997	132728	11535100	1.150645
1998	216097	12625400	1.711605
1999	169070	13793100	1.225758
2000	6417	15391200	0.041693
2001	−221043	17138100	−1.289780
2002	−217727	19409400	−1.121760
2003	−191813	23883800	−0.803110
2004	−567445	30410700	−1.865940
2005	−832941	39050300	−2.133000
2006	−1299657	49442500	−2.628620
2007	−1351191	64231800	−2.103620
2008	−1212561	84962000	−1.427180
2009	−1456317	97402500	−1.495150
2010	−1357150	116550000	−1.164440
2011	−1615954	143590000	−1.125390
2012	−2083961	159883400	−1.303430
2013	−2321291	168323800	−1.379060
2014	−1084000	177695000	−0.610030
2015	−895161	180328000	−0.496410
2016	−1822700	186326000	−0.978230
2017	−2790366	161032000	−1.732800

资料来源：依据《内蒙古统计年鉴2018》算出。

表 11-8　内蒙古利用外资情况

单位：万美元

年份	实际利用外资额	境外筹资转贷款	外商直接投资	外商其他投资额
1984	178	178		
1985	530			530

年份	实际利用外资额	境外筹资转贷款	外商直接投资	外商其他投资额
1986	664	230	136	298
1987	1120	468	109	543
1988	961	491	337	133
1989	3050	2415	42	593
1990	2530	1199	1064	267
1991	5532	5422	110	
1992	7910	7300	610	
1993	19213	10713	8093	407
1994	29086	17484	11602	
1995	61801	37696	10605	13500
1996	38355	32931	5424	
1997	44209	29076	8433	6700
1998	44253	31771	9082	3400
1999	40133	30683	9450	
2000	54819	43583	11236	
2001	47342	36466	10876	
2002	58211	35410	22801	
2003	66529	29724	36805	
2004	89664	26921	62743	
2005	140007	21430	118577	
2006	196863	22797	174066	
2007	238780	23891	214889	
2008	285556	20482	265074	
2009	318019	19634	298385	
2010	355876	17420	338456	
2011	404125	20298	383827	
2012	417665	23346	394319	
2013	484258	19802	464456	
2014	417182	19434	397748	

续表

年份	实际利用外资额	境外筹资转贷款	外商直接投资	外商其他投资额
2015	336629		336629	
2016	396672		396672	
2017	314951		314951	

资料来源:《内蒙古统计年鉴 2018》。

表 11-9 内蒙古历年地区生产总值和利用外资情况的回归分析数据

Dependent Variable: Y

Method: Least Squares

Sample: 1984-2017

Included observations: 34

Variable	Coefficient	Std. Error	t-Statistic	Prob.
C	-313.3612	402.1307	-0.779252	0.4416
X	0.005613	0.000267	21.02356	0.0000

R-squared	0.932488	Mean dependent var	5375.396
Adjusted R-squared	0.930378	S. D. dependent var	6573.776
S. E. of regression	1734.552	Akaike info criterion	17.81191
Sum squared resid	96277473	Scharz criterion	17.90169
Log likelihood	-300.8024	Hannan-Quinn criter.	17.84253
F-statistic	441.9899	Durbin-atson stat	0.407646
Prob (F-statistic)	0.000000		

估计结果报告:

$$Y = -313.361188992 + 0.00561302889205 \times X$$

$$R^2 = 0.932488 \qquad \overline{R^2} = 0.930378$$

$$F = 441.9899 \qquad p = 0.000000$$

该模型是利用表 11-5 和表 11-8 的数据,表 11-5 内蒙古地区生产总值的单位是"亿元",表 11-8 内蒙古利用外资额的单位是"万美元",将表 11-8 的单位按照汇率(人民币:美元 = 7:1)换算成"人民币万元"。采用最小二乘法对内蒙古历年地区生产总值和利用外资情况的回归分析,运用

Eviews9.0 软件对数据进行计算分析，得到表 11-9。如表 11-9 所示，由于 p=0.000000<0.05，说明模型整体而言是显著的。由于 $\overline{R^2}$ = 0.930378，说明拟合优度非常高。根据模型，外资额对 GDP 总额的系数（即贡献率）为 0.00561302889205，即每增加 1 万元人民币的外资才有 0.00561302889205 亿元的 GDP 总额（即 56.1302889205 万元），贡献率较高，可以看出外资对内蒙古经济增长形成巨大推动力，但近年来内蒙古自治区吸引的外资数量有所减少，可见内蒙古在经济结构、产业结构、政策、融资环境、土地、税收、经商环境等方面存在一定的问题，使得外资进入内蒙古地区有一定的障碍，外资缺乏将会成为影响内蒙古自治区经济持续发展的一大因素。

"一带一路"倡议的实施带动了我国与沿线地区、国家之间对外贸易的发展，内蒙古作为西部大开发中的重点建设省份，如表 11-10 所示，2017 年实现了与 32 个国家的对外贸易，进出口总额达到 893532 万美元，出口总额 271566 万美元，进口总额 621966 万美元，净出口为-350400 万美元。进出口总额中与蒙古国的交易额位列第一，俄罗斯第二，与其他国家的交易额远小于这两个国家，但蒙古国与俄罗斯两个国家都是出口总额远小于进口总额，即净出口额为负值。除了斯洛伐克外，与其他 29 个国家的对外贸易亦是出口总额大于进口总额。"一带一路"倡议大大加强内蒙古地区的开放程度，内蒙古经济迅速发展，与许多国家互通有无，对外贸易的交易国逐年递增，进出口总额也逐渐增加。

表 11-10 2017 年内蒙古同"一带一路"主要沿线国家海关进出口总额

单位：万美元

项目	进出口总额	出口总额	进口总额
总计	893532	271566	621966
蒙古	390918	41512	349406
俄罗斯	304357	50913	253444
伊朗	35832	35507	325
越南	25215	24984	231
印度	24691	21273	3418
泰国	15246	12151	3095
菲律宾	11144	11140	4

续表

项目	进出口总额	出口总额	进口总额
马来西亚	11714	8051	3663
印度尼西亚	14657	12719	1938
乌克兰	959	866	93
伊拉克	5168	5168	
柬埔寨	2952	2946	6
埃及	5762	5762	
新加坡	3071	2295	776
沙特阿拉伯	4218	2502	1716
缅甸	5114	5114	
阿联酋	4011	3970	41
巴基斯坦	6052	6035	17
孟加拉国	2147	2147	
土耳其	8439	7134	1305
哈萨克斯坦	1754	921	833
以色列	1854	1808	46
立陶宛	1722	1722	
阿曼	795	691	104
波兰	1594	1530	64
罗马尼亚	1557	149	1408
斯洛文尼亚	659	657	2
格鲁吉亚	136	118	18
黎巴嫩	842	842	
斯里兰卡	565	565	
斯洛伐克	13		13
土库曼斯坦	374	374	

资料来源：《内蒙古统计年鉴 2018》。

如表 11-11 所示，分析 2017 年内蒙古进出口货物种类，寻找内蒙古的优势产业和劣势产业。在这些进出口货物中，出口额大于进口额的商品有："植物产品""食品；饮料、酒及醋；烟草及烟草代用品的制品""化学工业及其相关工业的产品""塑料及其制品;橡胶及其制品""生皮、皮革、毛皮及制品;鞍具挽具;旅行用品、手提包及类似物品;动物肠线制品""纺织原料及纺织制品""鞋、帽、伞、杖、鞭及其零件;已加工的羽毛及其制品;人造花;人发制品""石料、石膏、水泥、石棉、云母及类似材料的制品;陶瓷产品;玻璃及其制品""天然或养殖珍珠、宝石或半宝石、贵金属、包贵金属及其制品,仿首饰;硬币""贱金属及其制品""车辆、航空器、船舶及有关运输设备""武器、弹药及其零件、附件""杂项制品""艺术品、收藏品及古物"。出口额小于进口额的货物有:"活动物;动物产品""动植物油脂及分解产品;精制食用油脂;动植物蜡""矿产品""木及木制品;木炭;软木及制品;稻草、秸秆、针茅或其他编结材料制品;篮筐及柳条编结品""木浆及其他纤维状纤维素浆;纸及纸板的废碎品;纸、纸板及其制品""机器、机械器具、电气设备及零件;录音机及放声机、电视图像、声音的录制和重放设备及其零件、附件""光学、照相、电影、计量、检验、医疗或外科用仪器及设备、精密仪器及设备;钟表;乐器;上述物品的零件、附件。特殊交易品及未分类商品"。就对外贸易而言,出口额大于进口额的商品出口较多,对应的产业是内蒙古相对优势的产业,需将其进一步做精做强,促进内蒙古地区经济发展和产业结构调整。进口额大于出口额的商品进口较多,对应的产业是内蒙古相对劣势的产业,需要进行技术改造、升级、自主创新,更新产品,甚至进行转产转行业。

表 11-11 2017 年内蒙古进出口货物分类金额

单位:万美元

商品类别	出口	进口
活动物;动物产品	3217.2	29864.7
植物产品	58862.8	17526.1
动植物油脂及分解产品;精制食用油脂;动植物蜡	211.0	603.4
食品;饮料、酒及醋;烟草及烟草代用品的制品	19142.5	2702.9
矿产品	15584.1	513644.0
化学工业及其相关工业的产品	119892.3	24804.0
塑料及其制品;橡胶及其制品	23573.9	12854.4
生皮、皮革、毛皮及制品;鞍具挽具;旅行用品、手提包及类似物品;动物肠线制品	2622.6	1082.2

续表

商品类别	出口	进口
木及木制品；木炭；软木及制品； 稻草、秸秆、针茅或其他编结材料制品；篮筐及柳条编结品	5136.5	188161.4
木浆及其他纤维状纤维素浆；纸及纸板的废碎品； 纸、纸板及其制品	2024.4	30041.8
纺织原料及纺织制品	47189.4	6648.7
鞋、帽、伞、杖、鞭及其零件；已加工的羽毛及其制品； 人造花；人发制品	3160.8	3.1
石料、石膏、水泥、石棉、云母及类似材料的制品； 陶瓷产品；玻璃及其制品	4869.5	2094.1
天然或养殖珍珠、宝石或半宝石、贵金属、包贵金属及 其制品，仿首饰；硬币	199.5	78.9
贱金属及其制品	96940.7	6413.8
机器、机械器具、电气设备及零件；录音机及放声机、 电视图像、声音的录制和重放设备及其零件、附件	33169.0	49674.7
车辆、航空器、船舶及有关运输设备	39820.5	3996.6
光学、照相、电影、计量、检验、医疗或外科用仪器及设备、 精密仪器及设备；钟表；乐器；上述物品的零件、附件	2548.7	5476.9
武器、弹药及其零件、附件	1.0	
杂项制品	9584.1	99.7
艺术品、收藏品及古物	33.1	0.9
特殊交易品及未分类商品	12.1	3783.3

资料来源：《内蒙古统计年鉴2018》。

第四节　民族地区开放发展路径

为了促进民族地区开放发展，需要对民族地区开放发展过程中存在的问题，有针对性地制定相应的路径和措施，实施更加积极主动的开放战略，完善对外开放战略布局，构建开放型经济新体制，拓展开放型经济新空间，建成我国向北开放的重要桥头堡和充满活力的沿边开发开放经济带。具体来说应从以下几个方面深化对内对外开放程度。

一　深化对外开放

（一）深度融入"一带一路"建设

1. 推进基础设施互联互通

优先推进一批连接蒙古国南部重点矿区、产业园区、主要城市和俄罗斯毗邻城市的重大铁路、公路和机场项目前期工作，并加快推动建设。推动鄂尔多斯、乌兰察布、二连浩特、阿尔山、锡林浩特等机场升级为国际机场，推进通辽、乌海等机场航空口岸临时开放，加快建设呼和浩特、包头、鄂尔多斯、海拉尔、满洲里、二连浩特等国际航空港物流园区，构建联通内外、安全通畅的国际大通道。积极推进呼和浩特、满洲里、二连浩特建设中欧班列编组枢纽和物流集散转运中心，支持"苏满欧""郑连欧""蓉连欧""中俄"等国际货运班列常态化运行，推动开通从内蒙古主要城市经重点口岸到欧洲的国际货运班列。加强口岸基础设施建设，优化口岸布局，严格控制新增口岸，实施满洲里、二连浩特、策克、满都拉、甘其毛都、珠恩嘎达布其等电子口岸升级改造工程，完善贸易通道和人员交往通关能力，促进口岸提质增效，推动乌力吉口岸早日开关，推进善丹呼日勒口岸前期工作，支持俄罗斯和蒙古国对应口岸通道、联检、仓储、换装、信息化等设施建设，提高通关疏运能力。完善省际干线光缆，建设和扩容经满洲里、二连浩特出口光缆路由。

2. 深化与沿线国家经贸合作

积极实施"走出去"战略，按照企业主导、政府推动、公平交易、互利共赢、统筹规划、稳步推进的原则深化对外贸易，适应国际需求结构的新变化和国内经济发展的新要求，优化贸易方式，扩大农畜产品、建材、矿用车、铁路车辆及铁轨、风光发电设备、农牧机械等优势产品出口，提高出口产品科技含量和附加值，推进对外贸易向优质优价、优进优出转变。加大对"走出去"企业的扶持力度，支持有条件的企业在境外建立资源利用、加工制造、商贸物流、农业产业、科技研发基地和园区，积极对接蒙古国赛音山达重工业园区，不断深化扩大与蒙俄的经贸合作。支持区内企业扩大先进技术设备进口，鼓励建设进口商品城、进口商品直销中心。

3. 加强人文交流

深化与俄、蒙、中亚等"一带一路"沿线国家和地区在教育、文化、科技、医药卫生、环保等领域的合作。充分发挥青年在对外人文交流中的作用，支持中俄蒙青年开展多领域的交流与合作。鼓励高等院校与俄蒙扩大联合办学和互派教师、留学生规模，支持重点口岸城市教育事业发展，促进与俄蒙经贸人文合作，推动在俄蒙主要城市合作开设以汉语、传统蒙古语教育为主的综合学校，创新与俄蒙教育领域合作方式。着力生产具有民族特色和地区特点的对外文化精品，培育一批核心竞争力强的外向型文化企业，利用重大外事活动和展会平台，在俄蒙等国家和地区举办文化周、文化日专题专项及系列交流活动，推进"万里茶道"沿线国家和地区联合申遗，增强文化影响力和传播力。加强与俄蒙等国家和地区开展高寒地区家畜品种繁育、饲料营养及疫病防治、牧草优选与栽培技术、矿产资源综合利用等方面的科技合作。积极与俄蒙开展传染病防治合作交流，依托内蒙古国际蒙医医院和通辽蒙医医院等特色蒙医医院、重点口岸城市医院和各级医疗机构为俄蒙就医人员提供医疗和保健服务，推动在蒙古国建立合作医疗机构。加强与俄蒙在荒漠化防治、应对气候变化、抗击自然灾害、森林草原火灾、水资源利用和保护、矿山环境治理等方面合作。

4. 完善对外开放区域布局

充分发挥内蒙古区位、资源和产业基础以及政策等优势，深化与港澳地区合作，扩大同东北亚国家的经贸往来，加强同柬埔寨、越南等东南亚国家和南非、赞比亚等非洲国家间交往，开拓新西兰、澳大利亚等大洋洲以及美国、加拿大等北美洲发达国家市场，不断开创互利共赢的开放合作新格局。充分利用中美地方交流合作平台、内蒙古与港澳台合作交流平台，鼓励和引导内蒙古自治区企业与欧美、日韩、澳大利亚、新西兰等国家和我国港澳台等地区在农畜产品加工、医药、稀土新材料、云计算、装备制造、现代服务业等领域开展务实合作。

（二）提高对俄罗斯、蒙古国的开放合作水平

1. 加强开放平台载体建设

秉持"亲、诚、惠、容"理念，完善同俄罗斯、蒙古国合作机制。加快满洲里、二连浩特国家重点开发开放试验区和呼伦贝尔中俄蒙合作先导区建设；加快推进二连浩特—扎门乌德等跨境经济合作区建设；推动启动中蒙双边自贸协定工作，支持呼和浩特、满洲里、二连浩特三地联合申报中国

（内蒙古）自由贸易试验区。加快建设一批互市贸易区、边境经济合作区，推进满洲里中俄、二连浩特中蒙互市贸易区深度开放、双向开通；完善满洲里综合保税区、通辽内陆港保税库、巴彦淖尔现代农畜产品保税物流中心功能，加快呼和浩特出口加工区升级综合保税区及二连浩特、集宁综合保税区申报建设进程，推动赤峰保税物流中心整合为综合保税区，争取在符合条件的地区设立综合保税区。发展陆港经济、空港经济，建设一批陆港、空港以及进出口商品加工区、国际物流园区、跨境经济合作区和旅游经济合作区；依托口岸和边境培育外向型产业集群，发展综合加工、服务贸易、国际物流、跨境电商、跨境旅游、整车平行进口贸易等各具特色的口岸经济。办好中蒙博览会、中蒙俄经贸合作洽谈会、北方国际科技博览会等各类展会，规划建设中蒙博览会永久会址。

2. 打造中蒙俄经济走廊

深化与俄蒙在产业、贸易、基础设施、人文等领域全方位合作，充分发挥内蒙古联通俄蒙的区位优势，以欧亚大陆桥为依托，以乌兰察布、二连浩特、满洲里等为战略重点，建设中蒙俄经济走廊重要节点城市，发挥承东启西、内引外联的枢纽作用，主动对接蒙古国"草原之路倡议"和俄罗斯"欧亚经济联盟"，在发展规划、重大项目、园区建设、通关便利化、生态环境保护等方面形成完善的协商与衔接机制，共同打造设施紧密连接、贸易日益畅通、人民友谊不断深化、边境地区和平稳定、生态环境友好的区域经济一体化新格局。支持钢铁、有色金属、建材、装备制造、电力、轻纺、农牧业开发、乳品加工等行业有条件的企业采用绿地投资、并购投资、证券投资、联合投资等多种方式进行国际产能合作，在俄蒙建立资源开发、生产加工、服务贸易基地。培育壮大通信、保险、金融、动漫、蒙古语出版、影视、服务外包等新兴服务贸易行业，大力发展跨境电子商务，积极发展新型贸易方式。鼓励有条件的企业以带资承包、总承包、BOT等方式在俄蒙开展基础设施建设，带动设备、技术、资金及劳务输出。加强与俄蒙在资金融通机制、金融机构业务和金融监管等方面的合作，推动扩大中蒙俄本币互换和双边本币结算规模，深入开展卢布、图格里克使用试点，推动人民币与图格里克直接汇率区域挂牌。推动中蒙俄保险交流合作。

3. 营造良好营商环境

完善投资机制，改革外商投资审批和产业指导管理方式，实行准入前国民待遇加负面清单的管理制度，做好风险评估，分层次、有重点根据国家要求放开外资准入限制。完善通关便利化机制，完善口岸与港口、内陆港通关协作机制，推行"一次申报、一次查验、一次放行"等联检联运模式，逐步实现"信息互换、监管互认、执法互助"和单一窗口模式；建立口岸建设多元投入机制，完善口岸通关基础设施，加快电子口岸建设，创新口岸通关监管模式，提升口岸规范化、信息化、智能化水平。创新政策机制，建立健全与周边国家和地区在经贸、旅游、人文等方面的合作机制，完善地方政府间定期会晤机制，推进中蒙俄智库合作联盟建设；强化财税等各类保障政策的支持力度，完善法治化、国际化、便利化的营商环境。

二　深化国内区域合作

大力推进区域合作，拓展合作方式和合作领域，全面提升对内开放水平，不断开创互利共赢的区域合作新格局。

（一）积极融入京津冀协同发展

完善区域基础设施体系建设。加强与京津冀地区在口岸、公路、铁路、航空、管道等基础设施建设方面的合作，形成联通沿海港口、沿边口岸与内陆腹地高效对接的综合立体交通网络。推进重点地区生态综合治理合作。探索建立流域生态保护区与受益区横向生态补偿试点机制，强化区域大气污染联防联控，合力整治环境。继续深化京蒙对口帮扶和区域合作。积极融入非首都功能疏解，重点支持乌兰察布、赤峰、锡林郭勒等地主动承接北京一般制造业、商贸物流、云计算后台服务和科技、教育、文化、医疗卫生等社会公共服务产业转移。积极吸引各类北京市企业在内蒙古设立区域总部、生产基地、研发中心和营销中心。创新京蒙产业合作模式。支持通过委托管理、投资合作等方式，创新产业跨区域转移利益共享机制，推动京蒙两地有条件的园区开展共建合作。推进赤峰、乌兰察布、锡林郭勒建设京津冀地区清洁能源输出基地。创新与天津自贸试验区合作模式，共同在内蒙古建设海关特殊监管区域和保税监管场所；构建天津港经内蒙古至俄蒙、中亚和欧洲的经贸通道。

（二）加快推进与周边地区合作

推动蒙东地区融入东北经济区发展。进一步深化与东北三省多层次沟通协商推进制度，协调解决跨省区基础设施建设、产业布局以及区域协调发展等重大事项。探索蒙东地区与东北三省建立产业合作发展平台，切实推进东北内蒙古四省区间要素有序流动、资源高效配置、市场深度融合。推进二连浩特等陆路口岸与辽宁省锦州等港口开展中蒙俄国际陆海经济合作，加快通辽、赤峰与铁岭、四平等地开展协同创新合作，打造东北创新发展新高地。重点推进蒙晋冀（乌大张）长城金三角合作区建设。支持乌兰察布建设冬奥会辐射延伸产业基地，与河北省、山西省共同推进实施《蒙晋冀（乌大张）长城金三角合作区规划》，实现三省区毗邻地区跨越发展。积极融入环渤海地区合作发展。大力推进呼包银榆经济区发展。共同完善经济区政策，加快能源资源等要素整合，推进基础设施建设以及产业、旅游、教育等领域合作，努力建设内陆开放新高地。

（三）扩大与东部发达地区合作

构建东西区域互补发展新格局。加强与长三角、珠三角等地区合作，主动推动发达地区科技、人才、产业优势与内蒙古资源、政策优势有效对接，建设承接产业转移示范区。打造高水平产业承接平台。坚持市场主导、资源互补、互利共赢原则，共同完善"飞地经济"模式，研究制定促进产业转移承接政策，以资源综合利用、先进制造业、金融、云计算等领域为重点，支持有条件的园区与长三角、珠三角等地区合作共建产业转移园区，助推自治区产业转型升级。努力推进招商引资工作。充分利用"广交会""厦洽会"等全国性大型投资促进活动平台，积极宣传内蒙古投资环境和招商项目，增强展会活动的集聚效应和规模效应，提高招商成功率。

第十二章

民族地区绿色可持续发展

我国少数民族地区由于地理区位和经济发展历史原因，多处于生态环境脆弱且污染严重的地区，新时代民族地区经济发展必须秉承可持续发展和绿色发展理念，在发展的过程中要把"绿色化"作为发展的底色，坚守民族地区生态保护的红线，实现民族地区新时代发展的任务和要求。

第一节　可持续发展理念

一　可持续发展

可持续发展理念（Sustainable Development Theory）最早由国际自然保护同盟于1980年提出，1992年《21世纪议程》进一步阐释可持续发展的理念。在中国，"十五大"把可持续发展列为现代化建设实施战略之一，之后在国民经济发展过程中一直秉承这一理念。可持续发展一般被定义为：在不对后代人满足其发展需求构成威胁的前提下实现当代人的发展。所谓可持续就是可以持久延续下去的意思，能够长久地发展下去，不会因为各种发展所用资源不足而导致发展终止或中断。通过定义我们可以明显看出，可持续发展就是在强调代际发展间的公平问题，如果一代人为了实现自身发展目标而不顾后果地开采资源、浪费资源、破坏环境则会让下一代甚至之后很多代的人承担恶劣的后果，不能为了自身的幸福而牺牲其他人的利益。

可持续发展以公平性、持续性、共同性、协调性为四大基本原则。第一是公平性原则，正如上文所提到的，可持续发展包含的公平有两个方面，一方面是当代人之间的公平，另一方面是代际的公平，即横向公平与纵向公平。可持续发展要满足当代人发展的基本要求，即不能为了未来子孙发展更好而约束当下正常发展，同时要对未来人类的发展负责。由于相对于未来人类，在当下我们处于无竞争的绝对优势地位，因此只能依赖于可持续发展精神和原则担负起当代人应有的责任与义务。第二是持续性原则，由于人类赖以生存的自然生态系统具有自我恢复和部分可再生的功能，根据唯物辩证法可知事物发展到一定阶段会由量变产生质变，因此要把握好发展过程中的度，对待发展过程中不断破坏的环境和减少的资源也一样要保证在合理的范围内，无论对于可再生资源还是不可再生资源都要在一定的尺度内使用，以保持生态环境的可持续发展功能。第三是共同性原则，这是把人类作为一个共同体，由于现代政治和国界的划分导致各个国家都有自己的发展战略和规划，但是人类作为地球上的主要发展群体，面对共同的生态环境和系统需要有共同遵守的准则和共同承担的责任，不能为了当下各国间的竞争而破坏人类共同的家园。第四是协调性，可持续发展起源是出于生态环境保护的目的，但随着可持续发展理论的进步，可持续理念不仅仅局限于环境当中，更存在于经济发展和社会进步当中，在其他领域可持续更强调的是协调性，只有协调发展才是一个区域内部能够持久运行的模式，才能更好地发展经济，社会只有和谐发展才能够长治久安、正常运转。可持续发展理念的最终目的是达到共同、协调、公平、高效、多维的发展，绿色发展理念就是可持续发展理论上升及演化而来的。

二　资源诅咒

提到可持续发展必然会想到"资源诅咒"，资源诅咒是指，由于某个国家或区域对某种相对丰富的资源过分依赖，丰富的自然资源可能是该国或区域经济发展的诅咒而不是祝福，放眼全球来看，大多数自然资源富足的国家，在经济发展速度上反而慢于那些资源稀缺的国家。在各国经济发展的初始阶段，自然资源禀赋和区位条件被看作是一个国家或区域发展相对重要的组成部分。但是随着各国经济发展的推进，从全球甚至是中国国内区域对比发展来看，资源相对富裕的区域发展反而落后于资源贫瘠的地区，究其原因包含以下几点。

第一，产业结构单一。自然资源富足的地区经济发展主要依赖资源原料的开采和挖掘，下游加工制造业相对较少，产业链条较短，主要是初级产品，产品深加工和附加值过少，由于原料丰富，初期较高的收益导致了对长远期规划的忽视，开采产业也会相对挤压其他产业，导致产业结构单一，在经济发展后期难以形成科学的发展模式。第二，人力资本匮乏。由于资源型经济地区主要产业为原材料开采，并不需要高端人力资本，长久以来会导致当地居民不思进取的观念产生，排斥学习和进步，而高端人才由于本地需求不足大量流失，在经济发展后期，资源逐渐失去优势且市场经济要求区域均衡发展时，人力资本是区域发展的主力军，但是匮乏的人才导致区域内部发展动力不足，是区域改革进步的主要阻力。第三，产权法律制度不完善。由于产权制度发展缓慢，我国在产权问题上存在很多漏洞和不足，这导致许多地方资源和利益流入一些企业、部门和个人手中，为社会发展带来了很大的阻力。产权不清晰还导致各方利益为了争取自己的权益而肆意破坏环境、浪费资源，为生态系统造成了很大的创伤。同时还导致环境保护上的轻视，造成了资源富裕的地区成为环境重污染区。第四，由于上述种种原因，造成了资源富足的地区经济发展相对缓慢，经济发展问题还会引发和导致各种社会问题，造成该区域发展的愈发滞后，形成恶性循环。综上所述，对于资源丰富的地区更应该着眼于长久规划，规避"资源诅咒"，尤其是自然资源丰富的民族地区，更应该注意上述存在的各种问题，从而实现区域的可持续发展。

三 绿色化发展

绿色发展理念是"创新、协调、绿色、开放、共享"五大发展理念之一，党的十八大将"绿色化"并入新型工业化、新型城镇化、信息化和农业现代化中，形成"五化"。绿色化发展是可持续发展的升级，不仅仅体现在环境保护方面。首先，在经济方面，绿色发展相对于传统发展模式是一种创新理念，绿色发展体现的是用绿色 GDP 检验经济发展水平，不再局限于国内生产总值的数字。由于 GDP 总值是需要用产出减去成本，而传统 GDP 只减去了经济中资源本身的成本，并没有考虑资源消耗和环境污染带来的成本，因此如果只按照传统计算方法会高估 GDP 总值。在生产过程中也要坚持绿色化发展，即经济效率高、环境污染少、资源得到充分配置的生产模式。其次，在生活方式方面，绿色化的生活方式更加注重勤俭节约，以绿色低碳环保作为日常生产生活的主要遵循准则，更加推崇文明健康。最后，绿色化发展成为社会中的价值观，成为渗透到各行各业方方面面的价值取向。正是由于绿色发展涉及经济社会全过程，因此更需要科学的规划、绿色化技术作为绿色发展支撑，一方面要加强政府对新发展理念的推广和引导，将绿色发展理念植入各发展部门，另一方面要做好监督与管理，贯彻实施绿色发展，不能只停留在口号和纸面上。

四 循环经济

经济发展作为国民生活的重要组成部分，提到绿色经济首先要了解的就是循环经济。循环经济就是提高对资源的利用效率并把资源进行循环利用的生产模式，提高利用效率是减少浪费的绿色发展模式，循环利用更是将废弃物进行再加工利用，从而减少废物产生的绿色发展模式。因此循环经济是绿色发展模式的具体表现，也是生产过程中绿色发展的核心。循环经济以"减量化—再利用—再循环"（reduce-reuse-recycle，即3R）为原则，这三个方面是根据生产步骤逐级进行的，有各自所属的阶段。减量化是从输入生产开始的，在投入生产过程中避免过度浪费，尽量减少投入量，通过提高资源利用效率实现扩大生产，而不是通过扩大资源投入提高生产。再利用是指生产过程中，将生产剩余的废料和生产产生的废弃物再次利用，一方面减少废弃物对环境的污染，另一方面提高资源利用效率，增加生产收入。再循环是指在生产的尾端，将废弃物作为资源进行销售或再利用，某些工厂产生的废弃物恰恰是其他企业生产加工的原材料，企业既可以自己把废弃物作为资源再生，也可以与其他企业合作进行交接生产。循环经济渗透在生产的各个环节，从投入到加工最后到产出，在一系列过程中均体现出了低消耗、低排放、高效率的基本特征。循环经济是符合可持续发展理念的经济增长模式，是对"大量生产、大量消费、大量废弃"的传统增长模式的根本变革。循环经济是一个系统，不单单体现在生产活动过程中，还需要社会生产中的各部门相互配合，需要技术和资金的支持，因此循环经济是建立在各部分有效整合的基础之上的。

五 低碳经济

低碳经济是与高碳经济相对应的，高碳经济是使用高碳排放的燃料作为经济发展的能源，低碳经济就是使用低碳消耗的能源作为经济发展的模式。低碳经济也是绿色经济的一种，也是可持续发展理念支撑的经济发展模式。但是低碳经济需要相关技术、制度的支持，还需要产业做好转型发展调整。随着工业的发展，化石能源消耗带来环境污染、全球变暖等危害，世界各国纷纷提出了低碳经济的概念，相应的低碳技术、低碳市场、低碳革命接连应运而生，同时在产业、技术、贸易等领域相应的进行了技术和观念上的更新换代，企业间的竞争逐渐转向如何更环保、更低碳、更绿色。发展低碳经济一方面是环境保护的需求，另一方面是产业结构调整、战略性新兴产业发展的必然选择。随着经济发展，产业结构逐渐变为第三产业是主导产业，第二产业比重逐渐下降，很多高污染高能耗的企业随着产能过剩而面临被淘汰，市场经济形势倒逼企业做出改革，追求消耗更少的生产方式以降低成本。民族地区作为水能、风能、太阳能充足的地区，发展低碳经济条件得天独厚，在难以改变使用能源种类的地区要积极探索节能减排技术，提高能源利用效率，减少污染物的排放，杜绝污染源的产生。但是对于当前状态下的民族地区，实施低碳经济存在很多阻力，第一，通过数据可知民族地区以第二产业为主，第二产业对能源的消耗较大，而民族地区一般经济发展落后，煤炭能源是相对价格较低的能源，经济水平的限制导致清洁能源使用范围较小，推广困难；第二，从国家总体来看是煤炭富足而缺少天然气，现实状况导致使用煤炭的地区仍较多，清洁能源虽然可以加快生产，但仍旧难以供应使用；第三，如何在经济发展落后的地区既保证发展又兼顾环境保护，这是需要做出取舍和抉择的问题，需要更周全系统的规划才能进行兼顾，如果存在执行差错，就会造成民族地区环境保护没有到位且严重阻碍了经济正常运转。

第二节　民族地区绿色可持续发展实证分析

本节应用碳排放来衡量民族地区绿色发展情况。碳排放主要用于石化能源的使用，但使用该指标不仅仅源于此，因为碳排放量的变化还受到人口规模、经济发展水平、能源强度、单位能耗碳排放量以及能源消费结构等因素的影响。

本节实证分析通过建立数学模型来反映人口、经济、能源等与人类活动产生的二氧化碳之间的数量关系。IPAT 模型的一般表示为：$I = P \times A \times T$。其中 I 为二氧化碳排放量，P 为人口总量，A 为经济总量，T 为单位国内生产总值产生的二氧化碳，即碳排放效率：$T =$ 二氧化碳排放量/国内生产总值。STIRPAT 模型是 $IPAT$ 方程的随机形式。其表示为：$I_t = \alpha P_t^{\alpha_1} A_t^{\alpha_2} T_t^{\alpha_3} e^{\varepsilon_t}$。其中 α_1、α_2、α_3 分别表示人口总量、经济发展水平、碳排放效率的弹性系数，ε 为随机误差项。指数的引入使得该模型可用于分析人文因素对环境的非等比例影响。除了上述变量外，本文引入单位能耗碳排放量、产业结构、能源消费结构、城市化率、国际贸易分工等变量对 STIRPAT 模型进行扩展，即：

$$I_t = \alpha P_t^{\alpha_1} A_t^{\alpha_2} T_t^{\alpha_3} CT_t^{\alpha_4} S_t^{\alpha_5} CS_t^{\alpha_6} U_t^{\alpha_7} EX_t^{\alpha_8} e^{\varepsilon_t}$$

其中，I 为二氧化碳排放量，P 为人口总量，A 为国内生产总值，T 为能源强度，CT 为单位能耗碳排放量，S 为产业结构，CS 为能源消费结构，U 为城市化水平，EX 为国际贸易分工（见表 12-1），ε 为随机误差项。其中 α_1、α_2、α_3、α_4、α_5、α_6、α_7、α_8 分别表示人口总量、经济发展水平、能源强度、单位能耗碳排放量、产业结构、能源消费结构、城市化水平、国际贸易分工的弹性系数。等式两边取自然对数，将该模型化为线性回归模型。具体的总量碳排放回归方程如下：

$$\ln I_{it} = \beta_0 + \beta_1 \ln P_{it} + \beta_2 \ln A_{it} + \beta_3 T_{it} + \beta_4 CT_{it} + \beta_5 S_{it} + \beta_6 CS_{it} + \beta_7 U + \beta_8 EX_{it} + e^{\varepsilon_t}$$

人均碳排放的回归方程为：

$$\ln PI_{it} = \beta_0 + \beta_1 \ln P_{it} + \beta_2 \ln A_{it} + \beta_3 T_{it} + \beta_4 CT_{it} + \beta_5 S_{it} + \beta_6 CS_{it} + \beta_7 U + \beta_8 EX_{it} + e^{\varepsilon_t}$$

表 12-1　模型中各变量描述性统计

变量	符号	含义
碳排放量	I	二氧化碳排放量（千吨）
人均碳排放量	PI	碳排放量与人口总量之比（千吨/人）
人口规模	P	人口总量
经济发展水平	A	国内生产总值（2005 年现价美元）
能源效率	T	单位 GDP 的能耗（千克）
单位能耗碳排放量	CT	碳排放与能源消耗之比
产业结构	S	第二产业增加值占 GDP 总值的百分比
能源消费结构	CS	化石燃料能耗（占总量的百分比）
城市化率（%）	U	城镇人口占总人口百分比
国际贸易分工（%）	EX	出口额占国内 GDP 的百分比

各种能源折算标准煤及碳排放系数以及用电排放二氧化碳参考数值如表 12-2 和表 12-3 所示，将系数代入公式中计算。

表 12-2 各种能源折算标准煤及碳排放参考系数

能源名称	平均低位发热量（千焦/千克）	折标准煤系数（kgce/千克）	单位热值含碳量（吨碳/太焦）	碳氧化率（%）	二氧化碳排放系数（千克-CO$_2$/千克）
原煤	20908	0.7143	26.37	0.94	1.9003
焦炭	28435	0.9714	29.50	0.93	2.8604
原油	41816	1.4286	20.10	0.98	3.0202
燃料油	41816	1.4286	21.10	0.98	3.1705
汽油	43070	1.4714	18.90	0.98	2.9251
煤油	43070	1.4714	19.50	0.98	3.0179
柴油	42652	1.4571	20.20	0.98	3.0959
液化石油气	50179	1.7143	17.20	0.98	3.1013
炼厂干气	46055	1.5714	18.20	0.98	3.0119
油田天然气	38931	1.3300	15.30	0.99	3.1622

资料来源：《综合能耗计算通则》《省级温室气体清单编制指南》。

表 12-3 民族地区电网单位供电平均二氧化碳排放

地区	二氧化碳排放〔千克/（千瓦·时）〕
内蒙古	1.171
广西	0.714
贵州	0.714
云南	0.714
青海	0.977
宁夏	0.977
新疆	0.977

资料来源：《省级温室气体清单编制指南》。

选取内蒙古自治区、广西壮族自治区、贵州省、云南省、青海省、宁夏回族自治区和新疆维吾尔自治区（西藏自治区数据缺失）2000～2016 年数据，根据上述公式分别计算其各年二氧化碳排放总量，得到表 12-4 中数据。

表 12-4　2000~2016 年民族地区二氧化碳排放总量

单位：千克

地区	2000 年	2001 年	2002 年	2003 年	2004 年	2005 年
内蒙古	157397535380	168638422350	187275454120	229698596240	310456657500	385218873630
广西	78571411350	78571411350	83069595350	98328357170	122678927800	136449491670
贵州	133430054870	138065723580	146342847510	181844440240	208061387580	205423798060
云南	97561606640	103431966610	119032565310	145141460600	184811284480	216460139150
青海	25713682210	28107438780	30758646640	35796606370	41300169120	48613246044
宁夏	36424176570	14831837000	17464852000	89463603760	92099575540	103538203120
新疆	118991130010	123398419450	129096335050	140826141810	160497370000	183895290430

地区	2006 年	2007 年	2008 年	2009 年	2010 年	2011 年
内蒙古	588383564561	550762132973	637776217690	689878211280	773214005480	955851009890
广西	150219797050	173881061090	181729355588	202428392060	244737038100	290865460260
贵州	234148302390	256341952330	258799550411	283919000360	291877527270	324131419240
云南	240493721554	256329470979	268179921793	290457188690	311161665970	333199176130
青海	56773001441	65196241733	71223245649	74298907100	86715585110	103603798430
宁夏	117453486417	132602557958	142919084128	155867238750	183553150240	244051026060
新疆	210075705796	231564587380	258098333510	300132812480	340883771690	408710237040

地区	2012 年	2013 年	2014 年	2015 年	2016 年	
内蒙古	1005387272770	1005404014090	1050001838122	1061516233230	1077482897014	
广西	314646874970	321882296970	325154047534	316076251100	329830508798	
贵州	355681707040	372212635080	365507158057	363527889490	385743906187	
云南	350561980830	347213735930	337624653508	307080411400	303287540616	
青海	116989858100	130137667800	130441073539	119475676190	126561911003	
宁夏	258603789660	275724181850	284517642396	294927441220	295157858256	
新疆	490015441920	588815232610	667664221805	701351309700	747567381793	

资料来源：笔者计算整理。

从各地区二氧化碳排放总量上可以看出，民族地区中内蒙古自治区排放总量最高，且 2000 年至 2016 年处于排放量波动式上升趋势。2000 年，内蒙古自治区、贵州省和新疆维吾尔自治区属于排放量最多的前三名，2003年，云南省排放量超过新疆维吾尔自治区成为第三名，2010 年，前三名为内蒙古自治区、新疆维吾尔自治区和云南省，2012 年贵州省成为排放总量第三的地区，2016 年分别是内蒙古自治区、新疆维吾尔自治区和贵州省排放量最多。综观 17 年数据，只有云南省和青海省在 2014~2016 年二氧化碳排放总量处于波动式下降趋势。民族地区大量的二氧化碳排放总量成为各区域绿色化发展的绊脚石，在今后发展过程中应采取措施，减少各地区的排放总量。由于各省区发展情况各不相同，为了更好地衡量各地区数值，根据上述结果再除以每一年各地区对应的地区生产总值，从而得出各地区每单位地区生产总值碳排放强度，结果如表 12-5 数据。

表 12-5　2000~2016 年民族地区每单位地区生产总值二氧化碳排放强度

单位：千克

地区	2000 年	2001 年	2002 年	2003 年	2004 年	2005 年
内蒙古	102264628.7	98399718.9	96486987.8	96173387.9	102087968.2	98646841.0
广西	37773990.5	34471123.8	32915405.1	34854492.4	35729992.1	34248510.7
贵州	129553805.1	121829505.4	117692871.7	127490247.9	124008456.1	102434302.1
云南	48509393.2	48370894.1	51466419.9	56784164.6	59966476.7	62511411.2
青海	97518515.6	93650880.5	90293986.9	91739124.4	88607957.7	89474427.6
宁夏	123463414.6	43953997.7	46306214.8	200879297.1	171472464.7	169011611.2
新疆	87265048.8	82728894.7	80052295.9	74655361.8	72653160.3	70615158.8
全国均值	68106846.4	62688182.5	61208135.4	66570083.8	63099625.4	60652016.2

地区	2006 年	2007 年	2008 年	2009 年	2010 年	2011 年
内蒙古	119003603.1	85746021.9	75066055.1	70827567.1	66245202.6	66563997.1
广西	31650807.6	29858976.2	25883685.4	26088957.1	25573759.1	24816029.8
贵州	100107013.5	88880782.1	72664661.1	72563818.2	63421855.6	56846810.7
云南	60302226.4	53709459.7	47114242.4	47077626.9	43072247.1	37467072.9
青海	87545106.3	81766152.5	69921310.8	68714481.2	64213313.6	62021861.5
宁夏	161803948.8	144272783.4	118711446.1	115174822.3	108633829.6	116092600.7
新疆	68984489.2	65726389.7	61698631.7	70172855.7	62691614.2	61831640.7
全国均值	58921548.3	53508739.3	46250678.1	45139217.8	41446038.4	38929427.5

地区	2012 年	2013 年	2014 年	2015 年	2016 年	
内蒙古	63309228.8	59433335.1	59087822.8	59530361.3	59437166.4	
广西	24138432.1	22275745.6	20746272.5	18810569.2	18006168.3	
贵州	51907665.7	46026842.9	39444396.1	34613264.7	32754755.1	
云南	34003880.2	29344543.5	26346894.7	22547659.7	20508447.8	
青海	61783674.1	61326101.9	56631763.5	49430370.1	49198213.1	
宁夏	110453549.1	106970589.3	103382014.6	101288028.1	93151167.6	

续表

地区	2012 年	2013 年	2014 年	2015 年	2016 年	2005 年
新疆	65289167.5	69733111.2	71997315.1	75213549.8	77470530.8	
全国均值	36746306.2	34506442.4	32968826.7	31798935.6	30618740.4	

资料来源：笔者计算整理。

　　根据表 12-5 数据可知，从总体来看全国和各地区处于单位地区生产总值碳排放下降的趋势，说明全国各地区在生产过程中逐渐由粗放发展转变为集约发展，更加注重节能减排，但是从 2000 年至 2016 年民族地区中只有广西壮族自治区和云南省的单位地区生产总值碳排放低于全国均值。由排放总量数据和表 12-5 数据对比可知，虽然内蒙古自治区一直处于排放总量最多状态，但是从单位地区生产总值角度来看，内蒙古自治区并不算碳排放强度最大的地区，宁夏回族自治区是单位地区生产总值碳排放强度最大的地区，说明该地区在生产过程中没有做到更好地节能减排，没有把能源消耗很好地转化为经济水平。2001 年和 2002 年宁夏回族自治区碳排放有较大回落，但是 2003 年开始又成为排放强度最大的地区。内蒙古自治区在 2012 年以前一直处于排放量最多的前三名之一，2013 年后碳排放强度最大的地区成为宁夏回族自治区、新疆维吾尔自治区和青海省。从表 12-4 和表 12-5 数据综合来看，新疆维吾尔自治区既属于排放总量较高的地区又属于单位地区生产总值排放强度较高的地区，因此在新疆维吾尔自治区开展经济发展工作的过程中应对该区域绿色化发展重点改善，改善其碳排放较高的状态。

　　为了分析民族地区出现差异的原因，同时也为分析民族地区绿色发展缓慢的原因，列出节选年份民族地区的煤炭、焦炭、原油、汽油、煤油、柴油、燃料油、天然气和电力使用情况。通过表 12-6 煤炭使用情况可知，煤炭是各民族地区能源消耗中所占份额最大的部分，其中内蒙古自治区使用数量一直最高，一方面是由于内蒙古自治区工业发展较快，另一方面由于当地煤矿较多，这也是该地区二氧化碳排放量较高的原因之一。其次是新疆地区，煤炭使用量也较大，同样，新疆维吾尔自治区也是二氧化碳排放较高的地区。通过表 12-6~表 12-14 可以看到，民族地区清洁能源使用较少，而碳排放较多的能源使用较多，这是民族地区绿色化发展存在的弊病。同时，民族地区所使用的能源消耗都是逐年上升，仅有个别区域略有减少，可以看出民族地区能源消费结构一直没有大幅度改变，仍旧是处于高能耗、高污染的阶段，因此民族地区在可持续绿色发展过程中应注意调整能源结构，为民族地区经济发展做好绿色防护墙，提高能源利用效率、降低污染排放，尤其是降低碳排放，实现民族地区新时代绿色发展。

表 12-6 2000~2016 年民族地区煤炭使用量

单位：万吨

地区	2000 年	2003 年	2006 年	2009 年	2012 年	2015 年	2016 年
内蒙古	5908	8330	22242	24047	36620	36500	36675
广西	2228	2621	3980	5199	7264	6047	6518
贵州	5146	6794	8995	10912	13328	12833	13643
云南	3062	4349	7482	8886	9850	7713	7461
青海	522	675	1082	1310	1859	1508	1962
宁夏	1042	2965	3519	4781	8055	8907	8665
新疆	2702	3184	4436	7418	12028	17359	18985

资料来源：2001~2017 年《中国统计年鉴》。

表 12-7 2000~2016 年民族地区焦炭使用量

单位：万吨

地区	2000 年	2003 年	2006 年	2009 年	2012 年	2015 年	2016 年
内蒙古	286.47	477.34	1380.64	1554.12	1411.86	1532.74	1635.40
广西	158.61	194.20	451.26	627.88	805.10	1000.12	1120.96
贵州	238.86	239.99	338.14	367.79	382.26	310.42	253.42
云南	360.00	759.23	1252.01	1276.33	1338.87	879.33	912.09
青海	15.59	30.27	93.23	185.56	196.33	249.21	228.44
宁夏	28.91	52.00	126.16	251.00	377.55	488.53	450.61
新疆	74.06	86.61	230.60	528.24	1011.07	748.59	804.43

资料来源：2001~2017 年《中国统计年鉴》。

表 12-8 2000~2016 年民族地区原油使用量

单位：万吨

地区	2000 年	2003 年	2006 年	2009 年	2012 年	2015 年	2016 年
内蒙古	126.26	128.83	139.20	191.76	87.02	383.67	419.55
广西	61.41	73.19	118.21	163.03	1473.00	1428.77	1340.43

续表

地区	2000 年	2003 年	2006 年	2009 年	2012 年	2015 年	2016 年
贵州	—	—	—	—	—	0.02	0.02
云南	—	—	0.07	0.07	0.02	0.03	0.04
青海	62.17	66.73	106.11	82.03	145.44	154.33	1367.29
宁夏	92.62	200.40	174.42	182.65	424.12	477.12	149.45
新疆	1071.29	1189.14	1813.64	1997.90	2594.85	2489.49	576.35

资料来源：2001~2017 年《中国统计年鉴》。

表 12-9　2000~2016 年民族地区汽油使用量

单位：万吨

地区	2000 年	2003 年	2006 年	2009 年	2012 年	2015 年	2016 年
内蒙古	64.81	96.63	211.75	279.51	302.53	305.76	353.24
广西	65.87	116.70	183.65	216.28	285.41	290.89	379.03
贵州	46.46	58.94	78.94	129.99	158.30	293.99	343.65
云南	90.79	106.10	128.12	193.27	287.51	312.95	340.03
青海	16.31	17.16	18.39	23.17	29.91	44.96	199.30
宁夏	10.50	22.60	18.97	20.95	23.36	36.08	56.00
新疆	101.93	91.35	117.82	121.87	154.63	254.50	28.99

资料来源：2001~2017 年《中国统计年鉴》。

表 12-10　2000~2016 年民族地区煤油使用量

单位：万吨

地区	2000 年	2003 年	2006 年	2009 年	2012 年	2015 年	2016 年
内蒙古	1.55	1.76	5.52	8.28	23.19	32.60	34.96
广西	3.79	10.43	—	0.09	0.08	56.36	62.51
贵州	9.37	2.55	9.63	2.95	13.27	31.50	38.64
云南	19.24	20.02	35.06	37.24	56.06	90.39	102.96
青海	0.06	—	—	0.16	—	0.01	8.06
宁夏	0.04	—	2.25	4.23	7.32	0.02	0.01
新疆	21.31	15.61	30.88	31.40	45.34	27.98	0.02

资料来源：2001~2017 年《中国统计年鉴》。

表 12-11   2000~2016 年民族地区柴油使用量

单位：万吨

地区	2000 年	2003 年	2006 年	2009 年	2012 年	2015 年	2016 年
内蒙古	68.73	152.60	492.66	738.95	877.10	475.13	426.62
广西	147.44	217.73	333.91	413.61	519.46	573.34	538.43
贵州	57.81	104.41	169.73	234.69	336.03	453.96	490.80
云南	55.46	207.45	331.66	437.70	650.89	582.87	601.52
青海	19.29	22.63	27.03	87.11	106.16	114.53	307.01
宁夏	11.22	53.04	78.14	98.57	111.32	122.75	128.92
新疆	155.28	181.55	341.01	331.70	433.35	637.14	124.03

资料来源：2001~2017 年《中国统计年鉴》。

表 12-12   2000~2016 年民族地区燃料油使用量

单位：万吨

地区	2000 年	2003 年	2006 年	2009 年	2012 年	2015 年	2016 年
内蒙古	30.99	39.37	9.97	19.66	16.91	10.60	3.27
广西	7.67	20.85	24.07	7.38	49.72	24.10	10.54
贵州	7.51	9.94	12.01	13.47	4.68	0.42	0.52
云南	11.17	5.69	4.72	5.16	2.61	2.51	1.11
青海	6.93	3.90	0.06	0.16	0.17	0.03	3.33
宁夏	33.13	12.00	0.98	0.52	20.62	50.83	0.10
新疆	56.59	46.52	19.31	22.37	8.06	1.76	82.15

资料来源：2001~2017 年《中国统计年鉴》。

表 12-13   2000~2016 年民族地区天然气使用量

单位：亿立方米

地区	2000 年	2003 年	2006 年	2009 年	2012 年	2015 年	2016 年
内蒙古	0.01	2.04	14.38	44.29	37.84	39.15	45.06
广西	—	—	1.22	1.21	3.18	8.37	12.89
贵州	5.72	5.45	4.95	4.18	5.26	13.32	17.11
云南	5.17	5.60	5.45	4.52	4.30	6.34	7.71
青海	3.91	15.15	22.78	24.56	40.11	44.38	26.40
宁夏	0.12	10.10	7.94	11.98	20.48	20.65	46.25
新疆	23.44	40.55	65.04	67.93	101.95	145.84	22.40

资料来源：2001~2017 年《中国统计年鉴》。

表 12-14　2000~2016 年民族地区电力使用量

单位：亿千瓦时

地区	2000 年	2003 年	2006 年	2009 年	2012 年	2015 年	2016 年
内蒙古	256.07	406.62	884.91	1288.00	2017.00	2542.86	2605.13
广西	322.02	414.93	579.46	856.00	1154.00	1334.32	1359.64
贵州	334.76	551.07	619.59	750.00	1047.00	1174.21	1241.77
云南	317.25	409.79	645.62	891.00	1314.00	1438.61	1410.52
青海	115.96	158.51	246.04	337.00	602.00	658.00	1065.15
宁夏	115.32	212.00	377.85	470.00	742.00	878.33	637.51
新疆	182.98	234.62	356.15	548.00	1152.00	2190.68	886.91

资料来源：2001~2017 年《中国统计年鉴》。

第三节　民族地区绿色可持续发展案例分析

根据上文数据可知，民族地区中内蒙古自治区碳排放总量较高，本节我们通过分析内蒙古自治区能源生产和消费发现其在绿色发展过程中存在的问题。

通过表 12-15 内蒙古自治区能源生产总量及其构成数据可知，内蒙古自治区能源生产主要以煤炭为主，其生产比重在 2005~2017 年一直处于 89%~96%，具有绝对优势。通过比重变化可以看出，2017 年相对于 2005 年原煤和石油生产在所有能源产量中的比重略有下降，原煤比重下降了 5.37 个百分点，原油下降了 0.77 个百分点，天然气、水电、核电等清洁能源生产占比逐渐升高，天然气产量比重上升了 2.55 个百分点，水电、核电等上升了 3.58 个百分点。从能源生产总量可以看出，2017 年相对于 2005 年总量增长了 35537.8 万吨标准煤，12 年间增长了近 2 倍，但是在 12 年间略有波动，2005~2012 年处于上升阶段，2013~2016 年处于波动式下降阶段，2017 年略有回升。主要是由于 2012~2013 年全国出现产能过剩的趋势，因此对能源生产进行了监控管理，导致产量逐渐下降。

表 12-15　2005~2017 年内蒙古能源生产总量及构成

单位：万吨标准煤，%

年份	能源生产总量	占能源生产总量的比重			
		原煤	原油	天然气	水电、核电和其他能源
2005	19082.33	95.86	1.10	2.69	0.36

续表

年份	能源生产总量	占能源生产总量的比重			
		原 煤	原 油	天然气	水电、核电和其他能源
2006	22298.37	95.33	1.10	3.17	0.40
2007	26725.88	94.71	0.89	3.51	0.88
2008	33440.86	94.52	0.75	4.00	0.74
2009	40185.85	92.87	0.67	4.84	1.62
2010	49740.18	92.35	0.53	5.42	1.70
2011	59738.06	92.50	0.49	5.55	1.47
2012	64027.06	92.44	0.44	5.38	1.73
2013	58554.29	91.25	0.47	6.15	2.14
2014	60205.75	91.04	0.46	6.21	2.29
2015	56253.32	89.81	0.45	6.88	2.86
2016	52690.41	89.21	0.47	6.86	3.45
2017	54620.13	90.49	0.33	5.24	3.94

资料来源：2006~2018 年《内蒙古统计年鉴》。

表 12-16 所示的是内蒙古自治区能源消费总量及构成，可以看到内蒙古自治区能源消费处于先上升后下降再略有上升趋势，与能源生产变化趋势较一致，在 2005~2012 年消费量上升，2013 年显著下降，但 2014~2017 年略有上升。在能源消费构成比重上看，仍旧是以原煤消费为主，但是通过各年比重变化可以看出，原煤和原油的使用处于波动式下降趋势，天然气、水电、核能等清洁能源处于波动式上升趋势。从能源使用总量上看，2017 年相对于 2005 年上涨了 9126 万吨标准煤，煤炭消费比重下降了 10.56 个百分点，原油消费比重下降了 1.58 个百分点，天然气消费比重上升了 1.52 个百分点，水能、核能消费比重上升了 10.63 个百分点。因此内蒙古自治区在经济发展过程中要逐步调整能源消费结构，逐渐降低煤炭、石油等使用比重，虽然清洁能源使用比重逐渐上升，但相对于化石能源仍处于比重较低阶段，所以民族地区经济发展绿色转型任重而道远。

表 12-16 2005~2017 年内蒙古能源消费总量及构成

单位：万吨标准煤,%

年份	能源消费总量	占能源消费总量的比重			
		原煤	原油	天然气	水电、核电和其他能源
2005	10788.37	90.44	8.60	0.78	0.17
2006	12835.27	89.67	8.64	1.49	0.20
2007	14703.32	88.79	8.35	2.40	0.46
2008	16407.63	88.09	8.99	2.47	0.44
2009	17473.68	86.36	9.10	3.37	1.17
2010	18882.66	86.60	8.96	3.02	1.42
2011	21148.52	87.08	9.15	2.34	1.43
2012	22103.30	87.59	8.36	2.30	1.75
2013	17681.37	81.44	8.19	3.30	7.07
2014	18309.06	81.73	7.48	3.27	7.52
2015	18927.07	82.92	6.50	2.09	8.49
2016	19457.05	82.36	6.48	1.81	9.35
2017	19914.97	79.88	7.02	2.30	10.80

资料来源：2006~2018 年《内蒙古统计年鉴》。

在分析能源生产消费及构成后，再通过表 12-17 数据分析内蒙古自治区能源生产和消费的使用去向，从而分析各行业各地区对能源消费的程度。内蒙古自治区能源生产量增长较快，在表 12-17 数据中已有显示，其中进口量很少、出口量更少，从去向可以看出，大部分产量主要从本省调出到外省。内蒙古自治区能源生产较多但是出口较少，一方面说明国外市场没有打开，另一方面说明生产的能源质量不够高，导致大部分能源在国内市场消耗。在能源消费方面，可以看到工业是能源消耗最高的产业，其次是交通和生活消费。工业对能源的消耗是影响区域绿色化发展的重要行业，因此下文要重点分析规模以上工业企业对能源消耗的情况。从平衡差额来看，2010 年以前消费总额大部分时间是多于可供消费的总量的，2015 年后通过对能源在全国范围内的调配，基本实现了生产和消费的均衡。

表 12-17　1995~2017 年内蒙古综合能源平衡表

单位：万吨标准煤

项目	1995 年	2000 年	2005 年	2010 年	2015 年	2017 年
可供消费的能源总量	2922.20	3996.41	9493.38	16736.97	18927.07	19914.97
一次能源生产量	4642.02	4701.23	19082.33	49740.18	56253.32	54620.13
进口量	4.56	—	228.02	1160.11	1059.77	2296.65
出口量（-）	-48.38	-141.96	-11.21	-390.77	-99.98	-40.49
外省（区、市）调入量	—	—	—	—	2061.74	3553.07
本省（区、市）调出量（-）	—	—	—	—	-40109.15	-41578.15
能源消费总量	3268.44	3937.54	9666.11	16820.30	18927.07	19914.97
1. 农、林、牧、渔业	100.09	128.62	319.53	514.21	561.39	698.61
2. 工业	1338.90	2059.93	6936.80	11501.76	13728.80	14701.61
3. 建筑业	35.69	57.57	105.80	287.21	302.36	428.33
4. 交通运输、仓储及邮电通信业	154.58	151.07	688.87	1322.92	1178.66	986.49
5. 批发、零售业和住宿餐饮业	73.44	92.87	308.58	983.90	801.66	531.02
6. 其他	128.19	80.27	277.08	472.03	816.98	633.50
7. 生活消费	155.45	225.40	1022.10	1738.27	1537.23	1935.40
平衡差额	-346.24	58.87	-172.73	-83.34	—	—

资料来源：《内蒙古统计年鉴 2018》。

表 12-18 显示的是规模以上工业企业分行业能源消费数据，从 2010 年至 2017 年数据可知，重工业对能源的消耗一直处于绝对高的比重，由于各行业间各有重叠部分，所以消耗总量并不是各行业的加总。我们通过各行业在消费总量中的所占比重来衡量各行业的能源消费变化。2010 年轻工业、重工业、采矿业、制造业和电力、燃气及水的生产和供应业占比为 4.01：95.99：12.6：48.72：38.68，2012 年 5 个产业占比为 3.21：96.79：13.73：48.82：37.45，2014 年 5 个产业占比为 3.16：96.84：9.97：51.33：38.71，2017 年 5 个产业占比为 2.77：97.23：5.72：57.36：36.91。可以看出，轻工业对能源使用的比重在 8 年间波动式下降，重工业对能源使用的比重波动式升高，采矿业对能源使用的比重波动式下降，制造业对能源使用比重上升，电力、燃气及水的生产和供应业也在波动式上升。可以看出，对能源消耗最多的仍旧是重工业，而且重工业是最易产生高污

染、高浪费的产业，在绿色化发展过程中应重点应对重工业中的技术改造和污染监管问题。制造业对废水、废料的排放也是影响绿色发展的部分，因此制造业在改造升级中也应以生态环保为主。

表 12-18　2010~2017 年内蒙古规模以上工业分行业综合能源消费

单位：万吨标准煤

行业	2010 年	2011 年	2012 年	2013 年	2014 年	2015 年	2016 年	2017 年
总计	11199.48	13189.76	13587.38	14512.26	14245.15	14853.08	15217.50	15883.67
轻工业	448.84	447.05	435.70	471.97	450.48	498.95	534.42	440.50
重工业	10750.65	12742.72	13151.68	14040.29	13794.67	14354.12	14683.08	15443.17
采矿业	1411.49	1665.31	1865.03	1978.90	1419.88	853.81	898.28	909.10
制造业	5455.91	6467.67	6633.81	7209.56	7311.65	8671.65	9033.66	9111.39
电力、燃气及水的生产和供应业	4332.08	5056.78	5088.54	5323.80	5513.62	5327.62	5285.57	5863.19

资料来源：2011~2018 年《内蒙古统计年鉴》。

由于数据限制，表 12-19 中内蒙古自治区废水、废气排放及处理情况仅有 2014 年至 2017 年 4 个年份的数据。通过数据显示，内蒙古废水排放总量逐年下降，2017 年相对 2014 年减少了 0.77 亿吨，化学需氧量在 2016 年大幅度减少，化学需氧量是测度水体有机污染的重要指标，可以看出 2016 年、2017 年在这方面的整治初见成效，同时氨氮排放量 2017 年相对于 2014 年也减少了 3.03 万吨。在工业废水治理设施上可以看到，设施数量从 2014 年至 2016 年一直处于数量下降趋势，2017 年又逐渐回升到 2014 年的数量水平，应该是对部分机器设备进行更新换代再补充，可以通过 2015~2017 年工业废水处理量看到数量一直是上涨趋势，说明废水处理效率也在上升，从而降低了处理后废水排放量。在废气排放处理部分可以看到，二氧化硫排放量在 2014 年至 2017 年显著下降，减少了 76.61 万吨，氮氧化物排放量也显著下降了 75.28 万吨，烟（粉）尘排放量减少了 48.53 万吨，工业废气排放量减少了 1477.7 亿立方米，工业废气治理设施增加了 228 套，工业废气处理能力每小时提升了 1.05 亿立方米。总体来看，内蒙古污染物排放和处理都得到了改善，但是废水处理能力略有下降，需要政府做出相应的对策。

表 12-19　2014~2017 年内蒙古废水、废气排放及处理情况

指标	2014 年	2015 年	2016 年	2017 年
废水排放及处理情况				
废水排放总量（亿吨）	11.19	11.09	10.47	10.42
化学需氧量（COD）排放量（万吨）	84.77	83.56	16.41	14.97
氨氮排放量（万吨）	4.93	4.69	2.13	1.90
工业废水治理设施数（套）	1220	1170	1005	1217
工业废水治理设施处理能力（万吨/日）	472.80	499.61	471.46	468.52
工业废水处理量（万吨）	75284.53418	70141.39	80816.55	82688.04
废气排放及处理情况				
二氧化硫（SO_2）排放量（万吨）	131.24	123.09	62.57	54.63
氮氧化物排放量（万吨）	125.83	113.90	41.32	50.55
烟（粉）尘排放量（万吨）	102.15	87.88	57.11	53.62
工业废气排放量（亿立方米）	36116.47	35855.41	30319.50	34638.77
工业废气治理设施数（套）	9110	10070	8550	9338
工业废气治理设施处理能力（亿立方米/小时）	9.97	10.99	9.90	11.02

资料来源：2015~2018 年《内蒙古统计年鉴》。

　　表 12-20 所示的是 2014 年至 2017 年固体废物、危险废物产生及综合利用情况，从固体废物部分可以看到，2014 年至 2017 年一般固体废物产生量增加了 4761 万吨，一方面和产品生产数量增加有关，另一方面与原料加工生产使用效率不高有关。固体废物综合利用量减少了 2838 万吨，综合利用率下降了 19.25 个百分点，这反映出内蒙古自治区固体废物利用水平的下降，这对民族地区绿色发展产生较大的阻力。固体废物处置量减少 13 万吨，处置率下降 4.6 个百分点，但是固体废物储存量上升了 7398 万吨，倾倒丢弃量也增加了 2.89 万吨。固体废弃物一般是重工业产生的，重工业一方面在资源消耗上属于碳排放较高的行业，另一方面在废弃物排放及处理上仍旧存在问题，综合导致内蒙古自治区绿色化发展缓慢。从危险废物方面可以看到，危险废物产生量在 2014 年至 2017 年增加了 207 万吨，危险废物综合利用量增加了 108 万吨，同时综合利用率提高了 13 个百分点，这对环境保护上有一定的效果，危险废物相对于普通废物而言对环

境的破坏程度较高，因此对危险废物处置水平的提升是有利的。危险废物处置量增加了 356 万吨，处置率提高了 38 个百分点，2017 年处置率是 72.19%，达到了较高的水平。

表 12-20　2014~2017 年内蒙古固体废物、危险废物产生及综合利用情况

指标	2014 年	2015 年	2016 年	2017 年
固体废物				
一般工业固体废物产生量（万吨）	23191.30	26668.53	24761.81	27952.51
一般工业固体废物综合利用量（万吨）	13259.98	12305.52	11359.05	10421.61
一般工业固体废物综合利用率（%）	56.35	45.91	45.59	37.10
一般工业固体废物处置量（万吨）	8272.22	7554.11	6245.25	8259.18
一般工业固体废物处置率（%）	33.92	28.12	25.20	29.29
一般工业固体废物贮存量（万吨）	2255.74	6921.20	7328.67	9654.43
一般工业固体废物倾倒丢弃量（万吨）	0.44	2.43	1.81	3.33
危险废物				
危险废物产生量（万吨）	112.54	155.32	235.53	320.11
危险废物综合利用量（万吨）	34.71	90.75	68.21	143.53
危险废物综合利用率（%）	30.83	57.86	28.82	44.32
危险废物处置量（万吨）	38.30	49.92	136.72	394.76
危险废物处置率（%）	33.45	31.61	46.31	72.19
危险废物贮存量（万吨）	40.21	16.35	91.43	12.27

资料来源：2015~2018 年《内蒙古统计年鉴》。

表 12-21 所示的是 2014 年至 2017 年内蒙古环境污染治理和林业投资情况，其中环境污染治理投资总额增加了 172 亿元，在这部分，城镇环境基础设施建设投资增加了 212 亿元，但是工业企业污染防治投资却减少了 35 亿元，内蒙古自治区污染较严重的产业就是工业企业，对其污染治理的投资减少会导致增加的污染排放物得不到较好的处置，从而最终污染了生态环境。环境污染治理投资占 GDP 比重整体处于上升趋势，2017 年相对于 2014 年上升了 1.54 个百分点，所以更应在工业部分进行投资治理。工业废气、废水治理设施运行费用也整体处于上升趋势，要对此进行保持以保证设施正常运

行。林业发展对于沙漠化较严重的内蒙古自治区来说十分重要，因此从林业投资完成额来看，林业投资 2014 年至 2016 年处于上升趋势，但是 2017 年下降幅度较大，因此在绿色化发展过程中应加强政府对林业发展的投资力度。

表 12-21　2014~2017 年内蒙古环境污染治理及林业投资情况

指标	2014 年	2015 年	2016 年	2017 年
环境污染治理投资总额（亿元）	797.25	790.13	886.48	969.88
城镇环境基础设施建设投资（亿元）	513.03	513.03	640.51	725.40
工业企业污染防治投资（亿元）	77.54	43.89	40.62	42.12
环境污染治理投资占 GDP 比重（%）	4.49	4.38	4.76	6.03
工业废气治理设施运行费用（亿元）	75.60	84.18	75.98	77.64
工业废水治理设施运行费用（亿元）	13.32	15.96	78.93	20.24
本年林业投资完成额（亿元）	103.26	160.42	162.76	153.49

资料来源：2015~2018 年《内蒙古统计年鉴》。

第四节　民族地区绿色可持续发展路径

一　加大民族地区生态环境整治

优良的生态环境本身就是经济高质量发展的重要内容，实现内蒙古经济高质量发展首先要实现生态环境的彻底改善，为此，需要牢固树立"绿水青山就是金山银山"的理念，加大环境整治力度，解决好内蒙古生态环境方面的突出问题。

重点加强高污染行业环保改造。煤炭、煤化工、电解铝等资源型产业是传统的高污染行业，这些行业的清洁化生产，是实现内蒙古环境改善和经济高质量发展的关键。为此，需要严格环保标准，倒逼企业增加治污投入，转变生产方式，利用新技术回收污染物，进行资源化利用，基本达到趋零排放标准，实现煤炭、煤化工、电解铝等资源型产业从黑色产业到绿色产业转型。只要政府收紧环保标准，倒逼企业增加环保投入，煤炭及其深加工产业链实现达标甚至趋零排放，是完全可以实现的。

研究调整内蒙古森林资源保护相关政策。自实施"天保工程"以来，内蒙古的森林资源得到了有效保护，但由于没有从实际出发，单纯强调保护，忽视了林业资源的合理利用，在财政补贴不足的情况下，片面强调"去经营化"，对广大林区职工的收入和生活造成了很大压力。因此，当前急需对《内蒙古大兴安岭重点国有林区改革总体方案》（内蒙古自治区人民政府 2015 年第 23 号文件）中关于大兴安岭等国有林区"去经营化"的政策，进行必要调整，允许林业企业存在，允许其合理的"抚育性采伐"，鼓励发展"林下经济"，开展多种经营，解决林区职工就业和生活问题，实现从"单纯保护"向"在保护的前提下合理利用"的方向转变。

加大内蒙古草原保护政策力度。保护好内蒙古大草原是内蒙古经济高质量发展的鲜亮底色。内蒙古草原面临着退化、沙化的巨大威胁，多年干旱和过度放牧造成草原逐年退化，网围栏破坏了草原生态多样化，而露天矿的开采对于草原的破坏又是不可逆的。为此，需要开展草原大普查，摸清草原生态现状及变化趋势，为制定相关政策提供依据。进一步完善草原保护政策，在合理界定草场产权和使用权的前提下，引导鼓励牧民拆除网围栏，同时，按照草畜平衡、"以草定畜"的原则，实施退（耕）牧还草、禁牧舍饲等工程，彻底解决草原超载和过牧问题。地方政府要加大监管力度，严禁在草原"乱采乱挖"，按照"谁破坏，谁治理"的原则，从采矿企业销售收入中提取足够的环境补偿资金，用于草原复垦投入。

二 加快民族地区绿色发展战略实施

绿色发展战略包括两个方面，分别是生态环境保护和生态环境建设，生态环境保护我们上文已经作为一部分详细阐述了，这里我们主要分析如何进行生态环境建设。民族地区作为生态环境脆弱的地区必须要积极规划对该部分区域的开发和使用，必须秉承以保护为主，不能出现问题再治理，开发与保护并行，这是绿色发展战略的主要部分，也是根本原则。在发展过程中，民族地区不能只专注于 GDP 数字的上升，更要关注"绿色 GDP"的发展情况，要积极调整产业结构和现行产业发展、运作模式，降低重工业发展比重，拓展产业链条，提高对废弃物的综合利用率。加快低碳经济、循环经济、绿色经济的发展，实现经济发展全过程全方位的绿色化发展。

加快绿色生态旅游发展。民族地区作为环境宜人、安静休闲度假区最佳的选址区域，可以加快发展当地的生态旅游业。作为第三产业，开发和经营过程对环境的污染相对较小，发展服务业还提高了对劳动力数量的需求程度，可以加快人口城镇化进程。民族地区独特的民族风情和自然环境会吸引游客前去体验和消费，民俗文化作为当地的招牌可以多加利用，扩大发展产业范围，例如最开始只是观光旅游，到后期可以发展民俗文化度假体验，最后发展成为养生、疗养的地区，配合民族地区独特的医学，蒙医药、苗药、藏药可以作为调理身体和治病的主要药品，推广民族药业发展。综合发展起来就可以成为集旅游、休闲、餐饮、娱乐等为一体的产业，将民族地区绿色发展贯穿到产业发展的各部分，在发展经济的同时做到生态环境建设。

打造民族绿色园林。民族地区多地广人稀，但同时民族地区由于监管缺乏导致开发绿地、砍伐树木过度，民族地区由于恶劣的自然环境，沙尘天气和极端天气较多，所以应在经济发展过程中加快绿色植被种植，在新型城镇化过程中增加森林植被的覆盖面积，做好绿色规划，利用好广阔的土地增加民族地区的生态环境建设面积。

三 发挥民族地区政府的引导调节作用

民族地区实施绿色化发展必须要坚持政府对各区域的引导作用，"绿色GDP"的倡导需要各级政府认同和配合，在审核各地区发展过程中摒弃过去以牺牲环境换取区域发展的观念，推广以保护环境为主的绿色发展底线。政府的引导会让绿色发展理念的贯彻实施更具说服力、更易产生效果。政府内部也要推行绿色管理，监督管理以及政策性资金使用透明，让民族地区百姓对政府的领导和监管信服，这是自上而下贯彻实施绿色化的关键。政府应在绿色发展的各个环节制定相应制度，地方政府和中央政府对民族地区应出台更具有针对性的管理办法和执行政策，符合民族地区具体情况，避免一刀切。政府在制度上的完善可以促进民族地区经济发展部门积极实行绿色化发展，奖励和惩罚机制必须完善，否则保护环境与破坏环境都没有鼓励和代价会打消人民群众对绿色发展的热情。在绿色化贯彻实施过程中要做到"自上而下"和"自下而上"审核反馈机制的建立，政府监督管理不能仅仅以俯视的角度去下达政令，许多对策要根据各下级单位的反馈再调整才能真正地符合民族地区实际情况。各级政府间建立绿色联动网，做到互相沟通和透明，做到政策实施过程与宏观规划相一致。"绿色GDP"考核机制的建立和推广需要一定的时间过程，因此需要部分主打产业和龙头企业起到带头作用，真正配合政府实施的全方位绿色化考核机制，带动整个产业和区域对该测评机制的认同和配合。

四 加快发展民族地区循环经济

民族地区要遵守减量化—资源化—再利用的原则，从源头上减少生产、流通、消费各环节能源资源和废弃物产生，扭转和遏制"大量生产、大量消费、大量废弃"的传统发展模式和资源利用方式，在工业、农牧业、服务业各产业，城市、企业各层面，生产、流通、消费各环节推动全社会循环发展。

加快构建循环型产业体系。推行循环型工业发展，推进企业间、行业间、产业间共生耦合，形成循环链接的产业体系，鼓励产业集聚、集群、集约发展。实施清洁生产，园区循环化改造，实现能源梯级利用、水资源循环利用、废物交换利用、污染集中治理。推进循环型农牧业发展，加强农作物秸秆、农田残膜和灌溉器材、林木废弃物和畜禽粪污资源化综合利用，形成农林牧业共生、三次产业联动、农工社产业复合发展的循环型生态农牧业产业体系。推进循环型服务业发展，推动服务主体绿色化、服务过程清洁化。

健全再生资源循环利用回收体系。完善再生资源回收体系，加快建设城市社区和农村牧区回收站点、分拣中心、集散市场"三位一体"的回收网络，完善生活垃圾分类回收、密闭运输、集中处理体系，加强废金属、废塑料、废玻璃、废纸等传统可再生资源的回收，提高回收率。加快"城市矿产"示范试点建设，培育龙头回收企业，形成一批网点布局合理、管理规范、回收方式多元、重点品种回收率较高可复制、可推广的典型案例和典型模式。

倡导绿色消费模式。树立绿色消费理念，引导节约消费、适度消费，反对铺张浪费；倡导绿色生产生活方式，积极发展绿色建筑、绿色制造、绿色交通、绿色能源，支持清洁能源示范城市建设，鼓励消费者购买和使用节能环保产品、节能省地住宅，减少使用一次性用品；政府机构带头节约，建设节约型机关；强化政府绿色采购制度，严格执行强制或优先采购节能环保产品制度，提高政府采购中再生产品和再制造产品的比重。

强化重点领域节能降耗。进一步推进工业、建筑、交通、商贸、公共机构等重点领域节能降耗。实施工业能效升级计划和工业绿色发展专项行动，开展煤电节能减排升级与改造行动。提高建筑节能标准，推进既有居住建筑节能和供热计量改造，加快推动绿色建筑规模化发展。

参考文献

毕岚岚、高梦滔等：《基础设施与机会平等实证研究——基于云南少数民族自然村数据》，《云南民族大学学报》（自然科学版）2017年第1期。

蔡昉：《导致我国全要素生产率增长减速的四个趋势》，《经济研究参考》2016年第13期。

常志有、李恒等：《边疆少数民族地区人力资本形成机制分析》，《云南师范大学学报》（哲学社会科学版）2011年第1期。

陈爱雪、孔繁利：《民族地区农村居民消费升级路径分析——以内蒙古自治区为例》，《内蒙古民族大学学报》2015年第4期。

陈萌山、王小虎：《中国马铃薯主食产业化发展与展望》，《农业经济问题》2015年第12期。

陈雪梅、吉敏全：《基于"钻石模型"的青海中藏药产业竞争力分析》，《青海社会科学》2014年第3期。

大卫·李嘉图：《政治经济学及赋税原理》，周洁译，华夏出版社，2013。

何阳、孙萍：《精准扶贫第三方评估流程再造：理论依据、现实动因与政策设计——对民族地区精准扶贫第三方评估实践的反思》，《内蒙古社会科学（汉文版）》2018年第5期。

何苑等：《与农民朋友谈土地流转》，甘肃民族出版社，2009。

洪银兴：《关于创新驱动和创新型经济的几个重要概念》，《群众》2011年第8期。

姜德鑫：《试论农村土地承包经营权流转法律制度的完善》，《新疆财经大学学报》2009年第1期。

蒋彬、王胡林：《西南民族地区新型城镇化研究分析与展望》，《西南民族大学学报》（人文社会科学版）2018年第6期。

金学群：《金融发展理论：一个文献综述》，《国外社会科学》2004年第 1 期。

孔繁利、孙莹丽：《基于钻石模型的内蒙古蒙药产业竞争力分析》，《内蒙古民族大学学报》2018 年第 1 期。

李秉龙、薛兴利：《农业经济学》（第二版），中国农业大学出版社，2009。

李伟、毛宇飞：《人力资本对西北民族地区经济增长的影响研究》，《北方民族大学学报》（哲学社会科学版）2015 年第 2 期。

李秀芬、姜安印：《民族地区人力资本对经济增长的贡献分析》，《贵州民族研究》2016 年第 8 期。

李寅权：《吉林省深度融入中蒙俄合作交流研究》，《北方经济》2017 年第 6 期。

李耘田：《内蒙古蒙药股份有限公司发展战略研究》，内蒙古大学，2013。

李忠斌、郑甘甜：《民族地区新型城镇化发展的现实困境与模式选择》，《民族研究》2017 年第 5 期。

廖岷、王鑫泽：《科技金融创新：新结构与新动力》，《中国金融出版社》2016 年第 20~24 期。

林罕：《广西玉林市土地流转发展策略分析》，《玉林师范学院学报》2016 年第 4 期。

林耀华：《中国少数民族的社会文化类型及其社会主义现代化过程》，载《民族学研究第十辑——中国民族学会第四届学术讨论会论文集》，1989。

刘金全、解瑶姝：《中国金融发展对经济增长的非线性作用机制研究》，《南京社会科学》2016 年第 3 期。

刘小珉：《略论中国民族地区乡村经济的主要特征、类型及其演化》，《民族研究》2003 年第 4 期。

龙远蔚：《中国少数民族经济研究导论》，民族出版社，2004。

陆艺、姚莉：《新型城镇化视角下民族地区城镇体系优化对策研究——以黔东南苗族侗族自治州为例》，《贵州民族研究》2017 年第 11 期。

马克：《创新驱动发展：加快形成新的经济发展方式的必然选择》，《社会科学战线》2013 年第 3 期。

迈克尔·波特：《国家竞争优势》，华夏出版社，2002。

毛俊锋、郭文：《2017 年上半年我国医药工业经济运行分析》，《中国医药工业杂志》2017年第11期。

内蒙古自治区呼和浩特市政协:《主动融入国家"一带一路"战略,在中蒙俄经济走廊建设中发挥更大作用》,http://www.gslzzx.gov.cn/news/index.php?c=show&id=2809,2016年7月27日。

潘斌、钟敏等:《内蒙古贫困人口的分布、成因及其贫困县退出典型案例分析》,《江苏农业科学》2017年第8期。

钱颖一等:《创新驱动中国》,中国文史出版社,2016。

宋亮:《努力打造自治区新的区域增长极》,《实践(党的教育版)》2017年第3期。

苏虎超:《内蒙古资本市场回顾及展望》,《中国金融》2017年第15期。

孙桂娟、尹晓彦等:《低碳经济概论》,山东人民出版社,2010。

孙敬水、陈稚蕊等:《中国发展低碳经济的影响因素研究——基于扩展的STIRPAT模型分析》,《审计与经济研究》2011年第4期。

田里:《旅游经济学》,高等教育出版社,2006。

万兴伟、王秋敏等:《论基于STIRPAT模型的中国低碳经济发展影响因素的研究》,《中外企业家》2018年第9期。

汪远忠、孙少娟:《农民收入构成与农民增收的实证分析——以河北W村调查为基础》,《生产力研究》2009年第12期。

王俊豪:《产业经济学》,高等教育出版社,2012。

王世甫:《蒙医蒙药璀璨花开》,《通辽日报》2017年8月11日。

王世祥:《民族地区探索PPP模式支持公共基础设施建设的调查》,《时代金融》2016年第12期。

王文超等:《山东省农地流转现状及演变态势》,《国土资源情报》2015年第11期。

王占义、侯倩:《内蒙古地区精准扶贫的路径研究》,《北方经济》2017年第3期。

文欣:《延安市"三权分离"土地流转模式探析》,《新西部(下旬刊)》2015年第7期。

翁钢民:《旅游业促进经济增长机理、创新模式与整合战略研究》,四川大学出版社,2011。

熊彼特:《经济发展理论》,何畏等译,商务印书馆,1990。

徐维、韩重、杨威:《浅谈我国天然药物的现状与发展优势》,《2016年第六届全国药物毒理学年会论文集》。

许明月、吴茂见：《农业基础地位面临挑战的法律对策》，《甘肃政法学院学报》2015年第2期。

雅茹：《通辽市蒙药产业发展现状与对策研究》，《内蒙古民族大学》2017年第2期。

亚当·斯密：《国民财富的性质和原因的研究》，王勋译，清华大学出版社，2015。

余利民：《保险业助推内蒙古经济发展》，《中国金融》2017年第15期。

张丽君、杨秀明等：《精准扶贫背景下内蒙古贫困特征比较分析及对策研究》，《内蒙古社会科学（汉文版）》2017年第7期。

张琦、张涛等：《供给侧改革视角下民族地区产业精准扶贫的路径探索》，《西南民族大学学报》（人文社会科学版）2019年第1期。

张霞、胡建元：《新疆少数民族特困区人力资本反贫困实证研究——以喀什地区为例》，《新疆大学学报》（哲学·人文社会科学版）2017年第6期。

张晓山：《巩固脱贫攻坚成果应关注的重点》，《经济纵横》2018年第10期。

张艳苹：《论农村集体土地流转行政管理的法律规制》，天津师范大学，2012。

张宇：《西部民族地区公共服务市场化研究——以基础设施为例》，《内蒙古大学学报》（哲学社会科学版）2015年第1期。

赵燕：《农民收入结构视角下的福建农村土地流转探析》，《农村经济与科技》2016年第11期。

邹海霞、杨文健：《重大基础设施项目对少数民族社区发展影响的实证研究——以桂中水南高速项目中的兴科村为例》，《中央民族大学学报》（哲学社会科学版）2014年第6期。

Goldsmith R., *Financial Structure and Economic Development*, New Haven：Yale University Press，1969.

Levine. R.，"Financial Development and Economic Growth：Views and Agenda"，*Journal of Economic Literature*，1997，vol. 35.

Pagano M.，"Financial Markets and Growth：An Overview"，*European*

Economic Review, 1993, 37 (2) .

Patrick, Hugh T. , Financial development and economic growth in underdeveloped countries, Economic development and Cultural change, 1966.

Raymond G. , *Financial structure and development*, New Haven: Yale University Press, 1969.

Robert G. King, Ross Levine, "*Finance and Growth: Schumpeter might be right*", The World Bank Working Paper, 1993.

R. G. King and R. Levine, "Finance and Growth: Schumpeter might be Right", *Quarterly Journal of Economics*, 1993, 103 (108); 717-738.

Shaw E. S. *Financial Deepening in Economic Development*, New York: Oxford University Press, 1973.

后　记

　　本书终于杀青，即将付梓了，真可谓"千呼万唤始出来"，按常理，我应该邀三五好友举起酒杯痛痛快快放松一下，但因为这份工作上"欠账"总让我不能完全释怀。

　　本书是内蒙古民族大学倾力打造民族学重点学科而出版的"内蒙古民族大学民族学人类学研究丛书"中的一本，忝列其中，既是对个人教学科研工作的肯定和总结，也是对继续做好教学科研工作的激励与鞭策。

　　本书是在我和我的团队承担各类科研项目的部分成果、结题报告的基础上修改、整理而形成的，也包含了自己多年从事"民族经济学"教学研究以来的思考和想法。

　　2012年，我开始担任中国少数民族经济学的硕士生导师，承担着研究生学位课程"民族经济学"的教学任务。从那时起，我就想写一本以民族地区特别是内蒙古自治区为研究对象的经济学著作，且深感这是必要的也是迫切的，但是限于各种原因，进展并不顺畅，其间断断续续积累了一些资料，还不足以成为一部著作。学校为加强学科建设，打造优势特色学科，2018年建校60周年之际，隆重推出"内蒙古民族大学民族学人类学研究丛书"出版计划，经丛书组织委员会、编委会甄别审定，该书有幸入选。明确的任务摆在面前，自然就加快了写作进程。回头来看，这本书的确是一本"欠账"之作，如果不签订出版计划，还不知拖到哪一天。其实，作为学校中国少数民族经济学科带头人，几年来我都没有忘记这份责任，如今静下心来思考，一方面是对自己施加的压力不够，另一方面是写一本高质量的著作真的需要积累和沉淀。

　　有一种印象特别深刻：我2006年从吉林大学商学院博士毕业时，导师陈守东教授殷殷嘱托，将来如果从教，一定要搞好科研和教学。十多年来，我从来没有间断与导师的联系，也一直在努力践行这种无言的承诺。每次和导师见面或者打电话，都会或多或少地谈到教学科研情况，汇报自己的想法，导师都会及时热情地给予点拨、指导，这种无私的关爱给我以动力，让我备受鼓舞，积极申请课题、项目。近十年来，我先后承担国家社科基金项目、内蒙古自治区规划办项目、内蒙古自治区社科联项目、国家民委调研课题以及内蒙古自治区人才开发基金项目等课题十余项。如果说这份"成绩单"还够厚重的话，是与导师精心培养分不开的，在此感恩导师并深致谢忱！

科研与教学是相辅相成的，搞好教学和科研，团队建设尤其重要。博士毕业回到内蒙古民族大学这几年，正值学校高质量发展的阶段，我亲身经历了经济学专业由弱到强的发展过程，尤其是内蒙古民族大学经济管理学院的成立，开创了事业发展的新局面。为了学院，为了学科，为了事业，大家走到一起，凝心聚力，互相帮助，共同发展进步，在此感谢陈爱雪教授、林丽波副教授、郭莹副教授、孙莹丽副教授、温翠青副教授、李洋博士；感谢我的硕士研究生、正在吉林大学攻读博士学位的张馨月同学；感谢我的硕士研究生杨胜昔、雅茹、韩冰、马继腾，感谢他们对著作的形成所做出的贡献。

感谢中央民族大学经济学院张丽君教授、王润球教授提供的交流机会，每年至少一次面对面交流的学术会议以及多场高质量的学术论坛，使我本人和我的团队受益匪浅，内心的感激无以言表。

感谢"内蒙古民族大学民族学人类学研究丛书"组织委员会、编委会以及社会科学文献出版社各位编辑为本书的结集出版做了大量细致的工作，正是你们的辛苦付出，才有了这一套精美丛书的顺利出版发行！

最后，还要感谢亲人朋友的鞭策，尤其感谢母亲、姐姐、兄长多年来对我的帮助、理解；感谢妻子和儿子一直以来的默默支持和鼓励，特别是在孩子备战高考的关键时刻，我也未能将全部精力用在孩子身上……往事已矣，唯倍加努力！你们永远都是我不断前进的动力和精神支柱。

本书还有很多不足之处，欢迎各位同仁及前辈批评指正！

孔繁利

2019 年 10 月 20 日写于内蒙古民族大学

图书在版编目（CIP）数据

新时代民族地区经济发展实证研究／孔繁利著. --
北京：社会科学文献出版社，2020.12
　（内蒙古民族大学民族学人类学研究丛书）
　ISBN 978-7-5201-6162-6

　Ⅰ.①新…　Ⅱ.①孔…　Ⅲ.①民族地区经济-区域经
济发展-研究-内蒙古　Ⅳ.①F127.26

　中国版本图书馆 CIP 数据核字（2020）第 026407 号

·内蒙古民族大学民族学人类学研究丛书·

新时代民族地区经济发展实证研究

著　　者／孔繁利

出 版 人／谢寿光
组稿编辑／宋月华
责任编辑／周志静

出　　版／社会科学文献出版社·人文分社（010）59367215
　　　　　地址：北京市北三环中路甲 29 号院华龙大厦　邮编：100029
　　　　　网址：www.ssap.com.cn
发　　行／市场营销中心（010）59367081　59367083
印　　装／三河市尚艺印装有限公司

规　　格／开　本：787mm×1092mm　1/16
　　　　　印　张：19.5　字　数：339 千字
版　　次／2020 年 12 月第 1 版　2020 年 12 月第 1 次印刷
书　　号／ISBN 978-7-5201-6162-6
定　　价／168.00 元

本书如有印装质量问题，请与读者服务中心（010-59367028）联系